清代外務部
中外關係檔案史料叢編
——中美關係卷

·中國第一歷史檔案館 北京大學 澳大利亞拉籌伯大學　編·

第一册·交聘往來

中華書局

圖書在版編目(CIP)數據

清代外務部中外關係檔案史料叢編:中美關係卷/中國第一歷史檔案館,北京大學,澳大利亞拉籌伯大學編. —北京:中華書局,2017.1
ISBN 978-7-101-12419-4

Ⅰ.清… Ⅱ.①中…②北…③澳… Ⅲ.①中外關係-國際關係史-檔案資料-中國-清代②中美關係-國際關係史-檔案資料-中國-清代 Ⅳ.D829

中國版本圖書館 CIP 數據核字(2016)第 315779 號

責任編輯:李 靜

清代外務部中外關係檔案史料叢編——中美關係卷
(全八册)
中國第一歷史檔案館
北京大學 編
澳大利亞拉籌伯大學
*
中 華 書 局 出 版 發 行
(北京市豐臺區太平橋西里 38 號 100073)
http://www.zhbc.com.cn
E-mail:zhbc@ zhbc.com.cn
北京市白帆印務有限公司印刷
*
850×1168 毫米 1/16 · 378¼印張 · 16 插頁 · 8000 千字
2017 年 1 月第 1 版 2017 年 1 月北京第 1 次印刷
印數:1-500 册 定價:1900.00 元

ISBN 978-7-101-12419-4

第一册编委會名單

主　任　郝　平　胡旺林　John Rosenberg
副主任　李巖松　吴　紅　胡忠良　徐　凱　裴麗昆
委　員　劉毓興　王郅文　劉赫芳　張静雯

編輯部

主　編　郝　平　胡旺林　John Rosenberg
执行主編　胡忠良　徐　凱　裴麗昆
副主編　劉毓興　王郅文
編　輯　王郅文　劉赫芳
數字編輯　李　静　葉　斌
參加工作人員　孟飛旺　蔡　譽　齊銀卿　張静雯　張瑋恩

總目

前　言

中國第一歷史檔案館、北京大學和澳大利亞拉籌伯大學的合作成果《清代外務部中外關係檔案史料叢編——中美關係卷》出版了。這是一份研究中國近代史、中美關係史等方面十分寶貴的歷史文獻。

中國第一歷史檔案館現存明清檔案文獻約一千萬件，其中不少涉及中外關係史的檔案主要集中在總理衙門暨外務部全宗中。清代總理各國事務衙門設置於咸豐十年（1860），光緒二十六年（1900）改稱外務部。現存的中美關係檔案7268条，時間爲咸豐朝至宣統朝末期，是晚清外務部與美國政府及駐華機構外交活動的真實記録。從公文形式上看，主要有條約、照會、信函、咨文、電報等。文字上以漢文爲主，另外還有部分爲英文及其他文字。

有關清代中外關係檔案史料的編輯出版工作，早在中國第一歷史檔案館的前身——故宫博物院文獻館時期就已開始，如1933年至1948年相繼出版的《清季外交史料》《清季教案史料》等。近年來也合作編輯出版過《清代外務部中奥關係檔案精選》《清代外務部中外關係檔案史料叢編——中英關係卷》等。

《清代外務部中外關係檔案史料叢編——中美關係卷》共八册，所選内容集中在交聘往來、通商貿易、財税金融、路礦實業、留學辦校、國際會議、僑務招工及綜合八個方面，所選中美關係檔案1758件。所選檔案史料均以原件影印出版，供專家學者研究參考。爲使這些檔案脈絡清晰，本次編輯按照檔案形成時間順序編排，同時依據檔案内容逐件擬定題名，編製目録，並注明中西曆對照時間，以便讀者檢索。

限於水平，疏誤之處在所難免，敬請讀者批評指教。

編　者

二〇一六年十月

PREFACE

This work is the result of a collaborative project of the First Historical Archives of China, Peking University and La Trobe University (Australia) to publish the selected documents from the First Historical Archives of China containing the correspondence between China and the U.S. in the last decades of the Qing Dynasty. This collection of documents will be of great value for research both on the history of modern China and on the diplomatic history of the late Qing Dynasty.

The First Historical Archives of China currently hold about ten million archival documents from the Ming and Qing Dynasties. The archives, which are from the Office of Foreign Affairs and the Ministry of Foreign Affairs, deal with the relationship between the Qing government and foreign countries. The Office of Foreign Affairs was established during the eleventh year of the Xian-Feng period (1861) and later converted to the Ministry of Foreign Affairs (Wai Wu Bu).The archives dealing with the relationship of the Qing Dynasty with the U.S. contains 7298 documents from the eleventh year of the Emperor Xian-Feng period to the end of the Xuan-Tong period (1851-1912). This collection of documents represents a systematic, comprehensive and authentic record of the diplomatic correspondence between the Qing government and the U.S. government. The collection consists of treaties, diplomatic notes, correspondence, official communications, telegrams and sundry other items. Most of the documents are written in Chinese, but some of them are in English or other foreign languages.

The editing and publishing of the historical and archival materials on the activities of the Qing government and its relations with foreign countries started at the time of the founding of the National Palace Museum, predecessor of today's First Historical Archives of China. Such works Sources on Qing Dynasty's Foreign Relations and Sources on Religious incidents of the Qing Era were published between 1933 and 1949.More recently the First Historical Archives of china have published the Collection of Archival Documents on Relations between the Qing Government and Austria and Archival materials on relations between China and Britain.

These documents are divided into eight categories: Protocol and Diplomatic Exchanges; Commerce and Trade; Taxation and Finance; Railways and Mines; Education;International

Conferences; Chinese Emigrants and Recruitment; the Consolidated. The volumes contain copies of 1758 original documents, are reproduced for the benefit of scholars and professionals conducting research in this field. In order to provide a clear view of the historical sequence, all documents have been arranged in chronological order. For the convenience of readers, the editors have provided a brief summary of the content for each of the documents, formulated clear and concise captions, organised a table of contents and set out the chronological framework in terms of both the Chinese lunar calendar and the Gregorian calendar.

This Volume is expected to serve as an useful instrument for research and scholarship.

The Editors

October 2016

編例

一、本書所編輯中美關係檔案包括交聘往來、通商貿易、財税金融、路礦實業、留學辦校、國際會議、僑務招工及綜合等八個方面，均選自中國第一歷史檔案館館藏總理衙門暨外務部全宗檔案。合計八册，共輯録檔案 1758 件。

二、本書所選全部檔案依照具文時間編排。

三、每份檔案包括主件、附件；主件編有順序號，附件不單獨編排順序號，其時間依主件編排。

四、目録中每件檔案的具文時間照録清代紀年，並對應注明公元紀年。考證時間，目録中均用「」標識。

五、本書所輯録各件檔案，均由編者根據内容擬定標題，編製中文、英文目録各一份，以便檢索。

六、原檔案中一些特殊的專用名詞及文字，目録中沿用；個别專用名詞，如人名、地名、機構名稱等，在目録中全部統一。

七、本書所輯録的檔案，均按照原文件的形式採用高清晰度掃描去灰技術完成；個别檔案不清，皆因原檔案基礎不好，爲保持檔案的原貌，並未進行加工處理。

八、個别檔案信息内容不完整，掃描圖像因此有部分缺失，本書以原圖像基礎爲準，未做修改。

目録

一

此字第一百七十一號同治十一年三月十六日到

照會

底存

大亞美理駕合衆國欽命駐札中華便宜行事全權大臣鏤 爲
照會事：前於去年九月間本國之參贊大臣衛 告假出
京，經本大臣遴選以何天爵爲參贊，今暫護參贊事
務，當於會晤
貴親王暨
列位大臣時當經面陳。
查目一面將伊派爲參贊緣由咨回本國請爲人
茲現准本國咨復均許
俯允，爲此備文照會
貴親王即希查照可也。須至照會者。

右照會

大清欽命總理各國事務和碩恭親王

一千八百七十二年四月二十三日

壬申年三月十六日

二

五月十五日到

志 拾玖

譯國書文底

大亞美理駕合衆國

大伯理璽天德致書於我友邦問

大清國

大皇帝好。朕茲簡本國貞諒幹練之士田貝授爲駐劄中華全權大臣，充
使前往
貴國。該大臣素悉我兩國交涉之情，並能體本國專欲使向來睦誼愈得
保全之意，必能使我兩國邦交日厚，且知其才能出衆，聲譽頗隆，是以優加倚
任，命充是選。該大臣自當常竭心力，使我兩國均有裨益。想其來駐
貴國，
大皇帝亦無弗願。務希
召見。所有該大臣代達本國各事之言，甚望相信，即其代達本國所囑，惟願
貴國常享太平，亦望以爲可靠。更祈
上蒼垂眷，俾
貴國鴻祚無疆。
一千八百八十五年六月初四日親筆書於華盛頓京城
由署外部大臣伯達發字鈐用國寶

三

咨呈

欽差出使美國日國秘國大臣鄭　為
咨呈事竊照本大臣於光緒十一年八月二十日具
奏金山總領事官黄遵憲銷差遣缺以紐約領事官歐陽明調署並
以隨員黄錫銓遞署紐約領事緣由當經抄稿咨呈在案茲於光緒
十一年十二月二十八日承准
貴衙門咨回原摺後開
軍機大臣奉
旨該衙門知道欽此理合恭錄呈明為此咨呈
貴衙門謹請察照施行須至咨呈者
右　咨　呈
欽命總理各國事務衙門
光緒十二年正月　初三　日

四

咨呈

欽差出使美國日國秘國大臣鄭　為
咨呈事竊查金山總領事署内現因美國限制華工以
及各埠謀逐華人迭出巨案一切稽查差遣文案等事
日繁一日若不添調人員不足以敷差遣茲查有藍翎
五品頂戴江蘇儘先候補縣主簿鄭鵬程勤慎明白現
在游歷来美堪以就近派赴金山總領事署内充當隨
員差使除劄委遵照外理合備文呈報為此咨呈
貴衙門謹請察照施行須至咨呈者
右　咨　呈
欽命總理各國事務衙門
光緒十二年正月二十三日

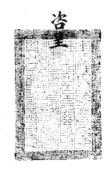

五

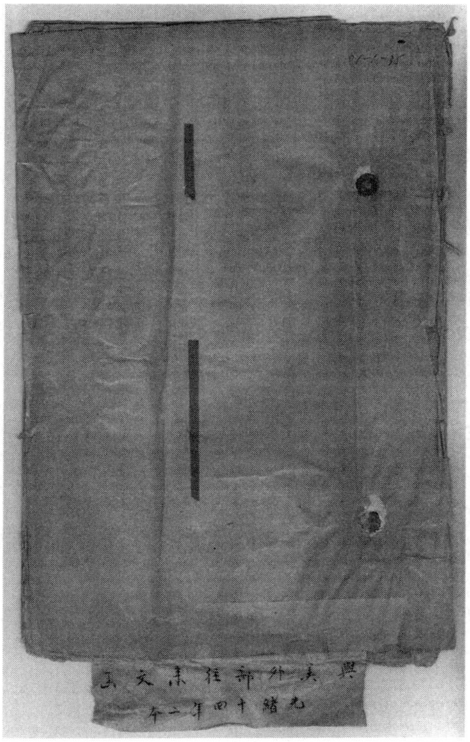

光緒十三年分中國使署與美外部往來文函

給美外部文函

正月初四日照會

的欽巴損失細數請照約賠償一件

十四日

梁令廷贊派金山領事一件

彭郎中光譽派本署參贊一件

十九日

收到金山總領事准照一件

二十七日

的欽巴舍路兩埠損失數目一件

二月初三日

亞罅士架屬邦埃崙埠華人損失請賠償一件

初六日

自用呂宋煙請飭稅關放行一件

十一日

成興齋

美總統批准撥賠洛款一件 已抄呈
十四日
收到新立販運洋藥例一件
十七日
駁復洋藥例第三條與中國關章有礙一件 已抄呈
二十四日
奉　旨飭收洛款請訂日期一件 已抄呈
二十六日
成興齋
商訂保護寓美華人節略一件 已抄呈
三月十一日
董事周桂森來金請知照稅關放行一件
十六日
赴日出境日期並派徐參贊代辦使事一件
十九日
收到約稿並訂期會晤一件
函謝周桂森來金已飭稅關放行一件

二十七日 代辦任內
收到美國各商船船名冊簿二十本一件
四月二十四日
衣箱到金請飭稅關放行一件
閏四月十七日
請調回美國駐韓代辦公使福久一件
二十五日
現有木箱四隻到金請稅關放行一件
成興齋
二十九日
復謝外部撤換福久一件
五月十三日
照復罰辦販運洋藥例須與中國關章無礙一件 已抄呈
二十四日
復謝　欽差到美預飭稅關如禮接待一件
由祕寄來自用紬一疋請飭稅關放行一件
六月十二日

金山領事家屬到金請飭知照稅關一件

十六日

自用物兩箱到金請飭稅關放行一件

二十日

復謝梁領事眷屬到金即時登岸一件

馬建常因公至美請飭關放行一件 以上代辦任内

二十四日

欽差由日返美日期一件

二十七日

駁復外部所擬條款節略一件 已抄呈

九月初八日

剔還洛案重報銀元一件 已抄呈

十一日

綢緞箱隻到金請飭稅關放行一件

十月初八日

董事黄寶書等抵金請飭關放行一件

十五日

製造龍旗到金請飭稅關放行一件

二十一日

開送本使署各員銜名住址一件

十一月二十五日

認明朝鮮係中華屬國並訂挈同朝使往見一件 已抄呈

十二月初四日

遊歷官到金請飭稅關放行一件

辨論限禁華工約稿並索賠各案一件

自用三賓酒到紐請飭關放行一件

二十六日

由馬丹薩寄來煙箱請飭放行一件

共四十一件

美外部來文

正月十七日

復彭郎中光譽派參贊一件

十九日

復認梁令廷贊為金山領事並送准照一件

二十二日

收到的欽巳案照會一件

二月初九日

美總統批准賠償洛款一件已抄呈

初十日

美國定中美販運洋藥例三條一件已抄呈

成興齋

十七日

復收到洋藥例照會並候晤商一件

二十三日

函詢奉旨飭收洛款已抄呈

三月初四日

約赴外部核收洛款一件已抄呈

十八日

徐參贊代辦使事一件

周桂森來金已飭稅關放行一件

送到限禁華工來美約稿並訂會晤日期一件已抄呈

二十五日

照送美國商船船名數目冊一件

二十八日

衣箱一隻到金已飭稅關放行一件

閏四月二十五日

駐韓代辦公使福久已調回兵船當差一件

成興齋

二十九日

販運洋藥例與中國稅關向章無礙坿送會議章程一件已抄呈

五月二十三日

中國欽差將回蒞美境已預飭稅關如禮接待一件

六月十六日

梁總領事家屬到金已飭稅關如禮接待一件

二十日

馬建常到美知照稅關一件

九月十六月

函復綢茶箱隻到金已飭税關放行一件

二十三日

復謝剔還洛案重報銀元一件已抄呈

十月初七日

美總統派富利司幫辦外部一件

十九日

黄寶書等到金已飭税關放行一件

成興齋

龍旗到金已飭税關放行一件

函詢駐美使署人員銜名住址一件

請互訂公允條款並約稿一紙一件

十一月二十七日

高使訂見日期一件已抄呈

二十九日

夏灣拏寄來自用之物已飭關放行一件

十二月初八日

遊歷人員到境已飭税關知照一件

初九日

函復三賓酒到紐已飭税關放行一件

十五日

遊歷官到金已飭税關接待一件

二十九日

古巴寄來呂宋煙已飭關放行一件

共三十一件

成興齋

給外部照會

為照會事案據一千八百八十五年十一月間安分旅寓華威頡屬邦的欽巴埠無辜被不法之徒擾害一案前經鄭大臣知照貴大臣文內敘明華人被逐所損失財物實數當時未悉一俟查確即再知照等語嗣因鄭大臣卸任旋國本大臣接篆以須先派隨員細勘案內情節然後備文照會請償故爾稽延至今本大臣去年七月三十一號所致貴大臣文函內開派委金埠總領事署隨員兩名前赴華威頡屬邦等因茲該員等既已悉心詳查兼得的欽巴並附近該埠華人慘遭擾害盡數被逐各等實情具呈失損數目報章一摺本大臣細閱之餘核悉該員等查勘持平所開損失數目均屬有據是以本大臣謹將該埠華人損失數目開列第一號清單送交貴大臣察核並請據案情形籌度早

日如數補償查本署去年四月五號照會貴大臣之後華威頡屬邦巡撫於十月一號洽送內部大臣報章一扣內敘該屬邦情事附有論的欽巴等埠鬧事文件篇幅不少彙成卷帙本大臣用特附送貴大臣察閱想貴大臣披覽之餘亦當謂此違法擾害之案地方官殊忝厥職間亦有串同滋擾者矣閱報章附文查得一千八百八十五年十一月三號的欽巴埠驅逐華人之舉係該埠邑主倡首且遍華威頡屬邦擾害華人各案均為邑主主使閱報章第十七頁鄭大臣曾將違法謀逐華人各情照會貴大臣即承貴大臣秉公迅速電知該屬邦巡撫囑為保護華人免遭毆擊當蒙巡撫於西十月二十號飭知的欽巴埠邑主詎據巡撫稱該邑主竟膜置之並不稟復閱報章第五十三頁巡撫稱的欽巴埠滋鬧各案邑主威司比影同主謀多日從

惪民心務使仇視華人等語鄭大臣四月五號文開西十一月三號擾害華人之案係該邑主倡首日報亦有錄登迨巡撫繕具報章時已知該文敘有此語並不置辯報章第五十七頁載有紐縣總巡捕稟函內云一千八百八十六年二月間舍路埠從惪民心仇視華人之事係的欽巴埠邑主威司比倡首並閱日報所錄備知該邑主身在其場戮力從事閱該報章附文足見該屬邦官員早知驅逐的欽巴埠華人之謀緣該處人民公然集商其事並議示華人離境限期毫不隱祕報章第十五頁載總巡捕十月十五號稟巡撫呈詞謂該埠人民聚議公定驅逐華人之事並持火把遊街等情報章第十三頁錄巡撫於十月十二號咨送內部大臣文函謂十一月一號即不法之徒限華人離境之期恐另生意外之端報章坿文叙明該縣總巡捕

並不認真戮力彈壓惡党所做不法之事報章第二十三頁錄十一月三號該總巡捕電稟巡撫是日糾党驅逐華人之事並稱其餘華人未去者翼日盡可遷之第二十四頁錄該總巡捕翼日再電稱埠內華人止留約四十名均收拾行李以便即離同日巡撫電咨內部謂的欽巴埠總巡捕未曾保護華人並不彈壓驅逐之事本大臣細閱報章附文知地方官大忝厥職殊屬可憫夫按中美條約華工例得旅寓美國者無論在華威頡屬邦或別處均應受合衆國并地方上各官員保護安居毫無疑義乃核諸坿文竟查得巡撫於驅逐華人離境之舉實有同情並心焉許之之跡但揆其意諒欲善勸離境不致逞兇耳報章第十六頁載巡撫於十月二十一號致函中國駐金埠總領事自云經已勸諭境內華人最善之法莫如自行引去巡撫所

致屆金縣總巡捕函內云欲除華人之患我眾本是同情閱報章第二十頁查得十月二十七號巡撫前赴的欽巴埠時為民所請遂將仇視華人情形當眾宣諭續後諸民即脩函鳴謝至所宣之詞報章未載惟閱報章第五十三頁巡撫稱的欽巴埠之民強半均坿和驅逐華人之舉若將第二十二十一頁所錄鴉他信函一併揆度想此宣諭未必能令按約保護華人應享

成興齋

之權利也十月二十九號巡撫因公冗未暇親赴仇視華人之會乃致函婉辭竟謂美國工人設法使華人安然離境之舉已亦同情似此巡撫身為該境合眾國大員尚公然將私意曉諭即其屬下不盡職相待華人並洋工違法肆行驅逐華人之謀其實難怪矣閱報章坿文巡撫之咎尤彰以報章第二十二十一頁錄有鴉他所致巡撫函牘俱稱祕密閱此函牘可知巡撫

於十月二十七號前赴的欽巴埠時當已稔悉不法之徒所曾妥定驅逐境內華人之謀並如何舉辦各等章程矣華人既於十一月三號被逐次日鴉他致函巡撫云現的欽巴埠無復有華人諸事妥靖昨已將華人安送出埠今早已帶上貨客鐵車載往他處去矣前余所說屆期如何處置之法閣下還能記憶否今果照辦祇其鐵車非專僱耳詎當日美國工人不能依巡撫

成興齋

所謂善法妥送華人出境遂行焚燬搶掠華人產物迨巡撫聞貴國總統以未能遵約保護華人之故大為震怒始行設法彈壓然噬臍莫及狂瀾難挽矣以華人多年積蓄財產盡遭焚搶歷久所開店鋪既經被逐不能復歸矣本大臣素稔貴大臣仁厚相待敝國國家並本國人民謹將以上各情縷達貴大臣諒貴大臣必能早日妥籌善章俾旅寓的欽巴埠華人所受失損

之款可獲賠償也為此照會貴大臣請煩查照
順頌日祉
右　照　會
美外部大臣拜亞
光緒十三年正月初四日

成興齋

給外部照會
為照會事照得金山總領事歐陽明現在因病
乞退所遺金山總領事一缺事務繁要茲本大
臣遴派本使署參贊梁廷贊前往接替為此照
會
貴大臣請煩查照奏明
貴國伯理璽天德發給准照以便擇日起程順
頌升祺須至照會者
右　照　會
美外部大臣拜亞
光緒十三年正月十四日

成興齋

給外部照會

為照會事照得本使署參贊梁令廷贊現經調充金山總領事之職亟應另選妥練人員接充所遺參贊差缺以資臂助茲本大臣特將前次開列隨員單內之刑部郎中彭光譽派充本使署參贊相應照會

貴大臣查照為此照會須至照會者

右　照　會

美外部大臣拜亞

光緒十三年正月十四日

成興齋

給外部照會

為照復事照得本大臣接准

貴大臣照復並送來

貴部認明新派金山梁總領事准照一紙理合將收到該准照緣由照復並達謝忱順頌升祺須至照會者

右　照　會

美外部大臣拜亞

光緒十三年正月二十日

成興齋

給外部照會
為照會事照得去年七月三十一號本大臣曾
致
貴大臣文函內開委員前赴華盛頓屬邦舍路
並的欽巴兩埠查核該處華人被惡黨違法驅
逐失損數目等因本月七號本大臣照會
貴大臣申明為委員查核一事久稽時日茲該
委員已將委查情節稟明本大臣謹將去年二
月舍路埠並附近該埠之華人被惡黨違法驅
逐失損數目開列單摺送請
貴大臣查照秉公賠償當日舍路埠鬧事各情
本大臣本月七號函附該屬邦巡撫報章暨總
兵刦賓咨報兵部公文又此次本大臣抄附日
報所紀當日鬧事情節均已詳載本大臣原可
無庸瑣贅矣據巡撫報章與總兵咨文並日報
所錄本大臣查悉二月七號晨朝惡党糾集多

人持械逞兇將旅寓舍路埠華人逐出室廬嚇
以不從則有性命之虞驅至碼頭即以挾登舍
埠輪船者為數不少正在擾攘之際地方官因
而拯援彈壓兇燄華人幸獲保全生命物業不
盡遺失陷者亦復不少其華人未帶上輪船者
約二百餘衆靡不驚惶逃往別埠期保性命該
屬邦巡撫一千八百八十五年所報旅寓經縣
舍路埠華人之數係九百六十七名內有巨貫
行店數間當鬧事之秋華商多有易朽之貨率
因迫於離埠强將存貨拍賣遂致大小生意欠
帳無着者間亦有租地作圃工本全失者亦有
財物被搶者亦有惝惶離境遺棄物業者且致貴
重房屋荒廢日久而租項失收者坐是本大臣
想該委員查開失損數目均在情理蓋該屬邦
名望居民皆謂此次華人損失之項實屬不資
矣閱巡撫報章第四十六頁載有經縣衆律師

會議責備閙事之詞云本縣多年經營多藝始
興今一旦遭此滋擾民間有資財者悉視此為
畏途而他徙云本大臣此次單摺未列房屋荒
廢實受虧損之項並該華人離境逃往別埠川
川資鉅費但據本署一千八百八十五年十一
月三十號所致
貴大臣照會內坿第四號文件本大臣溯查前
有美人在華為党衆所擾棄屋而逃所累空納
租錢並川資曾經
貴國公使向敝國政府索賠此端開於
貴國原堪取則也又查巡撫報章載華人貿遷
廣聚的欽巳與舍路兩埠其生意向日展拓已
遍屬邦今則零落如此又第五十一頁載去年
七月十七號巡撫所移
貴大臣咨文云自洛士丙冷殺害華人之後華
盛頓屬邦遍境即擬驅逐華工之舉第三十九

頁錄巡撫於去年二月十三號咨呈兵部云境
內數處擬欲強趕華人又云除柯康皮埠外各
處華人經已遷去又云看党衆滋擾情形聲勢
相連煌煌總統之諭亦沒由懾止總兵胡賓咨
呈第六頁載總兵二月十六號由舍路埠電咨
兵部據稱接到數處申文俱報華人被逐之耗
並其驅法彷彿與舍路埠相同一千八百八十
五年巡撫冊報旅寓嗶司縣的欽巳埠華人之
數係有九百五十九名之衆現閱報章第五十
二頁云去年七月十七號巡撫移咨
貴大臣文稱的欽巳埠現無華人等語本大臣
竊謂舍路埠擾害華人之案倘地方官當時均
能盡職則不致釀成此禍緣先是惡党會謀俱
不隱祕閱第五十九頁報章總巡捕具稟巡撫
縷述游蕩之徒聚謀慫惥民心作禍至二月六
號夜公然聚衆決斷舉事等情又總兵以二月

七號所開之案移洽巡撫據稱釁事之初倘有
幹練巡撫在場彈壓此等羞辱之事立可杜止
日報錄是日驅逐華人之舉係署巡捕頭目馬
非帶領惡黨闖入華人鋪屋强逐出户於此可
想當時衆巡捕如何行止不言而喻矣該屬邦
巡撫並按察等官俱謂以此擾害之案華人失
損財產實臣殊違約章惟本大臣查得案犯漏
網至今未獲懲辦又地方官既復如此該案犯

成興齋

似終無懲辦之期本大臣深為憤悶緣該巡撫
睹此情形曾有辯詞自稱太平洋濱之民情大
都仇視華人其不然者希幾耳事難隱祕亦有
數大埠之民均寬縱苛待華人之徒設欲懲辦
違法虐待華人之犯殊難措手等語閱報章第
三頁便悉又據去年二月十六號總兵洽兵部
文函第五第六兩頁内云境内遇有虐待華人
之案極難覓得陪審人公道聽斷是以案犯靡

不議釋實因輿情與華人不洽之故且不法之
黨徒每恃此為護符云云茲本大臣惟有仰懇
貴國大伯理璽天德並貴大臣體察華人被害
實情亟行盡法秉公申理是所切盼本大臣所
請申理賠償各節實遵敝國劉國之諭惟舍路
埠華人被害屢屢若非
貴大臣查照本大臣文函緩撤防兵則禍患更
無底止本大臣感佩無量為此照會

成興齋

貴大臣請煩查照須至照會者
右　　照　　會　粘附失損單摺一紙 舍路埠日報一則
美外部大臣拜亞
光緒十三年正月二十七日

譯舍路埠二月七號日報一則

前本舍路埠之民以合衆國軍兵撤退解嚴咸謂仇視華人之禍經已銷弛可望安謐詎惡党乘機陰謀不法今日始發禍伊胡何底誠難逆料也查得昨夜該党集議舉人前往華人寓所以稽察防疫為名今早七點鐘時候該被舉之人即行照辦署巡捕頭目馬非帶領羣党為數甚衆似有約而來者浩浩蕩蕩遝至華人所在

成興齋

華人聞敲門聲即啟户相迎該公舉人等乃以地方之例詢查人數正在問答之際其餘党便入屋內將華人貨物家私收拾而載貨車適亦上前衆人遂將各貨物移放車上旋即迫令華人登車於是人與貨物立刻送至柯至鐸碼頭値有輪船名堅柯父巴施域泊在該碼頭將次揚帆前赴金埠矣當時華人知難與抗大都亦附之無可如何此舉華人絕不聞風地方官亦未

預為防範巡捕等俱附和党衆並不彈壓及總巡捕麥沽羅聞警先到鬧事之處欲遣衆散詎党衆弗聽並不遵諭迨總巡捕招集民人數人協同彈壓該党人隨散隨集臟該總巡捕他適即復合行如初歷有數時雖總巡捕與按察司基連並邑主耶司拉按倒彈壓卒不克濟其華人迫聚於柯臣鐸棧內約有四百人惡党均不准其轉歸寓所其實華人咸已胆戰心驚亟欲

成興齋

他去矣華人無船票者該輪船司事弗准登船並備有皮喉作噴射湯水之用以防惡党強迫裝載華人之處衆党見此即行集資惟僅足百人川費耳於是華人不願留者照數送上輪船其餘未有川資者須候籌款以故該輪仍泊碼頭守候即日午後五點鐘時候民壯前赴華人寓所保守地方當時祇遺華商幾人暫留未去六點鐘時候官由衙署發提人票轄令華人留

在該輪船者盡數釋放並不准該輪揚帆云

成興齋

給外部照會

為照會事照得寓美華人前遭不法之徒擾害各情本大臣疊經照會在案茲後查悉逞兇虐待華人致遭財物失損一案實與約章相違自應援約照會查理案因去年西八月華人為數百名在亞鑄士架屬邦地利士埃崙埠並附近該埠之振河地方金礦做工俱是安分守法良民突為惡党手持槍砲攻擊迫令停工離境華工不依即恃勢驅至海邊挾上小桅船隨波飄蕩備嘗艱苦續又驅上荒灘幸遇輪船經過載回做工原埠本可仍舊開工無如惡黨不准華工如留即有殺害生命之虞即合眾國官員並財東等亦坐視而無從保護於是華工迫得逃至金埠等處暫圖保命所有財物則盡失矣迨上歷盡辛苦且因該黨如此兇横離埠後遂不敢復返亞鑄士架屬邦探視以上各節係本署

成興齋

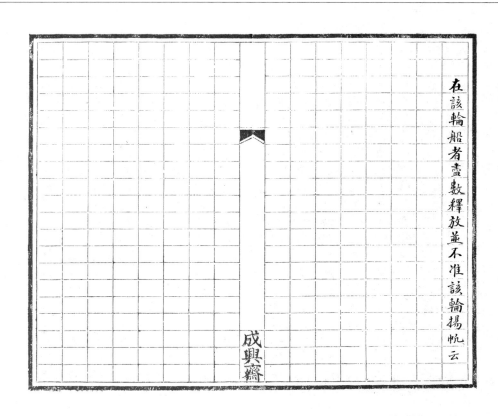

所收呈詞敘述即貴國官員報章並日報所錄均與呈詞吻合上年總統諭議院文內亦敘及此案諒貴國政府必已接閱公牘矣查去年九月華盛頓屬邦總兵劫賓接到確耗謂八月間白人聯党恃强欺弱竟將在該屬邦地利士埃崙傲礦華人驅逐行同惡毆咨報兵部有案茲將日報所記當時苛待華工情形并送貴大臣查照該屬邦僻處遐陬該案失損之數未能遽得確實特先將華工呈詞抄送其餘詳細各節容飭查續陳至該惡党遽視法紀違背約章損碍華人權利致令財物受虧想貴大臣必已飭行懲辦無待照商矣茲本大臣接閱華民呈詞亟應照請貴大臣查辦以符約款而儆兇暴為此照會貴大臣請煩查照須至照會者

右　照　會

美外部大臣拜亞

光緒十三年二月初三日

成興齋

給外部函

逕啓者茲有本大臣由古巴購來自用息嘉烟兩箱於西二月二十四號坿沙拉多架火船寄來請貴神知照户部行飭紐約稅關免驗放行為荷順頌升祺

光緒十三年二月初六日

成興齋

給外部照會

為照會事照得華人被害各案我
朝廷深為軫念洛士丙冷案賠款經
貴國總統批定後本大臣業經專摺具
奏並聲明互訂條款善後以免再有此等意外之
事昨於西三月三號接准
貴大臣照會送到
總統簽名之兩議院會議洛案賠款例本大臣

成興齋

亦即將來文譯寄
總理衙門知照矣至限禁中美商民販運洋藥
一事係查照西一千八百八十年十一月十七
日中美續約立例尤徵敦睦之誼惟例內第三
款與中國稅關向來辦法及中國地方官自治
之權殊有妨礙中國辦理洋藥入口情形
貴國想未透悉本大臣自當另文專案照會合
先奉達須至照會者

右 照 會
美外部大臣拜亞
光緒十三年二月十四日

成興齋

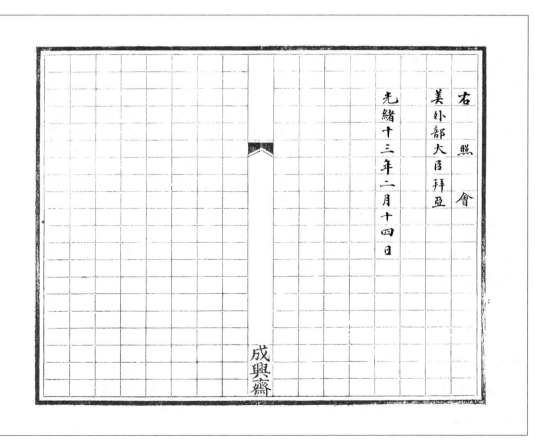

給外部照會

為照會事照得現據金山總領事詳稱該埠事務繁劇需員佐理擬訂廣東開平縣生員周桂森來金襄理一切請照會

貴外部行知稅關俾周生到金登岸免致阻滯等情到本大臣據此相應照會

貴大臣請煩查照轉致戶部飭知金山稅務司於周桂森到時一經金山總領事知照即准登岸勿阻為要須至照會者

右　照　會

美外部大臣拜亞

光緒十三年三月十一日

成興齋

給外部照會

為照會事照得本大臣奉

命出使美日秘三國茲定於四月初一日由紐約登舟前往日國所有應辦在美交涉事件業經

奏明交本使署參贊徐壽朋暫為代辦相應照會

貴大臣查照須至照會者

右　照　會

美外部大臣拜亞

光緒十三年三月十六日

成興齋

給外部照會

為照復事竊照本大臣於今早始准
貴大臣來文送到約稿並訂西四月十三號即
禮拜三日午前十一點鐘時會晤等因准此查
貴大臣議論本大臣節略所開各款暨現擬約
稿篇頁繁多一時未能譯出然本大臣赴日行
期已迫而此事有關兩國睦誼極為繫念明早
即禮拜三日午前十一點鐘時當如期趨赴
貴署面談一切也為此照復順頌升祺須至照
會者

右　照　會

美外部大臣拜丕

光緒十三年三月十九日

成興齋

給外部函

逕啓者頃接
貴大臣本月十一號覆文二件知周桂森來金
山一事已荷貴神轉致户部行知金山稅關遵
照並於本大臣赴日之行吉語頌祝知参贊徐
壽朋留美代理交涉事件定荷
貴大臣優待矣具紉雅誼特此函謝順頌升祺

光緒十三年三月十九日

成興齋

給美外部照會

為照復事照得本代辦接准
貴大臣來文並所送第十八年刊刻
貴國各商船船名大小等件册簿二十本相應
備文復謝順頌升祺須至照復者

右　　照　　復

美外部大臣拜亞

光緒十三年三月二十七日

代辦出使事務大臣徐

成興齋

給美外部大臣拜亞函

逕啓者本年西三月間有
使憲張　衣箱一隻由中國上海寄至金山船
名紐約税關因箱面只寫一張字及中國使署
字樣未肯放行經金山總領事遣人告知並一
面禀報
使憲張　知照在案禀到時適值
使憲張　部署啓行匆匆未及函致
貴大臣曾於在紐約時面囑本代辦作函奉達
為此函懇
貴大臣請煩轉致户部行知金山海關税司即
予放行交由金山總領事轉寄為荷順頌升祺

代辦出使大臣事務徐壽朋

光緒十三年四月二十四日

成興齋

給美外部照會
為照會事照得前禮拜五月會晤
貴大臣所談
李中堂來電請調回
貴國前駐朝鮮代辦公使福久一事
貴大臣允向水師部查明辦理具紉厚誼今早
本代辦又接
李中堂來電云福久與韓諸小人勾結畔華
久恐生亂商之駐中韓美使均云可徑請外部
調回等語事關重大刻下
貴大臣想已查明可否轉商水師部大臣即速
將福久電調回國免生變亂不勝感荷為此照
會須至照會者
右　　照　　會
美外部大臣拜亞
光緒十三年閏四月十七日

成興齋

代辦駐美事務大臣徐

成興齋

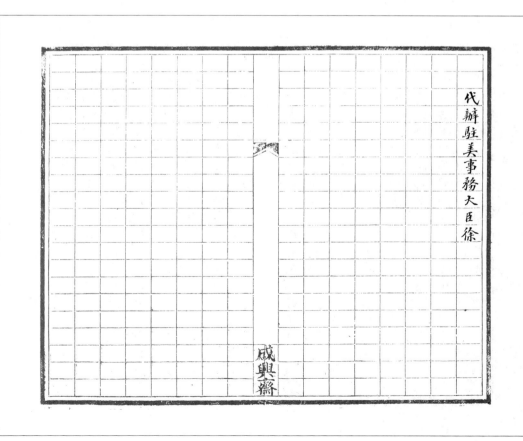

給美外部大臣拜亞函

逕啓者本年西五月三十號紐約輪船到金山載來木箱四隻係
使憲張　自用之物由上海寄來特此函請
貴大臣轉致户部飭知金山税關免驗放行為
荷順頌升祺
代辦出使大臣事務徐壽朋
光緒十三年閏四月二十五日

給外部照會

為照會事照得本代辦接到
貴外部大臣本年西六月十六號照復詳叙
貴國前署駐韓代辦福久與高麗外部不睦之
由並
貴國政府篤念邦交業經
貴大臣商允水師部大臣諭飭福久仍赴馬利
安師船供職等因
貴大臣如此辦事足見顧全和好實於中韓美
三國交誼有益曷勝感慰除照錄
貴外部大臣照會呈送
李中堂查閲外相應備文照復須至照會者
右　照　會
美外部大臣拜亞
光緒十三年閏四月二十九日
代辦駐美事務大臣徐

給美外部照會

為照復事照得本代辦於今早接准
貴大臣本年西七月十三號來文以准
貴國駐日公使嘉理函致我
使憲張　定坿爰楚利亞輪船還美約西八月
十四號可到紐約
貴大臣業經知照户部轉行稅關人員於
使憲張　到時按禮接待並隨從各員行李一
併免驗放行等因具徵厚誼曷勝感謝倘屆時
本代辦接到電報
使憲張　行期或有更改自當再行函達為此
照復須至照復者
右　照　復
美外部大臣拜亞
光緒十三年五月二十四日
代辦駐美使事大臣徐

給美外部大臣拜亞函

逕啓者本代辦有自用綢一疋由駐祕使署寄
來昨接太平洋輪船公司來單知已運至紐約
請煩
貴大臣轉致户部飭令稅關免驗放行為荷順
頌升祺
代辦出使大臣事務徐壽朋
光緒十三年五月二十四日

給美外部照會

為照會事照得本代辦接據金山梁總領事函稱其妻室於六月初一日即西七月二十一號由香港坿乘紐約兩克輪船啓行來美隨帶自用行李並男女僕人四名計在西八月十四五號可到金山等因為此照會

貴外部大臣請煩轉致户部行飭金山稅關於梁總領事家眷到時以禮相待勿稍留難其僕從人等但憑總領事署繙譯指認即准登岸行李箱隻並懇免驗不勝感禱順頌升祺須至照會者

右　照　會

美外部大臣拜亞

光緒十三年六月十二日

代辦駐美使事大臣徐

成興齋

給美外部照會

為照會事照得本年西七月十八號澳順尼船由中國載到金山

使憲張　自用物件一箱又西七月二十五號而里河輪船由香港載到金山

使憲張　自用綢緞一箱經該攬載行知照前來為此照會

貴大臣請煩查照轉致户部行知金山稅関免驗放行為荷須至照會者

右　照　會

美署外部大臣

光緒十三年六月十六日

代辦駐美使事大臣徐

成興齋

給美署外部波打函

逕啓者本代辦接到
貴署大臣西八月五號來文以業經行知金山
稅關俟梁總領事眷屬人等到時但憑該署繕
譯指認即准登岸隨帶行李概與免驗放行等
曷勝感紉為此泐函布謝順頌升祺

代辦出使事務大臣徐壽朋

光緒十三年六月二十日

給外部照會

為照會事照得本代辦接到
李中堂自天津來電以有委員馬建常偕洋人
來建威同來
貴國等因為此照會
貴外部大臣請煩查照轉致戶部行飭金山稅
關俟馬委員到時按中國委員優待放行無阻
不勝感盼順頌升祺須至照會者

右　照　會

美署外部大臣波打

光緒十三年六月二十日

代辦駐美使事大臣徐

給外部照會

為照會照得本大臣蕙使日斯巴彌亞國當將出境日期照會在案頃於六月二十四日即西八月十三號回駐

貴國理合照會

貴大臣查照并承

貴大臣預行紐約稅関得以迅速登岸行李免查本大臣實深感慰統容晤謝即頌時祺須至照會者

右　照　會

美外部大臣拜亞

光緒十三年六月二十四日

成興齋

給外部照會

為照會事照得本大臣有上海寄來自用綢料茶葉二箱於西十月三號由奧順臣輪船運至金山惟箱隻在中國並非同時發寄一係交金山總領事轉寄一係逕寄華盛頓為此照會

貴大臣查照請煩轉致户部飭令金山稅關免驗放行以便轉寄前來為荷須至照會者

右　照　會

美外部大臣拜亞

光緒十三年九月十一日

成興齋

給外部照會

為照會事照得現有廣東新甯縣生員黃寶書伍朝光番禺縣舉人黃廷章前來金山為總領事襄理華人事務經本大臣分别給予護照為此照會

貴大臣請煩查照知會户部大臣行知金山稅關係該生員等到時驗明護照立准登岸並將隨帶行李免驗放行不勝感荷須至照會者

右　照　會

美外部大臣拜亞

光緒十三年十月初八日

成興齋

給外部拜亞函

逕啓者茲有中國

欽差自上海製來龍旗一包附卑路積輪船於本年西十一月十七號運到金山為此函致

貴大臣請煩轉致户部行飭金山稅關免驗放行為荷順頌升祺

光緒十三年十月十五日

成興齋

給外部照會

為照復事昨准

貴大臣照會請將本使署坐落街名隨帶各員銜名及其眷屬住址開送以便刊入駐美出使人員搢紳錄並此外幼稚服役人等亦請另單開送以便轉給本城委員知照等因茲特將本使署銜名人員銜名暨服役人等姓名分列兩單送請

貴大臣查照分別飭刊轉給施行須至照會者

成興齋

使署銜名及各員銜名單

本使署坐落杜幫特塞格爾

參贊官徐壽朋

瑞　沅

彭光譽

美國人參贊柏　立

繙譯官何慎之

隨員　梁誠

錢廣濤

姚家禧

許玨

李春官

張佐興

學習繙譯顧士頴

武弁陳吉勝

馬宏源

成興齋

使署幼稚僕役名單

幼稚許隨員之子許同蘭

華僕趙福　劉吉祥　蔣得勝　李國　陳達

歐陽坤　李安　劉順

洋僕

女僕意倫

男僕埋格耳　又雷　西伐斯

右　照會
美外部大臣拜亞
光緒十三年十月二十一日

給外部照會
為照會事照得本大臣前准
總理衙門來咨兵部候補郎中傅雲龍刑部學
習主事顧厚焜前往美利堅合衆國游歷等因
查傅雲龍等係經
總理衙門考取
奏准出洋游歷與尋常自備資斧出洋游歷人員
不同計其程期不久可到美國為此照會
貴大臣請煩查照轉致户部行知金山税關於
傅郎中等到時勿稍阻滯所帶行李均予免驗
放行為荷順頌升祺須至照會者
右　照　會
美外部大臣拜亞
光緒十三年十二月初四日

給外部照會
為照復事本年十一月十五日接准
貴大臣西上年十二月二十八號照會仍坿送
約稿到本大臣准此查來文內開近日華人每
有捏稱曾經由美回華巧避限禁華工來美例
款此種情形本大臣查據金山總領事稟稱光
緒六年美國編查華人共十萬五千有餘自定
續約至起限日回華者一萬二千餘人均不在
限制之內現尚有九千餘人未經重來美國又
起限後領有執照回華現未再來者約三萬一
千五百餘人此係計至中歷本年十月十五日
止現在寓美華人較之光緒六年已少十分之
四等語想捏稱曾經由美回華巧避限禁例款
者稅關查察甚嚴此輩尚無多也
來文所稱華人有販運婦女來美為娼一節情
殊可惡本大臣早有所聞疊經行文咨會

廣東督撫嚴飭地方官查拏拐犯匪徒從重懲
辦是以金山華人近來頗知儆畏不敢為娼妓
具保候審因之關吏得阻該娼妓等登岸領事
官得飭船主載回據金山總領事稟中十月二
十三日十一月初一日十五日歒巴布路雪梨
柯順匿等船陸續抵金載來無照華婦兩三口查
非娼妓當由該總領事諭飭金山大小華人店
鋪出具聯環保結如果日後再有為娼妓具保
者眾人絕其生意勿與交易等語一面仍由本
大臣隨時知會粵省官吏嚴禁想如此設法杜
弊販運娼妓來金之事亦不難禁絕也至於修
約一節
貴大臣此次仍將西上年四月十一號函坿約
稿照舊送來惟本大臣曾於西上年八月十六
號敘具照覆詳論本國政府所欲應訂約款切
要兩端此次來文不知何以絕未提及如

貴大臣將本大臣商訂各款與送來約稿互相參酌不專主限制一面之詞仍守續約保護之款并將本大臣送去索賠各案早日議賠則彼此所商約款自亦可從速訂定矣本月初一日走晤時因

貴大臣公務正繁未得談及故特備文照復容再訂期晤商須至照復者

右　照　會

美外部大臣拜亞

光緒十三年十二月初四日

成興齋

給外部照會

為照會事照得本大臣購到自用三賓酒二十箱存紐約稅關茲將各箱號碼抄送

貴大臣查照希即轉致戶部飭令該稅關免驗放行為荷為此照會須至照會者

計𠦃號碼单

右　照　會

美外部大臣拜亞

光緒十三年十二月初四日

成興齋

給外部照會

為照會事照得駐日國古巴馬丹薩張領事坿華西治來因公司輪船來美本大臣託其代購火烟捲四箱帶來計二千一百隻今早已到紐約為此照會

貴大臣請煩轉致戶部電飭紐約稅關放行為荷須至照會者

右　照　會

美外部大臣拜亞

光緒十三年十二月二十六日

成興齋

照譯美外部復文

為照復事昨准貴大臣本月八號文開貴使署參贊梁廷贊現經調充金山總領事之職是以

貴大臣特將前次開列隨員單內之刑部郎中彭光譽派充貴使署參贊等因本大臣祗悉壹是為此照復須至照會者

右　照　會

大清欽差大臣張

一千八百八十七年二月九號

光緒十三年正月十七日

美外部拜亞

成興齋

照譯美外部復文

為照復事昨准

貴大臣本月八號來文祇悉一是茲本大臣謹將本部所發認准梁廷贊充當駐劉嘉省金埠總領事准照送呈

貴大臣察收為此照復

貴大臣請煩查照須至照會者

右　照　會

大清欽差大臣張

一千八百八十七年二月十一號

光緒十三年正月十九日

美外部拜亞

成興齋

照譯外部復文

為照復事昨准

貴大臣本月七號來文以一千八百八十五年十一月華盛頓屬邦的欽巴埠驅逐華人一案等因本大臣自當加意核辦為此照復請煩查照即頌廿祺須至照會者

右　照　會

大清欽差大臣張

一千八百八十七年二月十四號

光緒十三年正月二十二日

美外部拜亞押

成興齋

照譯美外部復文
為照復事昨准
貴大臣本月八號文開總統准議院議撥洛士
丙泠賠款並總統准行議院按一千八百八十
年十一月十七號條約第二款所定限禁中美
商民販運洋藥例內第三款與中國稅關向來
辦法及中國地方官自治之權殊有防碍中國
辦理洋藥入口情形
貴大臣另文專案照會各等因准此竊查此事
關係匪輕本大臣自當敬候教益為此照復請
煩查照順頌升祺須至照會者
右　照　會
大清欽差大臣張
一千八百八十七年三月十一號
光緒十三年二月十七日

成興齋

照譯外部來文
為照復事昨奉
貴大臣本月九號來文敬悉
貴大臣奉
命出使日國定於本月二十三號啟節至
貴大臣離美後
貴署倘有與本署交涉事件飭委第一員參贊
徐壽朋暫為代辦等因本大臣自當遵照伏望此行
星軺無恙不盡跂仰之誠為此照復
貴大臣請煩查照須至照會者
右　照　會
大清欽差大臣張
光緒十三年三月十八日

成興齋

照譯美外部來文

為照復事前准

貴大臣本月五號來文，祗悉種切。昨本大臣接

户部本月九號咨開：經已飭知金山税務司周

桂森將次由華來美到時，一經金山總領事知

照登岸，勿阻等因。為此照復

貴大臣請煩查照須至照會者

右照會

大清欽差大臣張

光緒十三年三月十八日

成興齋

照譯美外部來文

為照會事。謹將第十八年所刊本國各商等船

船名大小各等件册簿二十本送呈

貴代辦大臣察收，以備

貴國之需。為此照會

貴代辦大臣請煩查照須至照會者

右照會

大清代辦大臣徐

一千八百八十七年四月十八號

光緒十三年三月二十五日

成興齋

照譯美外部復文

為照復事昨准本月二十五日來文內開本年
西三月間有
使憲張自用衣箱一隻由中國上海寄至金山
船名紐約各等因茲已飭知金埠稅司予以放
行免驗為此照復
貴代辦請煩查照可也須至照會者

大清代辦大臣徐
一千八百八十七年五月二十號
光緒十三年四月二十八日

照譯美外部來文

為照復事照得前署駐高代辦本國水師人員
福久行為前經
貴代辦大臣面述一切本月八號准
貴代辦大臣來文以貴代辦大臣續接
李中堂來電云福久與韓諸小人糾結謀畔華
久恐生亂商之駐中韓美使均云可徑請外部
調回等因本大臣查福久向來品望端崇係按

美高一千八百八十二年所立約款第二條派
充駐韓代辦公使任內視事小心實與電開情
形軒輊如謂福久近日所為實有如
中堂電報所述者本大臣未敢遽信也緣邇日
曾收到本國駐高公使田謨與高外部往返公
牘其最近者係上月九號文函既經閱悉各情
用敢據實陳說蓋因從前別國報館刊布謠言
誣論福久以致高麗外部頓啟猜嫌嘖有煩言

至今未息亦因福久於一千八百八十四年十
二月將高麗當日變亂之事申報美廷其報章
後於一千八百八十六年遵奉廷諭刊布原係
福久分內應報本國政府之事田謨曾遵廷諭
照知高麗外部聲刊報一事應惟美廷是問至
外人無稽之言與福久被誣之處美廷現在無
庸究論將來如有意外情事牽涉福久自當屆
時再議但高麗外部既以福久為未能允洽不
但渠充使署水師隨員之職殊無利益抑於辦
公亦當減色矣本大臣已商允水師部大臣飭
福久仍赴本國師船馬利安供職並悉本國游
弋亞西亞洲洋面水師提督經於昨日即本月
十五號申令照辦矣美廷並不辦福久是否允
洽之員經以高廷之言為然當即照辦者因本
國遇有此等情事不但按照公法實欲敦篤邦
交至若福久留住韓境有無妨碍中韓與美國

成興齋

和好之處亦可置而不論以美國恪守約章務
與中韓輯睦毫無他意也本國政府如此辦法
亮洽
中朝之意似堪告慰為此照復
貴代辦大臣請煩查照須至照會者
右　照　復
大清代辦大臣徐
一千八百八十七年六月十六號　外部拜亞
光緒十三年閏四月二十五日

成興齋

照譯美外部來文
為照會事頃本大臣接據敝國駐日公使嘉理
咨稱
欽差大臣張擬坿愛楚利亞輪船旋美約於西八月
十四號可抵紐埠等因本大臣當即知照戶部
大臣茲已承戶部諭飭紐埠稅司俟星軺到埠
時須要如常按禮接待並隨從各官行李一併
免驗放行矣為此理合照會
貴代辦大臣請煩查照須至照會者
右　照　會
大清代辦大臣徐
一千八百八十七年七月十三號
光緒十三年五月二十三日

照譯美外部來文
為照復事前准
貴代辦大臣本月一號來文以金埠總領事眷
屬並隨代僕人四名將次到金一事茲已行飭
該埠稅司俟總領事眷屬人等到時但憑該署
繙譯指認即准登岸勿得留難阻滯並隨帶行
李概與免驗放行為此照復
貴代辦大臣請煩查照須至照會者
右　照　會
大清代辦大臣徐
一千八百八十七年八月五號
光緒十三年六月十六日
署外部波打

照譯美外部來文

為照復事。昨准

貴代辦大臣本月九號文開：

貴國經派委員馬建常隨帶洋人米克建威前來敝國辦理要公，將次到境等因。准此。月之六號本大臣接本國駐上海總領事堅尼悌電稟

中朝大官並隨帶人等擬本月底到金山埠辦理要公，請為欵接等情。本大臣當即知照户部

大臣行飭金山稅司，一俟中朝大官等到時按禮相待，立准登岸，行李免查。茲接户部咨復，經已行飭照辦矣。本大臣亦曾知照水師部大臣，請按該部可能辦到之處按禮相待。經接水師部大臣九號咨復，業已行飭美也島水師局守官，一俟華官到時派弁迎接，並於艙帷暫駐，分內可能辦到之處按禮致敬等因。為此照復

貴代辦大臣，請煩查照。須至照復者。

右　照　會

大清代辦大臣徐

一千八百八十七年八月十二號

光緒十三年六月二十日

美外部拜啟

照譯美外部復函

敬啟者前准

貴大臣十月二十八號函開有綢茶兩箱由上海坿柯臣匿輪船運至金山埠係自用之物等情本大臣當經轉飭金山並華城各稅關均照免驗放行矣謹此佈復順頌升祺

一千八百八十七年十一月一號

光緒十三年九月十六日

成興齋

照譯外部來文

為照會事照得本國總統紐派利富司幇辦本部事宜即日履任視事為此照會

貴大臣請煩查照順頌升祺須至照會者

右 照 會

大清欽差大臣張

一千八百八十七年十一月二十一號

美外部拜亞押

光緒十三年十月初七日

成興齋

照譯美外部復文

為照復事前准

貴大臣上月二十五號來文内開舉人生員等三名前來金山為總領事襄理華人事務等因兹接到署户部咨復經已飭知金埠税司俟該員等到時騐明護照立准登岸並隨帶本身家用傢俬得免税之物均與放行為此照復

貴大臣請煩查照須至照會者

右　照　會

大清欽差大臣張

一千八百八十七年十二月三號

光緒十三年十月十九日

成興齋

照譯美外部復函

敬復者前准

貴大臣上月二十九號函開之件兹本大臣接據户部文復貴大臣自上海坿卑路積輪船製來國旗一包經已飭知金埠税司即與放行矣專泐布復順頌日祉

一千八百八十七年十二月三號

光緒十三年十月十九日

成興齋

照譯美外部來函

敬啓者貴署銜名並從官銜名與其眷屬住址何處請為賜示以便列入各國出使駐美名册至貴署人役並或有幼稚同住不入出使駐美名册者均亦請另單列明送來俾得按增修例第四千零六十五款轉給本城委員知照專泐

即頌升祺

一千八百八十七年十二月三號

光緒十三年十月十九日　美外部拜啓

照譯外部來文

為照會事照得邇日金山公堂訊有華人干犯合衆國按約限禁華工來美例款之案其中情節應行照會貴大臣查照以盡彼此篤修友睦之誼據該案承審官所布之函並日報所錄其中情節本大臣查得華人每有詭稱曾經由美回華援按約款為返美護符而狡避限禁華工來美章程之事又該案訊得華人每有由華販運本國婦女來美為娼其數不少殊屬可惡其中詳細姑毋庸瑣瀆矣承審官柯扶文稱勘得華人實有違悖一千八百八十年約款並一千八百八十二年限禁華工來美章程之事且承審官蘇耶一千八百八十七年十一月二十一號所致議紳麼勞之函亦云如是惟寓美華人各項事體均蒙貴大臣關垂此事當有稟報難逃洞鑒亮彼此均以此為可恨亦欲設法以杜將

來也此事大為觸動本國人心極至復欲嚴立限禁之條不待言喻至補救之法竊喜貴國家與本國政府均願禁絕華工來美是以前此彼此互商立約俾得施行本大臣當經議有約稿送呈貴大臣酌核茲貴大臣奉有旨意商訂敢請貴大臣便即枉臨互商訂定公允條款庶得彼此顧全國體而敦友誼為此備文送呈貴大臣約稿一紙請煩查照諒彼此就此底本即可成議也須至照會者（此約稿與三月十八日外部送來約稿同業已抄呈不復重錄）

右　照　會

大清欽差大臣張

光緒十三年十一月十五日

成興齋

照譯美外部來函

敬啓者昨沙拉都加輪船由夏灣拏埠運來紐約貴大臣自用之物一箱現貯該埠關棧茲本大臣經已飭知稅司即與放行矣專泐順頌升祺

一千八百八十八年正月十二號

光緒十三年十一月廿九日

成興齋

照譯美外部復文

為照復事昨准

貴大臣本月十七號文開以貴國官員傅雲龍

顧厚焜等來美游歷事宜等因准此前此本國

駐京公使田沛亦經咨知本部內開兩員名銜

均屬相符當經本大臣照抄一分知會户部請

於該員等到金山時即准登岸並其隨帶行李

亦予免驗放行嗣於上月六號接准户部咨復

成興齋

經已轉飭金山稅司照辦矣為此照復

貴大臣請煩查照須至照會者

右 照 會

大清欽差大臣張

一千八百八十八年正月二十號

光緒十三年十二月初八日 美外部拜亞押

照譯美外部復函

敬啓者昨奉

貴大臣本月十七號來函以拉波干輪船由夏

華埠運到紐約三賓酒二十箱係貴大臣自用

之物請照免驗放行等因當經本大臣知會户

部請飭該埠稅司遵辦矣專泐布復順頌時祉

一千八百八十八年正月二十一號

光緒十三年十二月初九日

成興齋

照譯美外部來文

為照會事照得本大臣前於本月二十號照復
貴大臣之件兹准户部二十四號咨復為中國
兩官員來春到金山請准登岸各情均已轉知
金埠税司等因至來文所開該官員等銜名均
已照知税司并飭於該員等到埠時立准登岸
勿得阻滞並所帶隨身行李悉予免驗放行為
此照復請煩查照須至照會者

右　　照　　會
大清欽差大臣張
一千八百八十八年正月二十七號
光緒十三年十二月十五日
　　　　　　　署外部亞弟押

成興齋

照譯美外部復函

敬復者昨准
貴大臣本月七號來函以現由古巴運來紐約
埠大烟捲四箱卅二千一百支係自用之物一
事兹户部經已飭知該埠税司免驗放行矣專
泐布復順頌日祉
一千八百八十八年二月十號
光緒十三年十二月二十九日

成興齋

六

出使美日秘大臣造送

光緒十六年與美外部往來照會清冊

光緒十六年分與外部往來文件

照會美外部

正月十六日

續調隨員黎榮耀來美請轉飭金山税關放行一件

二十三日

學生譚培森來美請轉飭税關放行一件

二月初九日

駁華人假道事索取質銀新章一件

已抄呈

十五日

辟哥士埠司徒犀等被害一案請認真緝兇究辦一件

閏二月初六日

貴國新例行後所有華工華商均受損失迭經照會貴部請設法刪除各文祈迅速照復一件

已抄呈

三月十八日

查點美國人民户口一事已行知金山總領事一件

十八日

朝鮮議借洋欵一事倘因欠而抵據朝鮮税務中國決不允許一件

已抄呈

清緗樓

二十四日
本大臣定期赴日所有駐美使事現派彭參贊代辦一件
四月初五日
為金山立例還徙華人請設法保護華人一件 彭參贊代辦 已抄呈
二十日
還徙華人一事應按照約欵專條保護並聲明華人如有因新例
損失必須照賠一件 彭參贊代辦 已抄呈
五月初七日
准貴大臣文開律政部大臣覆稱金山新例殊與約欵相悖並與
貴國國例不符可謂空言等語一件 彭參贊代辦 已抄呈
十二日
使節不日由日旋美請飭紐約稅關按禮接待一件 彭參贊代辦
二十四日
本大臣已由日返美一件
六月初九日
醫士曹志沂來美請轉知稅關驗照放行一件
七月初四日
請發給署金山副領事准照一件

清緗樓

初十日
照送委派歐陽副領事署理札文稿一件
八月初二日
為華盛頓省鴉巴田埠驅逐華人請設法保護一件 已抄呈
十八日
為催復議院所議新例有悖中美條約祈速賜覆一件 已抄呈
九月二十四日
照覆金山查點華民事一件
十月二十三日
自從禁止華工新例准行後本使署迭次照會此屆議院聚會之
時望將苛例刪改一件 已抄呈
十一月初四日
據可崙比亞國巴拏馬埠華商稟報美領事頗為保護並請予奬
敘等情請商外部酌奪一件 已抄呈
初五日
恭錄
電諭接年覲見駐京各國公使並次日設宴款待一件 已抄呈
十二月初八日

清緗樓

准出使英法國薛大臣電開　邸薨照會外部請下半旗一件
已抄呈
二十二日
本大臣定期赴祕所有駐美事現派彭參贊代辦一件

美外部來文
正月十四日
華人假道事毋庸照新章辦理一件
已抄呈
二十三日
續調隨員黎榮耀來美已轉飭金山稅關一件
二十八日
照復譚培森登岸一件
二月十八日
辟哥士埠司徒羣等被害一案已咨會該省巡撫緝辦兇犯一件

二十三日
華人假道事一件
已抄呈
閏二月二十一日
辟哥士埠華人被害案前咨該省巡撫究辦現已接到回文一件
粘抄
三月十三日
查點民户册應轉飭金山總領事官先期出示曉諭各華民一件
二十日
照復聲明朝鮮議借美款一件
已抄呈

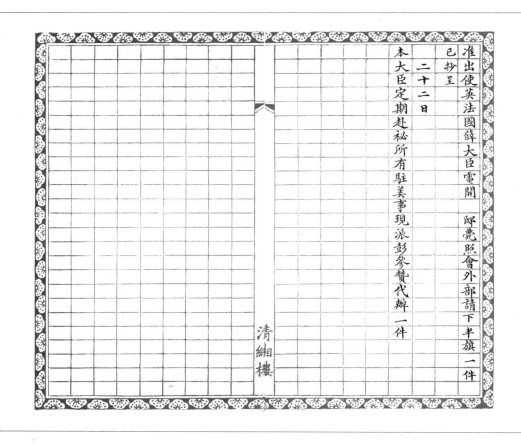

二十五日
照復定期赴日所有駐美使事現派彭參贊代辦一件
四月初九日
遷徙華民一事按照約款自有公斷一件彭參贊　已抄呈
二十七日
遷徙華民一事並聲明華人損失理合照賠一件彭參贊　已抄呈
五月十四日
使節不日由日旋美已轉飭紐約稅關按禮接待一件彭參贊
二十六日

清緗樓

貴大臣已由日返美一件
六月十七日
曹志沂來美已轉飭稅關免驗放行一件
七月初六日
照復請將委署歐陽副領事官札文照送本部一件
十二日
照送署副領事准照一件
八月初三日
為華盛頓省鴉巴田埠驅逐華人已電知該省巡撫盡力保護一

件　已抄呈
初六日
收到該省巡撫復電必盡力設法務使該埠無有犯法之事一件
已抄呈
二十三日
為催復議院所議新例事亮可早日照覆一件　已抄呈
二十七日
准內部署理查點民數局督辦來文內開欲求勷助以資查錄一
件

清緗樓

十月初六日
准貴大臣文開查點民數一事業蒙出示不勝銘謝一件
十一月十一日
恭奉
諭各國駐京使臣按年覲見並設宴款待足徵貴國朝廷優待各
國使臣至意殊堪欽佩一件　已抄呈
十六日
為貴國頒賜巴挐馬領事官寶星自當敬謹收納深感貴國優待
至意一件　已抄呈

十二月初八日

為驚聞貴國　醇邸薨殊深痛悼本國駐華公使居期當下半旗

以示敬悼之忱一件　已抄呈

二十六日

貴大臣定期赴祕所有駐美事宜現派彭參贊代辦一件

清緗樓

致美外部文

為照會事照得本大臣續調隨員黎榮耀由華來美供差頃

接該員由粵來電稱擬於本月十三號附比路職輪船由港

來美隨帶跟丁二名應請貴大臣咨會戶部轉飭金山税關

一俟該員與跟丁到埠時立予登岸毋得阻滯并隨帶行李

一律放行為此照會

貴大臣請煩查照順頌

升祺須至照會者

右　照　會

美外部大臣布連

光緒十六年正月十六日

清緗樓

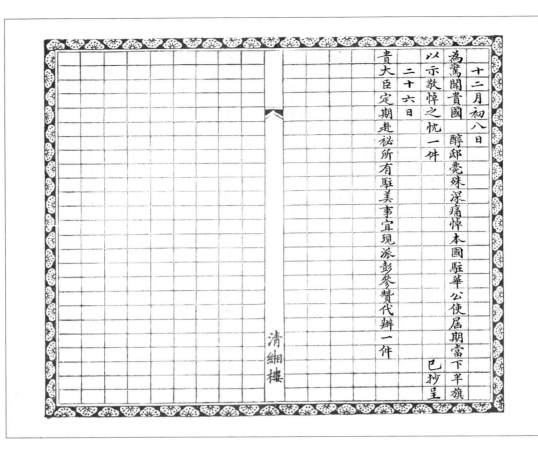

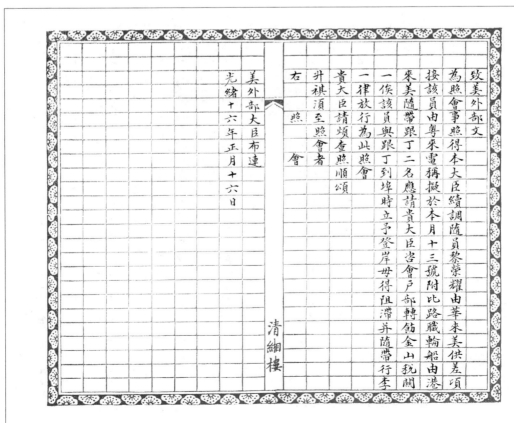

致美外部文

為照會事照得古巴總領事譚乾初之姪培森由中附搭拿輪船至金山前赴古巴看視譚乾初應請貴大臣咨會戶部轉飭金山稅關一俟譚培森到埠時立予登岸毋得阻滯并隨帶行李一律放行為荷為此照會

貴大臣請煩查照順頌

升祺須至照會者

右　照　會

美外部大臣布連

光緒十六年正月二十三日

致美外部文

為照會事照得本大臣接據金山總領事官稟稱有華人兩名在美屬切市士省被匪慘害焚劫斃命一案等情合亟備文照會貴大臣查核為荷查司徒群子向在美屬切市士省李護市府辟哥市埠開設洗衣店並賣餅麵食物經有十年之久安分守法積有資財突於去年十月初七夜兩點鐘即西歷十月三十號夜被惡匪闖入店內將司徒群子與寄寓之林進來財物搶劫復縱火焚毀該店慘斃司徒群子與林進來二命斯時附近居人始聞礮聲數響繼聞呼號火燒及群起出視已見火烈烟濃迨灌救火熄祇見群子與進來屍身同在卧房之外驗得頭顱枕骨似被兇器鑿碎查林進來向在美屬努咩市哥省傭工積有資財遂束歸裝因便道寄寓於司徒群子店內身上帶有銀兩查林進來當時被劫財物共銀一千零八十元司徒群子共銀二千一百九十五元零五角合共銀三千二百七十五元零五角現據總領事官稟稱該處地方官尚未能緝兇抵命因此不法之徒素存劫害華人之念者益無顧忌而華人住近該處者均懷畏禍之心等語似此本大臣合亟將以上情節照會貴大臣伏望貴

政府認真盡法緝兇究辦俾華人旅寓該處者可得按照約例所准咸蒙保護也為此照會
貴大臣請煩詧照順頌
升祺須至照會者
右　照　會
美外部大臣布連
光緒十六年二月十五日

致美外部文

為照會事光緒十六年三月十三日准貴大臣照會內開為照會事照得本大臣頃准內部文開查前本國第十次查點民數時貴國駐金山總領事官先期出示曉諭華民務將點冊空格詳細填寫並查該漢文告示係在埠內報館刊刷蓋用總領事官印信給送查點民數委員每人一紙以資妥便為此應請本部照會貴大臣轉飭金山總領事官於此次查點民數時先期照例出示曉諭華民等因准此本大臣合亟備文照會貴大臣請煩查照等因准此當即札行金山總領事官查照上屆查點民數成案刷印華文告示先期張貼並臨時分送各委員備用可也為此照復
貴大臣查照須至照會者
右　照　會
美外部大臣布連
光緒十六年三月十八日

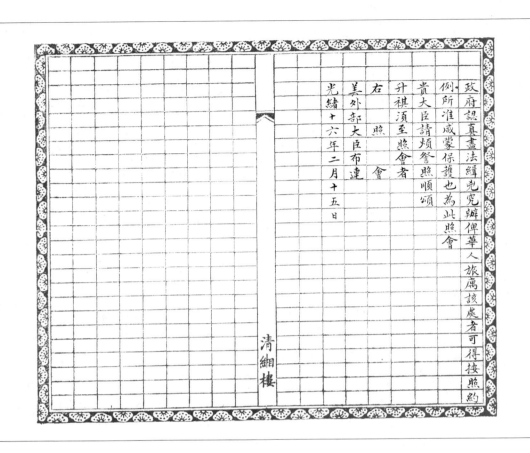

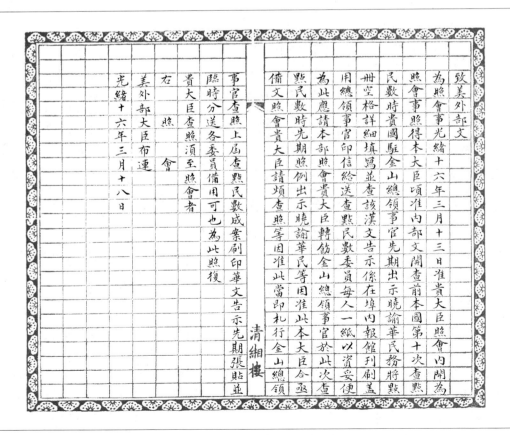

致美外部文

為照會事照得本大臣奉
命出使美日秘三國茲定於本月二十九日由紐約登舟前往日
國所有應辦在美交涉事件業經
奏明交本使署參贊刑部郎中彭光譽暫為代辦相應照會
貴大臣查照順頌
升祺須至照會者
右　照　會
美外部大臣布連
光緒十六年三月二十四日

清緗樓

致美外部文

為照會事照得頃奉　使憲崔函知　星軺定於即日啟程
旋美由哈華乘坐拉比利丹輪船約西七月五六號可抵紐
約為此照會
貴大臣請煩轉致户部行知紐約税司於　使節到時按例
接待所有隨員人等行李一概免驗放行為荷順頌
升祺須至照會者
右　照　會
美外部大臣布連
光緒十六年五月十二日彭參贊代辦

清緗樓

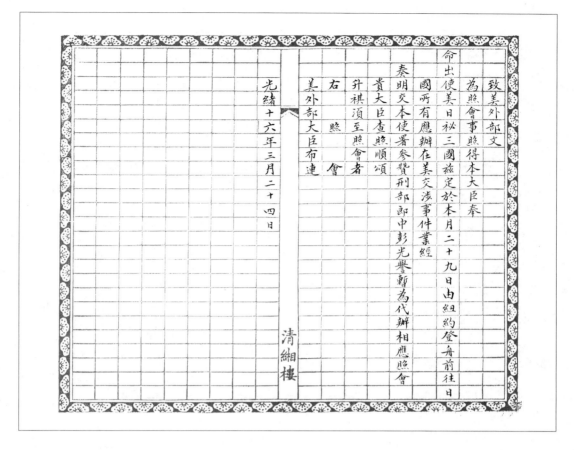

致美外部文

為照會事照得本大臣兼使日國當將出境日期照會在案
頃於五月二十日即西歷七月六號回駐貴國理合照會貴
大臣查照并承貴大臣預行紐約稅關得以迅速登岸行李
免查本大臣實深感慰統容晤謝即頌
時祺須至照會者

右　照　會

美外部大臣布連

光緒十六年五月二十四日

清緗樓

致美外部文

為照會事光緒十六年六月初九日准
北洋大臣李咨開為咨明事據津海關道劉汝翼詳稱光緒
十六年四月十六日據江蘇省民人曹志沂稟稱竊身向習
醫術為業現擬由天津搭坐輪船前往美國書院肄業係屬
光緒六年即西歷一千八百八十年中國與美國續修條約
應准任便往來之人理合開具年歲籍貫身材形貌稟請
發護照一紙俾利遄行實為公便計開姓名曹志沂年二十
八歲事業習醫住址江蘇省松江府南匯縣人現居蘇州身
瘦高五尺八寸面色圓顴高無鬚眼色紫糖色異相無職銜
無等情據此並據保人唐澄清以該民人曹志沂並無被騙
及為匪不法冒名頂替各情弊投具切寔保結前來職道查
中國貿易游歷學習人等前往美國必須中國發給洋文護
照曾經
署兩廣督部堂曾廣東巡撫部院裕飭局酌擬章程照式辦理有案職關前於
光緒十四年九月間據天津縣商人王世英等前往美國貿
易請發護照當經劉前署道查照廣東章程酌擬照式稟蒙
憲台批示准行並分咨查照在案此次醫士曹志沂前往美

清緗樓

國貿易請發護照當經劉前署道查照廣東章程酌擬照式
稟蒙憲台批示准行並分咨查照在案此次醫士曹志沂前
往前往美國書院肄業事同一律自應照案准其給照隨將
曹志沂傳案訊明住址查驗年貌均與原稟所開相符除填
給護照編號備查照內應用印信及存根騎縫均蓋用新關
關防其照內職道應行簽名處所並飭繙譯委員代寫洋字
以符洋文執照之式當堂飭領執驗外理合詳請查核轉咨
總理衙門出使美國大臣查照實為公便等情到本爵大臣據此相
應咨明請煩查照知會外部行知海關驗照放行等因到本
大臣准此合亟照會
貴大臣希即查照文內事理咨由戶部轉飭海關遵照俟該
醫士曹志沂到日驗照放行可也須至照會者
右　照　會
美外部大臣布連
光緒十六年六月初九日

致美外部文
為照會事照得本大臣奉
命駐紮
貴國具有選派領事各員之權茲派歐陽庚為金山副領事
官應請
貴國政府發給准照俾得蒞任視事現領事官傅烈祕暫請
病假該署事務繁要理合相請
貴政府便即早日發給該照為荷為此照會
貴大臣請煩查照可也順頌
升祺須至照會者
右　照　會
美外部大臣布連
光緒十六年七月初四日

致美外部文
為照會事竊准
貴署大臣本月初六日照復祇悉種切茲將委派歐陽庚副
領事官劄子遞送
貴署大臣登收希即照例發給准照為荷為此照會
貴署大臣請煩查照可也順頌
升祺須至照會者
右　照　會
美署外部大臣華頓
光緒十六年七月初十日

清緗樓

致美外部文
為照復事照得上月十號即中歷八月二十七日准
貴大臣來文內附內部署理查點民數局督辦文函欲求本
大臣勸助以資查錄金山華人工藝製造實事情形等因本
大臣當即札飭金山總領事官遵照出示曉諭該埠華民茲
准稟復業經遵照辦理為此合函照復
貴大臣請煩查照順頌
升祺須至照復者
右　照　復
美外部大臣布連
光緒十六年九月二十四日

清緗樓

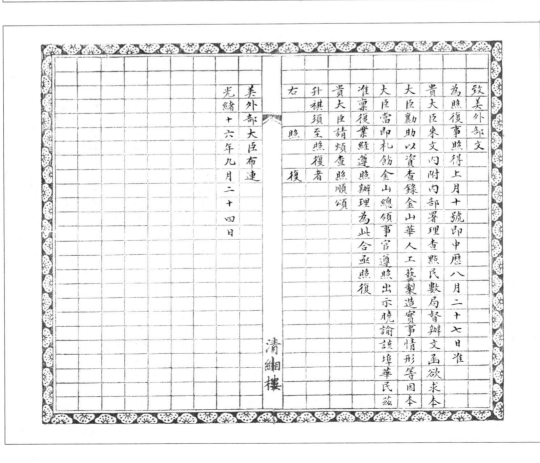

致美外部文

為照會事照得本大臣奉
命出使美日秘三國茲定於光緒十七年正月初二日帶同隨員
弁役等共七名由紐約登舟前往秘國所有應辦在美交涉
事件業經
奏明交本使署參贊彭光譽暫為代辦相應照會
貴大臣查照順頌
升祺須至照會者
右　照　會
美外部大臣布連
光緒十六年十二月二十二日

美外部來文

為照復事昨准
貴大臣本月十六日來文以貴屬員黎榮耀來美等因茲戶
部業經轉飭金山稅關一俟該員到埠時立予登岸并隨帶
跟丁二名與行李一律放行為此照復
貴大臣請煩查照順頌
升祺須至照復者
右　照　復
大清欽差大臣崔
一千八百九十年二月十二號
光緒十六年正月二十三日美外部布連押

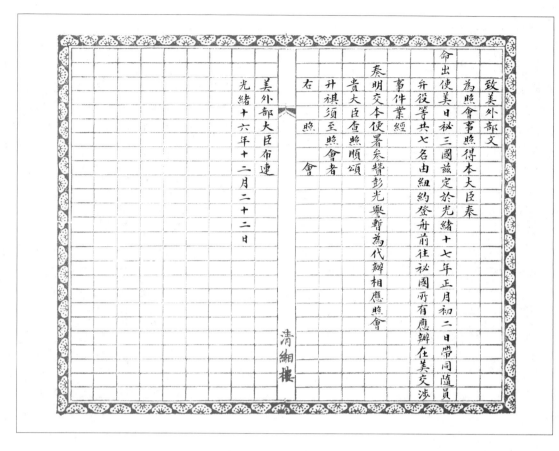

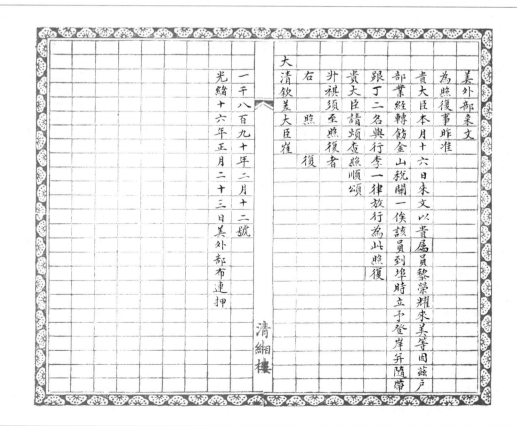

美外部來文

為照復事照得准貴大臣本月十二日文開譚培森附差拿
輪船來美前往古巴等因茲戶部業經飭知金山稅關一俟
譚培森到埠立予登岸隨身行李照例放行矣為此照復
貴大臣請煩查照順頌
升祺須至照復者
右　照　復
大清欽差大臣崔
一千八百九十年二月十七號
光緒十六年正月二十八日美外部布連押

清緗樓

美外部來文

為照覆事照得昨准
貴大臣本月十五日來文內開中國良民司徒群子林進來
兩人於去年十月初七日夜在切市士省辟哥市府被匪慘
斃一案等因本大臣當即咨會該省巡撫請將緝辦該案兇
犯情節咨覆並道冀望兇犯早已就獲等因為此理合備文
照覆
貴大臣請煩查照順頌
升祺須至照復者
右　照　復
大清欽差大臣崔
一千八百九十年三月八號
光緒十六年二月十八日美外部布連押

清緗樓

美外部來文
為照會事照得華人兩名在切市士省辟哥市埠被焚慘斃
一案本大臣前准
貴大臣上月五號來文當經照覆在案茲准該省巡撫咨文
即照鈔一分遞送
貴大臣察照查咨文內開情節該華人慘斃之事似是被人
殺害亦以失慎被焚但該處地方官姑作殺害之案業經懸
賞緝辦兇匪想重賞之下容或有出首之人吐露真情並將
兇犯緝獲也為此理合照會

清緗樓

貴大臣請煩查照順頌
升祺須至照會者
右　　照　　會
大清欽差大臣崔
一千八百九十年四月十號
光緒十六年閏二月二十一日美外部布連押
計開
粘附切市士省巡撫閏二月十六日咨文一函
照譯切市士省巡撫致外部布連咨文

為咨會事案照貴大臣本年三月七號咨文所開之件本巡
撫經已札行李護市府審官將案查究茲已准其稟覆前來
理合統將該札諭並稟覆照錄遞送貴大臣察照可也須至
咨會者
右　　咨　　會
美外部大臣布連
一千八百九十年四月五號
光緒十六年閏二月十六日切市士省巡撫羅士押
照譯巡撫羅士札諭

清緗樓

為札飭事照得本大臣頃准外部大臣布連咨文內開中國
公使照會李護市府辟哥市埠華人兩名於上年十月三十
號即中歷十月初七日在該處被焚慘斃一案合亟照鈔一
分行知該審官仰即從嚴踹緝兇犯毋使漏網附頒賞格一
紙毋論何項人等如能出首指拏正兇於定罪時每獲犯一
名者均照賞銀二百五十元除本巡撫業與田君商議外此
案所有現辦及勘驗各情節暨該李護市府地方官如何設
法緝兇各情仰該審官迅速據實稟覆切切此札
札仰切市士省衣巴素審官科威

一千八百九十年三月十二號切市士省巡撫羅士押

照譯切市士省衣巳素縣審官科威稟函

撫憲大人閣下敬稟覆者憲札到署時適卑職公出他埠審訊案情札開之件本處各員與公道人等業已詳細研究該案情節若云該華人被匪仇殺焚斃實毫無憑據可藉以蹈緝兇犯但竊意該華人並非被匪焚斃蓋卑職查得該華人之屋係夜裡失慎焚毀迨居民見火焰烟濃即於數處燃放小槍報警衆出趨救時則見屋內焚燒兩門由內門閉並一小窗戶亦係關閉想該華人熟睡不覺慘被焚斃是真當時見屋內有鉄一片未審已先存在屋內否該華人有一名頭顱骨擊破亦未審為人所擊抑為墜梁所擊破殊難懸揣本府居民經出賞格如有人能緝獲正兇者於定罪時則賞給銀八百元此案情節如此間有信該華人係被匪害死者肅此稟覆即請

鈞安

一千八百九十年四月三號

光緒十六年閏二月十四日

切市士省第三十四縣審官科威押

美外部來文

為照會事照得本大臣頃准內部文開查前本國第十次查點民數時

貴國駐金山總領事官先期出示曉諭華民務將點冊空格詳細填寫並查該漢文告示係在埠內報館刊刷蓋用總領事官印信給送查點民數委員每人一紙以資妥便為應請

本部照會

貴大臣轉飭金山總領事官於此次查點民數時先期照例出示曉諭華民等因准此本大臣合亟備文照會

貴大臣請煩查照順頌

升祺須至照會者

右　照　會

大清欽差大臣崔

一千八百九十年五月一號

光緒十六年三月十三日美外部布連押

美外部來文

為照復事昨准
貴大臣奉
命出使日國定於本月二十九日啟節至
貴大臣離美後
貴署事務飭委第一員參贊彭光譽暫為代辦等因本大臣
自當相與彭代辦周旋也伏望
星軺無恙早日旋美不盡跂仰之誠為此照復
貴大臣請煩查照順頌
升祺須至照覆者

右　　照　　復

大清欽差大臣崔
一千八百九十年五月十三號
光緒十六年三月二十五日美外部布連押

美外部來文

為照復事昨准
貴代辦本月二十八號來文祇悉種切本大臣當即咨請戶
部大臣立行轉飭紐約稅關一俟崔公使約於下月六號到
埠時按禮相待並呈使與各隨身所帶行李均一律免驗放
行為此照復
貴代辦請煩查照順頌
升祺須至照會者

右　　照　　復

大清欽差代辦事務大臣彭
一千八百九十年六月三十號
光緒十六年五月十四日外部布連押

美外部來文
為照復事昨准
貴大臣本月十號來文欣悉
貴大臣已由日返美都使署想此行　星軺無恙升祺懋介
為此照復順頌
勛安須至照復者
右　照　復
大清欽差大臣崔
一千八百九十年七月十二號
光緒十六年五月二十六日署外部伊地押

美外部來文
為照復事昨准
貴大臣上月二十八號來文當即照辦經已行飭金山稅司
俟醫士曹志沂到時並將來文所開執照簽有本國駐華公
使或領事官名銜呈驗者即予登岸合亟照復
貴大臣請煩查照順頌
升祺須至照復者
右　照　復
大清欽差大臣崔
一千八百九十年八月二號
光緒十六年六月十七日署外部華頓押

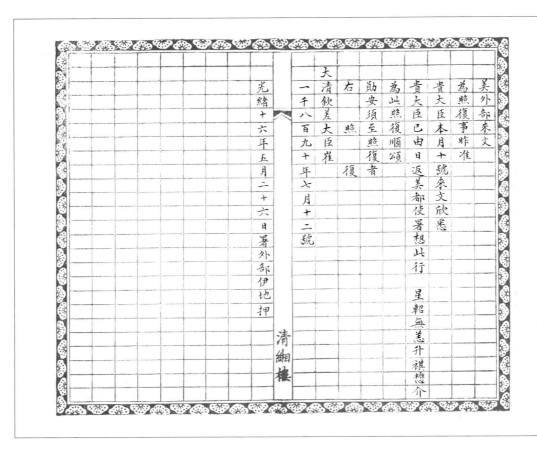

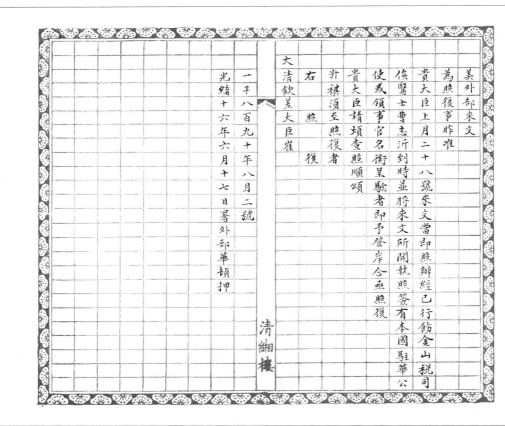

美外部來文

為照復事照得昨准
貴大臣本月十九號來文當即咨請戶部暫認歐陽庚為金山副領事官一俟接到
貴大臣將所委該副領官劉子付來本部收驗後本政府自當照例發給准照遞送
貴大臣查收也為此照復
貴大臣請煩查照順頌
升祺須至照復者

右　照　復

大清欽差大臣崔

一千八百九十年八月二十一號

光緒十六年七月初六日署外部華頓押

清緗樓

美外部來文

為照復事昨准
貴大臣本月二十五號來牘祇悉種切茲將本部所發歐陽庚金山副領事官准照一紙與付來該員劉子統行遞送
貴大臣詧收為此理合照復
貴大臣請煩查照可也順頌
升祺須至照復者

右　照　復

大清欽差大臣崔

一千八百九十年八月二十七號

光緒十六年七月十二日署外部華頓押

清緗樓

美外部來文

為照會事照得本部准內部署理查點民數局督辦來文內開欲求
貴大臣勷助以資查錄金山埠華人工藝製做實事情形等情茲本大臣照繕一紙遞送
貴大臣察核施行為此照會
貴大臣請煩查照順頌
升祺須至照會者

附抄內部署理查點民數局督辦函稿一紙

右　　照　　會

大清欽差大臣崔

一千八百九十年十月十號

光緒十六年八月二十七日美外部布連押

照譯內部署理查點民數局督辦差路司致外部總書布郎函

敬啟者現本局查錄舉國工藝以備登冊呈報金山埠正委員祁模在該埠辦理其事者欲求
中國公使從中勷助閱該員上月二十號函便悉本局欲查本國各省府縣前十年內各項工藝事實情形分門綜輯註冊至冊內所錄各件均嚴秘不外傳除奉札辦理各員外他人不許披閱且各公司各戶名下所報事實均亦不許刊布此舉非為徵課或輸餉起見致有妨碍該公司等利益用特敬請　貴部轉致
中國公使懇其俯如所請則不勝感佩之至矣專此順請
升祺

一千八百九十年十月七號

光緒十六年八月二十四日差路司押

節錄金山埠正委員祁模稟函一段

竊意查錄此項事情理宜相請
中國公使給發告示曉諭華民此實為有用之舉所報各事必不外傳是宜詳細告知查點民數委員毋任因循等情某本可獲總領事官一紙書但公使示諭尤為切要也

美外部來文

為照復事照得本月六號即九月二十四日准
貴大臣文開業經即照內部查照民數局督辦所請諭飭金
山總領事官出示曉諭該埠華民俾得遵將製造實事情形
報明該局委員等因准此是事有費
清神不勝銘感該局督辦亦同此鳴謝為此照復
貴大臣請煩查照順頌
勛祺須至照復者
右　照　復
大清欽差大臣崔
一千八百九十年十一月十七號
光緒十六年十月初六日美外部布連押

清緗樓

美外部來文

為照復事昨准
貴大臣本月二十二日文開定期於光緒十七年正月初二
日前赴祕國並在美出使大臣事務曾經
奏派參贊彭光譽權理等因准此伏望
星軺此行平安無恙是所默祝也專此照復
貴大臣請煩查照順頌
升祺須至照復者
右　照　復
大清欽差大臣崔
一千八百九十一年二月四號
光緒十六年十二月二十六日美外部布連押

清緗樓

七

美國條約

茲中華
大清國與
大亞美理駕合衆國因欲固存堅久眞誠友誼明定公
正確實規法修訂友睦條約及太平和好貿易章程以
爲兩國日後遵守成規爲此美舉
大清
大皇帝特派
欽差東閣大學士總理刑部事務吏部尚書鑲藍旗漢軍都統便宜行事全權大臣桂花
大合衆國

大伯理璽天德特派
欽差駐劄中華便宜行事全權大臣列　公同酌議各將
所奉
欽賜之權互相較閱俱屬善當所有議定條款臚列於左

第一款

一嗣後
大清與
大合衆兩國並其民人各皆照前和平友好毋得或異
更不得互相欺凌偶因小故而啟爭端若他國有何不

公輕藐之事一經照知必須相助從中善爲調處以示
友誼關切
第二款
一俟
大清
大皇帝
大合衆國
大伯理璽天德既得選舉國會紳耆大臣議允各將條約
批准互易後必須敬謹收藏　大合衆國當着首相恭藏

大清
大皇帝批准原册於華盛頓都城　大清國當着內閣大學
士恭藏　大合衆國
大伯理璽天德批准原册於北京都城則兩國之友誼歷久
弗替矣
第三款
一條約各款必使兩國軍民人等盡得聞知俾可遵守
大合衆國於
批准互易後立即宣布照例刊傳　大清國於

批准互易後亦即通諭都城並着各省督撫一體頒行
第四款
一因欲堅立友誼嗣後　大合衆國駐劄中華之大臣
任聽以平行之禮信義之道與　大清內閣大學士文
移交往並得與兩廣閩浙兩江督撫一體公文往來至
照會　京師內閣文件或交以上各督撫照例代送或
交提塘驛站賫遞均無不可其照會公文加有印封者
必須謹慎賫遞遇有咨照等件　內閣暨各督撫當酌
量迅速照覆

第五款
一大合衆國大臣遇有要事不論何時應准到北京暫
住與　內閣大學士或與
派出平行大憲酌議關涉彼此利益事件但每年不得逾一
次到京後迅速定議不得躭延往來應由海口或由陸
路不可駕駛兵船進天津海口先行知照地方官派船
迎接若係小事不得因有此條輕請到京至上京必須
先行照會禮部俾得備辦一切事款往返護送彼此以
禮相待寓京之日按品預備公館所有費用自備資斧

共跟從
大合衆國
欽差人等不得逾二十人之數僱覓華民供役在外到處不得帶貨貿易

第六款

一嗣後無論何時倘中華
大皇帝情願與別國或立約或爲別故
允准與衆友國　欽差前往京師到彼居住或久或暫卽毋庸再行計議

特許應准　大合衆國
欽差一律照辦同沾此典

第七款

一嗣後中國大臣與大合衆國大臣公文往來應照平行之禮用照會字樣領事等官與中國地方官公文往來亦用照會字樣申報大憲用申陳字樣若平民稟報官憲仍用稟呈字樣均不得欺藐不恭有傷友誼至兩國均不得互相徵索禮物

第八款

一嗣後中國督撫與合衆國大臣會晤或在公署或在行轅均須彼此酌定合宜之處毋得藉端推辭常事以文移往來不可煩瑣會面

第九款

一大合衆國如有官船在通商海口遊奕巡查或爲保護貿易或爲增廣才識近至沿海各處如有事故該地方大員當與船中統領以平行禮儀相待以示兩國和好之誼如有採買食物汲取淡水或須修理等事中國官員自當襄助購辦遇有大合衆國船隻或因毀壞被刼或雖未毀壞而亦被刼被擄及在大洋等處應准大合衆國官船追捕盜賊交地方官訊究懲辦

第十款

一大合衆國領事及管理貿易等官在中華議定所開各港居住保護貿易者當與道臺知府平行遇有與中華地方官交涉事件或公文往來或會晤面商務須兩得其平卽所用一切字樣體制亦應均照平行如地方官及領事等官有侮慢欺藐各等情准其彼此將委曲情由申訴

本國各大憲秉公查辦該領事等官亦不得率意任性致與中華官民動多牴牾嗣後遇領事等官派到港口大合衆國大臣即行照知該省督撫當以優禮款接致可行其職守之事

第十一款

一大合衆國民人在中華安分貿易辦事者當與中國人一體和好友愛地方官必時加保護務使身家一切安全不使受欺辱騷擾等事倘其屋宇產業有被內地不法匪徒逞兇恐嚇焚毁侵害一經領事官報明地方

官立當派撥兵役彈壓驅逐並將匪徒查拏按律重辦倘華民與大合衆國人有爭鬭詞訟等案華民歸中國官按律治罪大合衆國人無論在岸上海面與華民欺侮騷擾毁壞物件毆傷損害一切非禮不合情事應歸領事等官按本國例懲辦至捉拏犯人以備質訊或由本地方官或由大合衆國官均無不可

第十二款

一大合衆國民人在通商各港口貿易或久居或暫住均准其租賃民房或租地自行建樓並設立醫館禮拜堂及殯葬之處聽大合衆國人與內民公平議定租息內民不得抬價揩勒如無碍民居不關方向照例稅契用印外地方官不得阻止大合衆國人勿許强租硬占務須各出情願以昭公允倘墳墓或被中國民人毁掘中國地方官嚴拏照例治罪其大合衆國人泊船寄居處所商民水手人等只准在近地行走不准遠赴內地鄉村市鎮私行貿易以期永久彼此相安

第十三款

一大合衆國船隻在中國洋面遭風觸礁擱淺遇盜致

有損壞等害者該處地方官一經查知即應設法拯救保護並加撫卹俾得駛至最近港口修理並准其採買糧食汲取淡水倘商船有在中國所轄內洋被盜搶刦者地方文武員弁一經聞報即當嚴拏賊盜照例治罪起獲原贓無論多寡或交本人或交領事官俱可但不得冒開失單至中國地廣人稠萬一正盜不能緝獲或起贓不全不得令中國賠還貨款倘若地方官通盜沾染一經證明行文大憲奏明嚴行治罪將該員家產查抄抵償

第十四款

一大合衆國民人嗣後均照挈眷赴廣東之廣州潮州福建之厦門福州臺灣浙江之甯波江蘇之上海並嗣後與合衆國或他國定立條約准開各港口市鎮在彼居住貿易任其船隻裝載貨物於以上所立各港互相往來但該船隻不得駛赴沿海口岸及未開各港私行違法貿易如有犯此禁令者應將船隻貨物充公歸中國入官其有走私漏稅或攜帶各項違禁貨物至中國者聽中國地方官自行辦理治罪大合衆國官民均不得稍有袒護若別國船隻冒大合衆國旗號作不法貿易者大合衆國自應設法禁止

第十五款

一大合衆國民人在各港貿易者除中國例禁不准攜帶進口出口之貨外其餘各項貨物俱准任意販運往來買賣所納稅餉惟照粘附在望厦所立條約例册除是別國按條約有何更改即應一體均同因大合衆國人所納之稅必須照與中華至好之國一律辦理

第十六款

美國條款　八

一大合衆國船隻進通商各港口時必將船牌等件呈交領事官轉報海關即按牌上所載噸數輸納船鈔每噸以方停四十官尺爲準凡在一百五十噸以上者每噸納銀四錢不及一百五十噸者每噸納銀一錢凡船隻曾在本港納鈔因貨未全銷復載往別口出售或因無回貨須將空船或未滿載之船駛赴別港覓載者須領事官報明海關將鈔已完納之處在紅牌上註明並行文別口海關查照俟該船進別口時止納貨稅不輸船鈔以免重徵設立浮桴亮船建造塔表亮樓由通商各海口地方官會同領事官酌量辦理

第十七款

一大合衆國船隻進口准其僱用引水帶進俟正項稅款全完仍令帶出並准僱覓厮役買辦工匠水手延請通事司書及必須之人並僱用內地艇隻其工價若干由該商民等自行定議或由領事等官酌辦

第十八款

一大合衆國船隻一經進口即由海關酌派妥役隨船管押或搭坐商船或自僱艇隻均聽其便倘大合衆國

美國條款　九

民人有在船上不安本分隨船逃走至內地避匿者一經領事官知照中國地方官即派役訪查拏送領事等官治罪若有中國犯法民人逃至大合衆國人寓館及商船潛匿者中國地方官查出即行文領事等官捉拏送回均不得稍有庇匿至大合衆國商民水手人等均歸領事等官隨時稽查約束倘兩國人有倚強滋事輕用火器傷人致釀鬬殺重案兩國官員均應執法嚴辦不得稍有偏徇致令衆心不服

第十九款

一大合衆國商船進口或船主或貨主或代辦商人限二日之內將船牌貨單等件呈遞本國領事等官收存該領事及將船名人數及所載噸數貨色詳細開明照會海關方准領取牌照開艙起貨倘有未領牌照之先擅行起貨者即罰洋銀五百大圓並將擅行卸運之貨一概歸中國入官或有商船進口止起一分貨物者按其所起一分貨物輸納稅餉未起之貨均准其載往別口售賣倘有進口並未開艙即欲他往者限二日之內即行出口不得停留亦不征收稅餉船鈔均俟到別口發售再行照例輸納倘進口貨船已逾二日之限即須輸納船鈔遇有領事等官不在港內應准大合衆國船主商人託友國領事代爲料理否則逕赴海關呈明設法妥辦

第二十款

一大合衆國商船販貨進口出口均將起貨下貨日期呈報領事等官由領事等官轉報海關屆期委派官役與該船主貨主或代辦商人等眼同秉公將貨物驗明以便按例徵稅若內有估價定稅之貨或因議價高下不等除皮多寡不齊致有辯論不能了結者限該商於

即日內稟報領事官俾得通知海關會商酌奪若稟報稽遲即不爲准理

第二十一款

一大合衆國民人運貨進口既經納清稅餉倘有欲將已卸之貨運往別口售賣者稟明領事官轉報海關檢查貨稅底簿相符委員驗明實係原包原貨並無拆動抽換情弊即將某貨若干担已完稅若干之處塡入牌照發該商收執一面行文別口海關查照俟該船進口

驗符合卽准開艙出售免其重納稅餉若有影射夾帶
情事經海關查出罰貨入官如大合衆國船隻運載外
洋穀米進各港口者若並未起卸亦准其復運出口

第二十二款

一大合衆國船隻進口後方納船鈔進口貨物於起貨
時完稅出口貨物於下貨時完稅統俟稅鈔全完由海
關發給紅牌然後領事官方給還船牌等件所有稅銀
由中國官設銀號代納或以紋銀或以洋銀按時價折
交均無不可倘有未經完稅領事官先行發還船牌者

美國條款 十二

所欠稅鈔當爲領事官是問

第二十三款

一大合衆國船隻停泊口內如有貨物必須剝過別船
者應先呈明領事官轉報海關委員查驗確當方准剝
運倘不稟明候驗批准輙行剝運者卽將所剝之貨歸
中國入官

第二十四款

一中國人有該欠大合衆國人債項者准其按例控追
一經領事官照知地方官立卽設法查究嚴追給領倘

大合衆國人有該欠華民者亦准由領事官知會討取
或直向領事官控追俱可但兩國官員均不保償

第二十五款

一大合衆國官民延請中國各方士民人等教習各方
語音並帮辦文墨事件不論所請係何等之人中國地
方官民等均不得稍有阻撓陷害等情並准其採買中
國各項書籍

第二十六款

一大合衆國現與中國訂明和好各處通商港口聽其
船隻往來貿易倘日後另有別國與中國不和中國止

美國條款 十三

應禁阻不和之國不准來各口交易其大合衆國人自
往別國貿易或販運其國之貨物前來各口中國應認
明大合衆國旗號便准入港惟大合衆國商船不得私
帶別國一兵進口及聽受別國賄囑換給旗號代爲運
貨入口貿易倘有犯此禁令聽中國查出充公入官

第二十七款

一大合衆國民人在中國通商各港口自因財產涉訟
由本國領事等官訊明辦理若大合衆國民人在中國

與別國貿易之人因事爭論者應聽兩造查照各本國
所立條約辦理中國官員不得過問

第二十八款

一大合衆國民人因有要事向中國地方官辯訴先禀明領事等官查明禀內字句明順事在情理者即爲轉行地方官查辦中國商民因有要事向領事等官辯訴者准其一面禀地方官一面到領事等官禀呈查辦倘遇有中國人與大合衆國人因事相爭不能以和平調處者即須兩國官員查明公議察奪更不得索取規費

並准請人到堂代傳以免言語不通致受委曲

第二十九款

一耶蘇基督聖教又名天主教原爲勸人行善凡欲人施諸己者亦如是施於人嗣後所有安分傳教習教之人當一體矜恤保護不可欺侮凌虐凡有遵照教規安分傳習者他人毋得騷擾

第三十款

一現經兩國議定嗣後
大清朝有何惠政恩典利益施及他國或其商民無論關涉船隻海面通商貿易政事交往等事情爲該國並其商民從來未沾抑爲此條約所無者亦當立准大合衆國官民一體均沾

以上各款條約應由
大清國
大皇帝立賜
批准並限於一年之內由大合衆國
大伯理璽天德既得選舉國會紳耆大臣議允
批准屆期互換須至條約者

大清國
欽差吏部尚書便宜行事全權大臣花
欽差東閣大學士便宜行事全權大臣桂
大合衆國
欽差駐劄中華便宜行事全權大臣列衛廉
咸豐八年五月日

通商章程善後條約

第一款

一此次新定稅則凡有貨物僅載進口稅則未載出口稅則者遇有出口皆應照進口稅則納稅或有僅載出口稅則未載進口稅則者遇有進口亦皆照出口稅則納稅倘有貨物名目進出口稅則均未賅載又不在免稅之列者應核估時價照値百抽五例征稅

第二款

一凡有金銀外國各等銀錢麵粟米粉砂穀米麵餅熟肉

熟菜牛奶酥牛油蜜餞外國衣服金銀首飾攙銀器香水碱炭柴薪外國蠟燭外國煙絲煙葉外國酒家用雜物船用雜物行李紙張筆墨氈毯鐵刀利器外國自用藥料玻璃器皿以上各物進出口通商各口皆准免稅除金銀外國銀錢行李毋庸議外其餘該船裝載無論淺滿雖無別貨亦應完納船鈔倘運往內地除前三項仍毋庸議外其餘各貨皆每百兩之物完納稅銀貳兩伍錢

第三款

一凡有違禁貨物如火藥大小彈子炮位大小鳥鎗幷一切軍器等類及內地食鹽以上各物概屬違禁不准販運進出口

第四款

一凡有稅則內所算輕重長短中國壹担卽係壹百觔者以美國壹百叁拾叁磅零叁分之一爲準中國壹丈卽拾尺者以美國壹百肆拾壹因制爲準中國壹尺卽美國拾肆因制又拾分因制之壹美國拾貳因制爲壹幅地叁幅地爲壹碼肆碼欠叁因制卽合中國壹丈均以

此爲例

第五款

一向來洋藥銅錢米穀荳石硝磺白鉛等物例皆不准通商現定稍寬其禁聽商遵行納稅貿易洋藥准其進口議定每百觔納稅銀叁拾兩惟該商止准在口銷賣一經離口卽屬中國貨物祇准華商運入內地外國商人不得護送在天津條約第三十條所載中國凡有利益施及他國者准美國商民一體均沾按此美國商民亦可前往內地通商至內地關稅之例向與洋藥無涉其

如何征稅聽憑中國辦理嗣後遇修改稅則仍不得按照別貨定稅　又銅錢不准運出外國惟通商中國各口准其以此口運至彼口按照現定章程遵行該商赴關報明數目若干運往何口或令本商及同商二人聯名具呈保單抑或聽監督飭令另交結實信據方准給照別口監督於執照上註明收到字樣加蓋印信從給照之日起限陸箇月繳回驗銷若過期不繳銷執照即按其錢貨原本照數罰繳入官其進出口均免納稅至船載無論淺滿均納船鈔　又凡米穀等糧不拘內外

土產不分由何處進口者皆不准運出外國惟美國商人欲運往中華通商別口則照銅錢一律辦理出口時照依稅則納稅其進口毋庸納稅至船載毋論淺滿均遵納船鈔　又荳石荳餅在登州牛莊兩口者外國商船不准裝載出口其餘各口該商照稅則納稅仍可帶運出口及外國俱可　又硝磺白鉛均為軍前要物應由華官自行採辦進口或由華商特奉准買明文方准進口該關未能查明該商實奉准買定不發單起貨此三項止准外國商人於通商海口銷售不准帶入長江

並各內港亦不准代華商護送除在各海口外即係華民貨物與美商無涉以上洋藥銅錢米穀荳石荳餅硝磺白鉛等項止准照新章買賣敢違此例所運貨物全罰入官

第六款

一美國船隻進口限壹日報領事官知照並照第十九條所載美國貨船進口並未開艙欲行他往限貳日之內出口即不征收船鈔以上二條無論先後總以該船進口界限時刻起算以免參差爭論至各口界限並上下

貨物之地均由海關妥為定界既要便商更不得有礙收稅知會領事官曉諭本屬商民遵辦

第七款

一內地稅餉之議現定出入稅則總以照納一半為斷惟第二款所載免稅各貨除金銀外國銀錢行李三項毋庸議外其餘海口免稅各物若進內地仍照每值百兩完稅銀貳兩伍錢此外運入內地各貨該商應將該貨名目若干原裝何船進口應往內地何處各緣由報關查驗確實照納內地稅項該關發給內地稅單該商應

向沿途各子口呈單照驗蓋戳放行無論遠近均不重征至運貨出口之例凡美國商民在內地置貨到第一子口驗貨由送貨之人開單註明貨物若干應在何口卸貨呈交該子口存留發給執照准其前往路上各子口查驗蓋戳至最後子口先赴出口海關報完內地稅項方許過卡俟下船出口時再完出口之稅若進出有違此例及業經報明指赴何口沿途私賣者各貨均罰入官倘有匿單少報等情將單內同類之貨全數入官所運各貨如無內地納稅實據應由海關飭令完清內地關稅始行發單下貨出口以杜隱漏內地稅則經此

次議定既准一次納稅概不重征

第八款

一現議美國商民前往內地通商不得到中華京都貿易

第九款

一向例美商完納稅餉每百兩另交銀壹兩貳錢作爲傾鎔之費嗣後裁撤美商毋庸另交傾鎔銀兩

第十款

一通商各口收稅如何嚴防偷漏自應由中國設法辦理條約業已載明然現已議明各口畫一辦理是由總理外國通商事宜大臣或隨時親詣巡歷或委員代辦任憑總理大臣邀請美國人幫辦稅務並嚴查漏稅判定口界派人指泊船隻及分設浮樁號船塔表望樓等事毋庸美官指薦干預其浮樁號船塔表望樓等經費在於船鈔項下撥用至長江如何嚴防偷漏之處俟通商後察看情形任憑中國設法籌辦

謹按前經
大清國會同
大亞美理駕合衆國酌定和好條約各款當於咸豐捌年伍
月初捌日即我主降生後壹千捌百伍拾捌年陸月拾
捌日在天津海光寺面同鈐印畫押至伍月貳拾叁日
即柒月初叁日復蒙
大皇帝批准在案現已將此約齎呈
大伯理璽天德既得選舉國會紳耆議允批准後自當永昭
信守按該約條款內有云往來買賣所納稅餉惟照粘

美國稅則 一

附在望厦所立條約例册除是別國按條約有何更改
即應一體均同因
大合衆國人所納之稅必須照與中華至好之國一律辦理
等因今自和約鈐印畫押後稅則之中不無稍有變通
更正之處當經
大英清法欽差大臣委員會議妥定仍要
大美國允行當經
大美國欽差大臣核定准將附粘之册與原立條約一體恪
守施行嗣後通商各港於後開附粘蓋印貿易章程稅

則直至按條約所定修改之日均當奉以爲式茲由
大清欽差大臣東閣大學士正白旗滿洲都統總理刑部事務桂
欽差大臣經筵講官吏部尚書鑲藍旗漢軍都統稽察會同四譯館花
欽差大臣太子少保兵部尚書都察院右都御史江南江西總督何
欽差大臣二品頂戴武備院卿明
欽差大臣五品卿銜軍機處行走刑部員外郎段
大亞美利駕合衆國欽命駐劄中華便宜行事全權大臣列
一同畫押蓋印以昭信據須至附粘册者

美國稅則 二

咸豐捌年拾月初叁日
降生壹千捌百伍拾捌年拾壹月初捌日

今將通商各口進出口貨物新定稅則開列於後

計開

進口貨物稅則 均係外國出產

進口油蠟礬磺類

蠟 日本 每百觔 陸錢伍分

蘇合油 每百觔 壹兩

硝 只准按章程發賣 每百觔 伍錢

黃蠟 每百觔 壹兩

硫磺 只准按章程發賣 每百觔 貳錢

進口香椒類

安息香 每百觔 陸錢

安息油 每百觔 陸錢

檀香 每百觔 肆錢

白胡椒 每百觔 伍錢

黑胡椒 每百觔 叁錢陸分

沉香 每百觔 貳兩

降香 每百觔 壹錢肆分伍釐

進口藥材類

阿魏 每百觔 陸錢伍分

上冰片 每觔 壹兩叁錢

下冰片 每觔 柒錢貳分

丁香 每百觔 伍錢

母丁香 每百觔 壹錢捌分

牛黃 印度 每觔 壹兩伍錢

兒茶 每百觔 壹錢捌分

桹椰膏 每百觔 壹錢伍分

桹椰 每百觔 壹錢伍分

參 美國 每百觔 陸兩

揀淨參鬚參 美國 每百觔 捌兩

乳香 每百觔 肆錢伍分

沒藥 每百觔 肆錢伍分

荳蔻花 即肉果花 每百觔 壹兩

肉果荳蔻 每百觔 貳兩伍錢

白荳蔻 每百觔 壹兩

木香 每百觔 陸錢

犀角 每百觔 貳兩

水銀 每百觔 貳兩
洋藥 每百觔 叁拾兩
梹榔衣 每百觔 柒分伍釐
砂仁 每百觔 伍錢
肉桂 每百觔 壹兩伍錢
虎骨 每百觔 壹兩伍錢伍分
鹿角 每百觔 貳錢伍分
血竭 每百觔 肆錢伍分
大楓子 每百觔 叁分伍釐

美國稅則 四

進口雜貨類

火石 每百觔 叁分
雲母殼即珠海殼 每百觔 貳錢
銅鈕釦 每壹百肆拾肆粒 伍分伍釐
漆器 每百觔 壹兩
繩呂宋 每百觔 叁錢伍分
傘各樣 每柄 叁分伍釐
香柴 每百觔 肆錢伍分
煤外國 每噸 伍分

火絨 每百觔 叁錢伍分

進口醃臘海味類

上燕窩 每觔 伍錢伍分
中燕窩 每觔 肆錢伍分
下燕窩 每觔 壹錢伍分
黑海參 每百觔 壹兩伍錢
白海參 每百觔 叁錢伍分
白魚翅 每百觔 壹兩伍錢
黑魚翅 每百觔 伍錢

美國稅則 五

柴魚即乾魚 每百觔 伍錢
魚肚 每百觔 壹兩
鹹魚 每百觔 壹錢捌分
魚皮 每百觔 貳錢
海菜 每百觔 壹錢伍分
牛鹿筋 每百觔 伍錢伍分
蝦米 每百觔 叁錢陸分
淡菜 每百觔 貳錢
鯊魚皮 每百張 貳兩

進口顏料膠漆紙劄類

呀囒米 每百觔 伍兩

大青 每百觔 壹兩伍錢

蘇木 每百觔 壹錢

紫梗 每百觔 叁錢

水靛 每百觔 壹錢捌分

魚膠 每百觔 陸錢伍分

皮膠 每百觔 壹錢伍分

籐黃 每百觔 壹兩

美國稅則 六

栲皮 每百觔 叁分

進口竹木籐椰類

沙籐 每百觔 壹錢伍分

烏木 每百觔 壹錢伍分

桅 重木 長不過肆拾幅地 每根 肆兩

桅 重木 長不過陸拾幅地 每根 陸兩

桅 重木 長過陸拾幅地 每根 拾兩

桅 輕木 長不過肆拾幅地 每根 貳兩

桅 輕木 長不過陸拾幅地 每根 肆兩伍錢

桅 輕木 長過陸拾幅地 每根 陸兩伍錢

梁 重木 長不過貳拾陸幅地 四方不到拾貳因制 每根 壹錢伍分

板 重木 長不過貳拾肆幅地 寬拾貳因制厚叁因制 每百根 叁兩伍錢

板 重木 長不過拾陸幅地 寬拾貳因制厚叁因制 每百片 貳兩

板 輕木 各樣 每四方長闊千幅地 柒錢

板 麻栗樹 長闊方圓 每幅地 叁分伍釐

紅木 每百觔 壹錢壹分伍釐

毛柿 每百觔 叁分

呀嚂治木 長不過叁拾伍幅地 寬壹幅地捌因制厚壹幅地 每根 捌錢

美國稅則 七

進口鏡鐘標玩類

自鳴鐘 每值百兩抽稅伍兩

時辰表 每對 壹兩

珠邊時辰表 每對 肆兩伍錢

千里鏡雙眼千里鏡 掛鏡穿衣鏡掛屏 每值百兩抽稅伍兩

八音琴 每值百兩抽稅伍兩

進口布疋花幔類

麻棉帆布 長不過伍拾碼 每疋 肆錢

棉花 每百觔 叁錢伍分

美國稅則 八

布 原色白色 無花斜紋 寬過叁拾肆因制 長不過肆拾碼 每疋 捌分
布 原色白色 無花斜紋 寬過叁拾肆因制 長過肆拾碼 每拾碼 貳分
布 美國 原色白色 無花斜紋 寬不過叁拾因制 長不過肆拾碼 每疋 壹錢
布 美國 原色白色 無花斜紋 寬不過叁拾因制 長不過叁拾碼 每疋 柒分伍厘
布 原色白色 無花斜紋 寬不過叁拾肆因制 長不過肆拾捌碼 每疋 捌分
布 原色白色 無花斜紋 寬不過叁拾肆因制 長不過貳拾肆碼 每疋 肆分
色布 有花 無花 寬不過叁拾陸因制 長不過肆拾碼 每疋 壹錢伍分
花布白提布白點布 寬不過叁拾陸因制 長不過肆拾碼 每疋 壹錢
印花布 寬不過叁拾壹因制 長不過叁拾碼 每疋 柒分
袈裟布 寬不過肆拾陸因制 長不過貳拾肆碼 每疋 柒分
袈裟布 寬不過肆拾陸因制 長不過拾貳碼 每疋 叁分伍厘
袈裟布 稀 即洋紗 寬不過肆拾陸因制 長不過貳拾肆碼 每疋 柒分伍厘
袈裟布 稀 即洋紗 寬不過肆拾陸因制 長不過拾貳碼 每疋 叁分伍厘
緞布 寬不過叁拾陸因制 長不過肆拾碼 每疋 貳錢
柳條布 寬不過肆拾因制 長不過拾貳碼 每疋 陸分伍厘
毛布各色 寬不過貳拾捌因制 長不過叁拾碼 每疋 叁分伍厘
絨綿布各樣 長不過叁拾壹碼 每疋 貳錢
棉線 每百觔 柒錢貳分

美國稅則 九

棉紗 每百觔 柒錢
蔴布 細 長不過伍拾碼 每疋 伍錢
蔴布 粗 長不過伍拾碼 即蔴竹布棉絲布 每疋 貳錢
回絨 長不過叁拾伍碼 每疋 貳錢
羽布 寬不過貳拾肆因制 長肆拾碼 每疋 貳錢

進口綢緞絲絨類

手帕 四方長闊不過壹碼 每拾貳塊 貳分伍厘
金線 真 每觔 壹兩陸錢
金線 假 每觔 叁分
銀線 真 每觔 壹兩叁錢
銀線 假 每觔 叁分
哆囉呢 寬伍拾壹因制至陸拾肆因制 每丈 壹百肆拾壹寸爲壹丈 壹錢貳分
嗶嘰 寬叁拾壹因制 每丈 肆分伍厘
羽緞 嗬囒國 寬叁拾叁因制 每丈 壹錢
羽紗 英國 寬叁拾壹因制 每丈 伍分
羽綢 每丈 叁分伍厘
小呢番紀等類 每丈 肆分
絨線 每百觔 叁兩

床氈 每對 貳錢
花剪絨 長不過叁拾肆碼 每疋 壹錢伍分
羽綾 寬叁拾壹因制 每丈 伍分
小羽綾 寬叁拾肆因制 每丈 叁分伍厘
下等絨 即至粗絨 每丈 壹錢
剪絨 長不過叁拾肆碼 每疋 壹錢捌分

進口酒果食物類

橄欖 無論乾鮮 每百觔 壹錢捌分
鼻烟 外國 每百觔 柒兩貳錢

美國稅則 十

進口銅鐵鉛錫類

生銅 如銅磚之類 每百觔 壹兩
熟銅 如銅扁銅條之類 每百觔 壹兩伍錢
生鐵 如鐵磚之類 每百觔 柒分伍厘
熟鐵 如鐵條鐵板鐵箍之類 每百觔 壹錢貳分伍厘
鉛塊 每百觔 貳錢伍分
鋼 每百觔 貳錢伍分
錫 每百觔 壹兩貳錢伍分
馬口鐵 每百觔 肆錢
日本銅 每百觔 陸錢
鉛片 每百觔 伍錢伍分
白鉛 只准按章程發賣 每百觔 貳錢伍分
黃銅釘黃皮銅 每百觔 玖錢
商船壓載鐵 每百觔 壹分
鐵絲 每百觔 貳錢伍分

進口珍珠寶石類

瑪瑙 每百塊 叁錢
瑪瑙珠 每百觔 柒兩

美國稅則 十一

玳瑁 每觔 貳錢伍分
玳瑁碎 每觔 柒分貳厘
玻璃片 每箱 四方每壹百幅地 壹錢伍分
珊瑚 每觔 壹錢

進口纓皮牙角羽毛類

牛角 每百觔 貳錢伍分
生牛皮 每百觔 伍錢
熟牛皮 每百觔 肆錢貳分
海龍皮 即海虎皮 每張 壹兩伍錢

大狐狸皮	每張	壹錢伍分
小狐狸皮	每張	柒分伍厘
虎皮豹皮	每張	壹錢伍分
貂皮	每張	壹錢伍分
獺皮	每百張	貳兩
貉獾皮	每百張	貳兩
海騾皮	每百張	伍兩
灰鼠皮銀鼠皮	每百張	伍錢
海馬牙	每百觔	貳兩

美國稅則 十二

象牙不碎的	每百觔	肆兩
象牙碎的	每百觔	叁兩
兎皮麂皮	每百張	伍錢
犀皮	每百觔	肆錢貳分
翠毛孔雀毛等類	每百張	肆錢

出口貨物稅則均係中國出産

出口油蠟礬磺類

白礬	每百觔	肆分伍厘
青礬	每百觔	壹錢
八角油	每百觔	伍兩
桂皮油	每百觔	玖兩
薄荷油	每百觔	叁兩伍錢
牛油	每百觔	貳錢
桕油	每百觔	叁錢
油芝蔴油荳油棉油茶油桐油各等	每百觔	叁錢
蓖蔴油	每百觔	貳錢
白蠟	每百觔	壹兩伍錢

出口香料椒茶類

美國稅則 十三

茶葉	每百觔	貳兩伍錢
八角	每百觔	伍錢
麝香	每觔	玖錢
八角渣	每百觔	貳錢伍分
時辰香	每百觔	貳錢

出口藥材類

三奈	每百觔	叁錢
樟腦	每百觔	柒錢伍分
信石	每百觔	肆錢伍分

桂皮	每百觔	陸錢
桂子	每百觔	捌錢
土茯苓	每百觔	壹錢叁分
澄茄	每百觔	壹兩伍錢
良薑	每百觔	壹錢
石黃	每百觔	叁錢伍分
大黃	每百觔	壹兩貳錢伍分
姜黃	每百觔	壹錢
高麗日本參上等	每觔	伍錢

高麗日本參下等	每觔	叁錢伍分
鹿茸嫩	每對	玖錢
鹿茸老	每百觔	壹兩叁錢伍分
牛黃中國	每觔	叁錢陸分
班貓	每百觔	貳兩
桂枝	每百觔	壹錢伍分
陳皮	每百觔	叁錢
柚皮上等	每百觔	肆錢伍分
柚皮下等	每百觔	壹錢伍分

關東人參	每值百兩抽稅伍兩	
薄荷葉	每百觔	壹錢
甘草	每百觔	壹錢叁分伍厘
石羔	每百觔	叁分
五棓子	每百觔	伍錢
蜂蜜	每百觔	玖錢

出口雜貨類

料手鐲即燒料鈪	每百觔	伍錢
竹器	每百觔	柒錢伍分

假珊瑚	每百觔	叁錢伍分
各色爆竹	每百觔	伍錢
羽扇	每百柄	柒錢伍分
料器	每百觔	伍錢
各色料珠	每百觔	伍錢
雨遮即紙傘	每百柄	伍錢
雲石	每百觔	貳錢
蒲紙畫	每百張	壹錢
紙扇	每百柄	肆分伍厘

珍珠假	每百觔　貳兩
古玩	每值百兩抽稅伍兩
葵扇細	每千柄　叁錢陸分
葵扇粗	每千柄　貳錢
駱駝毛	每百觔　壹兩
棉羊毛	每百觔　叁錢伍分
山羊毛	每百觔　壹錢捌分
氈碎	每百觔　壹錢
紙花	每百觔　壹兩伍錢

美國稅則　六

土煤	每百觔　肆分

出口顏料膠漆紙劄類

銅箔	每百觔　壹兩伍錢
紅丹	每百觔　叁錢伍分
錫箔	每百觔　壹兩貳錢伍分
銀硃	每百觔　貳兩伍錢
油漆畫	每件　壹錢
鉛粉	每百觔　叁錢伍分
黃丹	每百觔　叁錢伍分

硃砂	每百觔　柒錢伍分
紙上等	每百觔　柒錢
紙次等	每百觔　肆錢
油紙	每百觔　肆錢伍分
墨	每百觔　肆兩
漆	每百觔　伍錢
椶	每百觔　壹錢
蔴	每百觔　叁錢伍分
燈草	每百觔　陸錢

美國稅則　七

綠膠	每觔　捌錢
索廣東	每百觔　壹錢伍分
索蘇州	每百觔　伍錢
漆綠	每百觔　肆錢伍分
蠣殼	每百觔　玖分
綠皮	每百觔　壹兩捌錢
土靛	每百觔　壹兩
坑砂	每百觔　玖分

出口器皿箱盒類

牛骨角器	每百觔	壹兩伍錢
磁器細	每百觔	玖錢
磁器粗	每百觔	肆錢伍分
紫黃銅器	每百觔	壹兩壹錢伍分
木器	每百觔	壹兩壹錢伍分
象牙器	每觔	壹錢伍分
漆器	每百觔	壹兩
雲母殼器	每觔	壹錢
籐器各樣	每百觔	叁錢

檀香器	每觔	壹錢
金銀器	每百觔	拾兩
玳瑁器	每觔	貳錢
皮箱皮槓	每百觔	壹兩伍錢
皮器	每百觔	壹兩伍錢
窰貨	每百觔	伍分
黃銅器	每百觔	壹兩
銅鈕釦	每百觔	叁兩
銅絲	每百觔	壹兩壹錢伍分

生銅	每百觔	伍錢
舊銅片	每百觔	伍錢
出口竹木籐椰類		
各色竹竿	每千根	伍錢
籐肉	每百觔	貳錢伍分
木椿架舵杆	每根	叁分
出口衣帽靴鞋類		
衣服布	每百觔	壹兩伍錢
衣服綢	每百觔	拾兩

靴鞋皮緞各色	每百雙	叁兩
草鞋	每百雙	壹錢捌分
綢帽	每百頂	玖錢
氈帽	每百頂	壹兩貳錢伍分
草帽緶	每百觔	柒錢
出口布疋花幔類		
夏布細	每百觔	貳兩伍錢
夏布粗	每百觔	柒錢伍分
土布各色	每百觔	壹兩伍錢

舊棉絮　每百觔　肆分伍厘
棉被胎　每百件　貳兩柒錢伍分
棉花　每百觔　叁錢伍分

出口綢緞絲絨類

湖絲土絲各等絲經　每百觔　拾兩
野蠶絲　每百觔　貳兩伍錢
絲帶欄杆桂帶絲線各色　每百觔　拾兩
綢緞絹縐紗綾羅剪絨繡貨等類　每百觔　拾貳兩
絲綿雜貨如絲毛之類　每百觔　伍兩伍錢

四川黃絲　每百觔　柒兩
同功絲　每百觔　伍兩
川綢山東繭綢　每百觔　肆兩伍錢
緯線　每百觔　拾兩
各省絨　每百觔　拾兩
絨廣東土產絲做成　每百觔　肆兩叁錢
蠶繭　每百觔　叁兩
亂絲頭　每百觔　壹兩

出口氈絨毯席類

席子各樣　每百張　貳錢
地席　每捲肆拾碼　貳錢
皮毯　每張　玖分
氈毯　每百疋　叁兩伍錢

出口糖果食物類

蜜餞並各色糖果　每百觔　伍錢
醬油　每百觔　肆錢
白糖　每百觔　貳錢
赤糖　每百觔　壹錢貳分

冰糖　每百觔　貳錢伍分
烟絲各樣如黃烟水烟之類　每百觔　肆錢伍分
烟葉各樣　每百觔　壹錢伍分
鼻烟中國　每百觔　捌錢
大頭菜　每百觔　壹錢捌分
粉絲　每百觔　壹錢捌分
酒　每百觔　壹錢伍分
海菜　每百觔　壹錢伍分
火腿　每百觔　伍錢伍分

皮蛋 每千個 叁錢伍分
欖仁 每百觔 叁錢
杏仁 每百觔 肆錢伍分
香菌 每百觔 壹兩伍錢
金針菜 每百觔 貳錢柒分
木耳 每百觔 陸錢
桂圓 每百觔 貳錢伍分
桂圓肉 每百觔 叁錢伍分
荔枝 每百觔 貳錢

蓮子 每百觔 伍錢
芝蔴 每百觔 壹錢叁分伍厘
花生 每百觔 壹錢
花生餅 每百觔 叁分
瓜子 每百觔 壹錢
荳 牛莊登州不准出口 每百觔 陸分
荳餅 牛莊登州不准出口 每百觔 叁分伍厘
米麥雜糧 每百觔 壹錢
蒜頭 每百觔 叁分伍厘

栗子 每百觔 壹錢
黑棗 每百觔 壹錢伍分
紅棗 每百觔 玖分

大亞美理駕合衆國欽命駐劄中華便宜行事全權大臣列
爲照覆事准
貴大臣九月三十日來文內開各等因本大臣留心細
爲察閱其中所問所論俱屬歷練爲友好起見深爲欽
仰本國向與中華只有和睦今仍此心詳爲覆達於後
一美國商民之進內地也按天津所立條約有云中國
有何利益施及他國准美國一體均沾等語是則美國
人之進內地既同他國所有請執照等情均應一體遵
行當如英法兩國一般矣

大伯理璽天德既得國會紳耆議允批准和約之後定必明
立律例交給領事官禁止不請執照或强請執照等事
本大臣自當呈明
國家設立章程襄助中華致免美國商民違犯 貴國憲
典可也
一整理有約無約各國之法也本大臣身爲和好大國
奉使之員向知此事自應變通然因稍有難行今請將
中國所能行者略爲陳列首應與討問欲立約之國定
立條約也前大呂宋即西班牙國來求立約而中國不
允今大西洋即葡萄雅爾亦已求取矣使中國肯同定
約自當稍減無約之國今姑無論即任其仍前如是本
大臣尚有一法可稍通融按泰西各國公使凡此國領
事奉遣至別國者若不得所往之國準信延接者即不
得赴任今凡有稱領事而中華
國家或省憲地方官不肯明作準信延接者彼即無權辦
事是則中國於此等兼攝領事立即可以推辭不接凡
已延接者照理亦可刻即聲明不與交往設有美國人
兼攝無約領事藉此作護身符以圖已益者既屬美國

之人地方官可以直卻不與延款遇有事故著彼投明
美國領事自應隨時辦理間或美國人兼攝領事而代
無約商民討求地方官幫助申理等情地方官礙於情
面代爲辦理者亦可以對彼說明並非職守理所當然
乃只由於情面而已又若此等自稱領事有與海關辦
理船隻餉項事宜者地方官可卻以必須按照條約遵
行之語倘彼固執已見干犯制例者中國或出於不得
已地方官自應用强禁阻當五月三十日在天津時本
大臣照會

桂中堂
花冢宰以中國必須購造外國戰艦火輪船隻者特爲
此故足徵所言非謬也
一領事不得干預貿易也現美國業經定制凡干涉買
賣者不得派作領事官矣
一領事與地方官爭論也前此果有等情動多牴牾本
大臣深爲怨憤亦與
貴大臣同心今既奉本國
大伯理璽天德命簡爲使臣之職業經設法將一切事宜妥
爲辦正誠願嗣後無致齟齬果有仍前事款請照知本

大臣定當修正若領事官有何不合之處地方官按理
據實直斥其非不與共事本國國家並使臣斷無可控
之端但最善之法地方官將已職守攸關並合理之處
照尊貴之法據直善言論列自可申理矣
一按定品級總領事之説也總領事之設美國奉使駐
劄中華者從無此制可毋庸議
一發給旗號也本大臣曾經面詢領事官據稱從無給
發迨細查底册亦向無此事本大臣復嚴諭領事嗣後
無致有此也

以上業已據問直達猶有管見當須照知者以本大臣
之意
貴大臣似宜上奏
大皇帝定立國家號旗各省咸皆遵守俾中國公私船隻盡
行升用蓋美國制度凡屬本國之人必用本國旗號即
泰西各國莫不皆然今中華貿易之盛無號旗以保護
何不亦如他國之法使商船與盜賊有所區別而免商
民之借用與假冒外國號旗哉茲本大臣現已將奉使
職守之事全行妥辦一俟護理有人再行照知即當起

程返國惟願
貴大臣於一切諸事順適咸宜至天津約內所云永久
和好及遇有要事襄助之語美國固以友好爲心中華
有何需用美國之處美國定當以和平之法竭力襄辦
但請
貴國亦謹守約款所載及訂定各事務使一言一字不
致脫漏是本大臣與美國之厚望也爲此照覆須至照
覆者

咸豐捌年拾月初五日

大清國與
大美國於咸豐八年五月初八日即一千八百五十八年
六月十八日議定和約後續增條款
查從
大清國於咸豐八年五月初八日與
大美國定約之後因事有宜增條款之處是以
大清國
大皇帝特派
二品頂戴辦理中外交涉事務大臣志

欽差辦理中外交涉事務重任大臣蒲
二品頂戴辦理中外交涉事務大臣孫
大美國
大伯理璽天德特派
欽命總理各國事務大臣徐　各將所奉
諭旨互閱俱屬妥實議定條款開列於左
第一條
大清國
大皇帝按約准各國商民在指定通商口岸及水路洋面貿易行走之處推原約內該款之意並無將管轄地方水面之權一併議給嗣後如別國與美國或有失和或至爭戰該國官兵不得在中國轄境洋面及准外國人居住行走之處與美國人爭戰奪貨劫人美國或與別國失和亦不在中國境內洋面及准外國人居住行走之處有爭奪之事有別國在中國轄境先與美國擅起爭端不得因此條款禁美國自行保護再凡中國已經指准美國官民居住貿易之地及續有指准之地或別國人民在此地內有居住貿易等事除有約各國款內指明歸某國官管轄外皆仍歸中國地方官管轄

第二條
嗣後如有於兩國貿易興旺之事中國欲於原定貿易章程之外與美國商民另開貿易行船利益之路皆由中國作主自定章程仍不得與原約之義相背如此辦理似與貿易所獲利益較爲安穩
第三條
大清國
大皇帝可於

大美國通商各口岸任便派領事官前往駐紮美國接待
與英國俄國所派之領事官按照公法條約所定之規
一體優待
第四條
原約第二十九款內載
耶穌基督聖教暨
天主教有安分傳教習教之人當一體保護不可欺侮等語
現在議定是美國人在中國不得因美國人民異教稍
有欺侮凌虐嗣後中國人在美國亦不得因中國人民

異教稍有屈抑苛待以昭公允至兩國人之墳墓均當
一體鄭重保護不得傷毀
第五條
大清國與
大美國切念民人前往各國或願常住入籍或隨時來往
總聽其自便不得禁阻爲是現在兩國人民互相來往
或遊歷或貿易或久居得以自由方有利益除兩國人
民自願往來居住之外別有招致之法均非所准是以
兩國許定條例除彼此自願往來外如有美國及中國

人將中國人勉强帶往美國或運於別國若中國及美
國人將美國人勉强帶往中國或運於別國均照例治
罪
第六條
美國人民前往中國或經歷各處或常行居住中國總
須按照相待最優之國所得經歷常住之利益俾美國
人一體均沾中國人至美國或經歷各處或常行居住
美國亦必按照相待最優之國所得經歷與常住之利
益俾中國人一體均沾惟美國人在中國者不得有因
此條卽時作爲中國人民中國人在美國者亦不得因

有此條卽時作爲美國人民
第七條
嗣後中國人欲入美國大小官學學習各等文藝須照
相待最優國之人民一體優待美國人欲入中國大小
官學學習各等文藝亦照相待最優國之人民一體優
待美國人可以在中國按約指准外國人居住地方設
立學堂中國人亦可在美國一體照辦
第八條

凡無故干預代謀別國內治之事美國向不以爲然至
於中國之內治美國聲明並無干預之權及催問之意
即如通線鐵路各等機法於何時照何法因何情欲行
製造總由中國
皇帝自主酌度辦理此意預已言明將來中國自欲製造各
項機法向美國以及泰西各國借助襄理美國自願指
准精練工師前往並願勸別國一體相助中國自必妥
爲保護其身家公平酌勞
以上續增各條現在

美國續增條約 五

大清
大美各大臣同在華盛頓京師議定先爲畫押蓋印以昭
憑信
大清同治七年六月初九日
大美一千八百六十八年七月二十八日

大清國
大皇帝
大美國
大伯理璽天德前於咸豐八年即一千八百五十八年議定
和約及同治七年即一千八百六十八年續增條約允
宜永遠信守今
大美國因華工日往日多難於整理尙欲彼此商酌變通
仍與和約條款不致相背是以
大清國

美國續修條約 一

大皇帝欽命總理各國事務武英殿大學士署禮部尙書全權大臣寶 李
大美國
大伯理璽天德欽命來華辦理修定事宜駐劄中華便宜行事來華辦理修定事宜全權大臣帥 安 笛
各將所奉
諭旨公同閱看就其可以變通之處彼此商酌變通特列條
款於左
第一款
大清國
大美國公同商定如有時

大美國查華工前往美國或在各處居住實於美國之益
有所妨礙或與美國內及美國一處地方之平安有所
妨礙
大清國准
大美國可以或爲整理或定人數年數之限並非禁止前
往至人數年數總須酌中定限係專指華人續往美國
承工者而言其餘各項人等均不在限制之列所有定
限辦法凡續往承工者只能令其按照限制進口不得
稍有淩虐

第二款
中國商民如傳教學習貿易游歷人等以及隨帶並雇
用之人兼已在美國各處華工均聽其往來自便俾得
受優待各國最厚之利益
第三款
已在美國各華工及他項華人等無論常居暫住如有
偶受他人欺侮之事美國應即盡力設法保護與待各
國人最優者一體相待俾得各受按約應得之利益
第四款

兩國既將以上各款議定美國如有時按照所定各款
妥立章程照知中國如所定章程與中國商民有損可
由中國駐美
欽差大臣與美國外部公同妥議中國總理衙門亦可與美
國駐京
欽差大臣公同妥爲定議總期彼此有益無損
以上續修條約各款現在
大清國
大美國各大臣同在中國京師議定繕寫漢文洋文各三分先

爲畫押蓋印以昭憑信仍候兩國
御筆批准總以一年爲期在中國京都互換
光緒七年六月十六日奉
旨依議欽此
大清光緒六年十月十五日
降生一千八百八十年十一月十七日

大清國

大皇帝

大美國

大伯理璽天德現因兩國條約尚有未備之處

大清國

特派總理各國事務武英殿大學士署禮部尚書全權大臣寶李

大美國

特派來華辦理修定事宜駐劄中華便宜行事來華辦理修定事宜全權大臣帥安笛

公同商定另立條款附於條約之後

第一款

中國美國將來益敦和好所有兩國商民貿易等事於兩國均屬有益之處可以彼此公同商議

第二款

中國與美國彼此商定中國商民不准販運洋藥入美國通商口岸美國商民亦不准販運洋藥入中國通商口岸並由此口運往彼口亦不准作一切買賣洋藥之貿易所有兩國商民無論雇用本國船別國船及本國船為別國商民雇用販運洋藥者均由各本國自行永遠禁止再此條兩國商定彼此均不得引一體均沾之條講解

第三款

中國允美國船隻在中國通商各口無論該船載美國貨物與別國貨物其進口出口及由此口進彼口之稅與其所納之鈔均照中國船隻及各國船隻一律徵納並不額外加徵亦不另徵他項稅鈔美國允中國船隻或由中國通商口及他國各口進美國各海口或出美國各口前往他國各口及回中國通商各口無論載中國貨物與別國貨物均照美國船隻及各別國於美國船隻不額外加稅鈔之國一律徵納進口之稅與其應納之鈔並不額外加徵亦不另徵他項稅鈔

第四款

儻遇有中國人與美國人因事相爭兩國官員應行審定中國與美國允此等案件被告係何國之人卽歸其本國官員審定原告之官員於審定時可以前往觀審承審官應以觀審之禮相待該原告之官員如欲添傳証見或查訊駮訊案中作証之人可以再行傳訊儻觀

審之員以爲辦理不公亦可逐細辯論並詳報上憲所
有案件各審定之員均係各按本國律法辦理
以上條款繕寫漢文三分洋文三分先由兩國大臣蓋印畫押
俟
大清國
大皇帝
大美國
大伯理璽天德御筆批准後彼此互換以昭信守
光緒七年六月十六日奉
美國續修條約　六
旨依議欽此
大清光緒六年十月十五日
降生一千八百八十年十一月十七日

中美會訂限禁來美華工保護寓美華人約稿
大清國光緒六年十月十五日
大美國一千八百八十年十一月十七號續定條約曾限
制華工赴美嗣因華工在美國境內迭遭苛虐慮損邦
交中國政府欲自禁華工出境來至美國茲兩國政府
願合力辦理禁止來美華工並多方顧全邦交互立約
款彼此加意保護此國境內之彼國人民是以
大清國
大皇帝特簡欽差出使美國全權大臣太常寺少卿楊
大清國大美國續定華工條款　一
大美國
大伯理璽天德特簡外部全權大臣葛禮山　各將所奉議
約之據公同校閱明白現將會訂條款開列於左
第一款
茲彼此議定以此約批准互換之日起計限十年爲期
除以下約款所載外禁止華工前往美國
第二款
寓美華工或有父母正妻兒女或有產業值銀一千元
或有經手帳目一千元未清而欲自美回華由華回美

者不入第一款限禁之例但華工於未離美境之前須
先在離境口岸詳細縷列名下眷屬產業帳目各情報
明該處稅務司以備回美之據該稅務司須遵現時之
例或自後所定之例發給該華工按此約章應得回美
執照但所立之例不得與此約款相悖倘查出所報各
情屬僞則該執照所准回寓美國之權利盡失又例准
回美之權利限以一年爲期以離美之日起計倘因疾
病或別有要事不能在限期內回美則可再展一年之
期但該華工須將緣由禀報離境口岸中國領事官給

與憑批作爲妥據以期取信於該華工登岸處之稅務
司該華工如不在稅關呈驗回美執照無論其由陸路
水路回美均不准入境

第三款

此約所定限制章程專爲華工而設不與官員傳教學
習貿易游歷諸華人等現時享受來寓美國利益有所
妨礙此項華人倘欲自行申明例准來美之利益可將
中國官員或出口處他國官員所給執照並經出口處
美國公使或領事官簽名者呈驗作爲以上所敘例准

來美之據茲又議允華工來往他國仍准假道美境惟
須遵守美國政府隨時酌定章程以杜弊端

第四款

查光緒六年十月十五日即一千八百八十年十一月
十七號中美在北京所立華人來美續約第三款本已
敘明茲復會訂在美華工或別項華人無論常居或暫
居爲保護其身命財產起見除不准入美國籍外其餘
應得盡享美國律例所准之利益與待各國人最優者
一體相待無異茲美國政府仍允按照續約第三款所

訂盡用權力保護在美華人身命財產

第五款

美國政府爲加意保護華工起見一千八百九十二年
五月五號美國議院定例一千八百九十三年十一月
三號此例又經修改凡在定例以前所有美國境內一
切例准住美之華工均須照例註冊中國政府現聽美
國辦理美國政府亦應聽中國政府定立相類條例凡
一切美國粗細工人（商人亦如議院定例不計）寓居中國無論是否
在通商口岸均令註册概不收費又美國政府允准自

此約批准互換之日起於十二箇月內將寓居中國無論是否在通商口岸之一切他項美國人民包括教士在內之姓名年歲行業居址造册報送中國政府以後每歲册報一次惟美國公使人員或一切奉公官員在中國駐紮或游歷及其隨從僱用人等不入此款

第六款

此約彼此互須遵守以十年爲期敬候

大清國

大皇帝

大美國

大伯理璽天德批准互換之日起計至限期届滿倘於六箇月前彼此並不將停止限禁之意行文知照則限禁再展十年爲期

光緒二十年二月　十一　日

西歷一千八百九十四年三月十七日

大清欽差大臣楊鈐　押

大美外部大臣葛鈐　押

八

欽差出使美日祕國大臣伍造送

光緒二十三年分與外部往來文函清冊

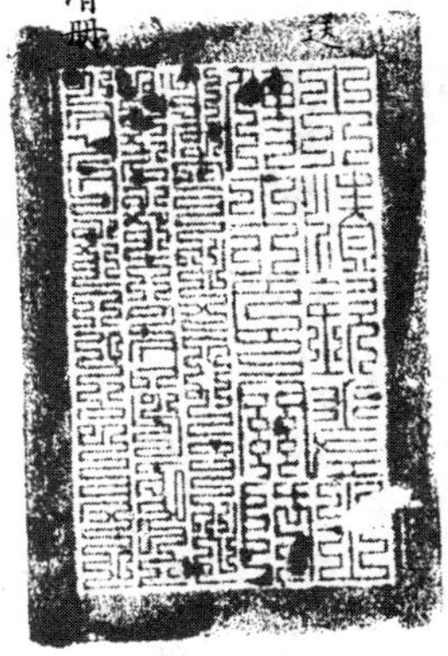

任大臣造送光

緒廿三年與

外部往來〻

欽差出使美日祕國大臣伍　　為

造報事茲將光緒二十三年正月起至十二月底止所有駐美使署

前後兩任與外部往來文函照案譯録彙呈謹請

察覈須至冊者

計開

致外部照會

大清欽差出使美日祕國大臣楊為照覆事本月二十五號接到

照會文稱據户部大臣本月十九號文開中美兩國於一千八百九十四年

三月十七號會訂條約第三款議明華工來往他國仍准假道美境現

聞華工由華赴墨取道得薩士省依哥魯琶斯地方屢屢偷入美境舞

弊甚多若由墨國西邊之麻薩蘭暨阿古甫可等港前往較過美境尤為

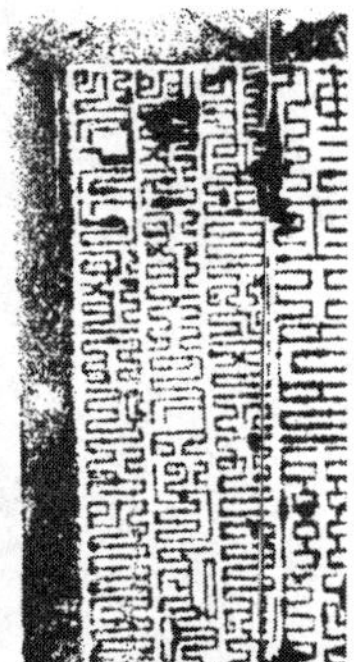

使捷請本大臣咨會
貴大臣酌定善法以杜弊端並希照覆等因到本大臣准此本大臣察
得此項華工由華赴墨假道美境原照續約第三款議准一節辦理未便
輕議改道致違約章惟偷入舞弊一層本大臣尚未查明礙難指實俟查明
果有此弊再籌善法杜禁可也相應照覆
貴大臣察核轉咨戶部查照施行須至照會者
右　照　會
大美外部大臣奥爾尼
光緒二十三年正月二十六日
西一千八百九十七年二月二十七號

致外部照會
大清欽差出使美日秘國大臣楊為照覆事照得本日准
貴大臣來文內稱
貴大臣昨奉
貴國總統派充美國外部大臣已由上議院核准即日視事等因本大
臣接誦之餘不勝欣悅自當轉達本國政府想應備文道賀仰煩
貴大臣查照須至照會者
右　照　會
大美外部説門
光緒二十三年二月初四日
西一千八百九十七年三月六號

致外部照會

大清欽差出使美日祕國大臣伍為照會事照得本大臣恭膺
大清國
大皇帝簡命派充出使大臣駐劄
貴國現於光緒二十三年三月二十三日已抵華盛頓應即備文知照請
貴大臣訂期謁見
大伯理璽天德呈遞
國書其謁見之前
貴大臣何時得暇請先期示知以便趨晤並希早日見覆須至照會者
右　照　會
大美外部說門
光緒二十三年三月二十六日
西一千八百九十八年四月二十七號

外部說門來文

為照復事接准
貴大臣本月二十七號來文內開本大臣新膺
大清國
大皇帝簡派出使美國大臣現已抵任應請訂期會晤等因本大臣准此
擬准於本月三十號在外部衙門恭候
貴大臣臨莅晤談一切惟本國
大伯理璽天德現往紐約應俟回都擇定謁見呈遞
國書日期再當備文知照可也須至照會者
右　照　會
大清欽差出使美日祕國大臣伍
光緒二十三年三月二十八日
西一千八百九十七年四月二十九號

致外部照會

大清欽差出使美日秘國大臣伍為照覆事准

貴大臣本日來文内開頃奉

大伯理璽天德諭准於五月一號即中歷三月三十日中午十二點鐘時接見貴大臣敬受

齎來

國書希貴大臣於是日所訂時刻預先到署等因准此本大臣自當如期先詣

貴署以便偕同

貴大臣入宮謁見為此照覆須至照會者

右 照 會

大美外部説門

光緒二十三年三月二十九日

西一千八百九十七年四月三十號

外部説門來文

為照會事前准

貴大臣本月二十七號來文内開訂期一節當經照复在案茲者本國

大伯理璽天德業已回都本大臣恭奉

示諭准於下禮拜六即五月一號正午十二點鐘在白宫候接

貴大臣敬受齎來

國書務希

貴大臣是日於所訂時刻先期數分親來本署本大臣當偕同

貴大臣入宫晉見可也須至照會者

右 照 會

大清欽差出使美日秘國大臣伍

光緒二十三年三月二十九日

西一千八百九十七年四月三十號

外部來函

敬啓者今午

台駕入宮呈遞

國書宣讀頌詞本國

大伯理璽天德極爲俞悅當亦復答頌詞以表睦誼兹將答詞抄録一分

函送

貴署即希

詧收備案爲禱專此順頌

日祉

光緒二十三年三月三十日

西一千八百九十七年五月一號

此件頌辭業經鈔呈

鈞署

外部說門來文

爲照會事案照本國

大伯理璽天德簡派奧海澳省戴維廉爲副外部大臣業經上議院公議

允准兹已接任視事理合備文知照

貴大臣請煩查照須至照會者

右　照　會

大清欽差出使美日祕國大臣伍

光緒二十三年四月初十日

西一千八百九十七年五月十一號

第三副外部克拉德勒來函

敬啓者今日下午

貴署參贊來本署詢問近日華商四人行抵金山曾否准其登岸一節本副大臣承外部大臣囑赴户部查明回覆兹已查悉本月十四號户部接據金山税關官員電禀有華商四人行抵該埠准否登岸請示遵辦前來當經副户部大臣電覆如該商等呈驗上海税務司所發執照果與一千八百八十四年七月五號議院議定則例第六款所載各節相符及該商等確係例准入境之人自應准令登岸等因去後本副大臣忖思既經副户部電覆准行諒該商等必已准令登岸一俟金山税關續有禀報當由副户部函知本副大臣再行奉布先此复陳順頌

日祉

光緒二十三年四月十三日

西一千八百九十七年五月十四號

致外部照會

大清欽差出使美日祕國大臣伍為照會事兹據本國派駐夏灣拿總領事黎榮耀禀稱華人譚忠瑶及其子譚光擬由夏灣拿附搭輪船來美遊歷至紐約埠登岸懇請知照外部轉咨户部飭令税關放行等情前來本大臣查華人遊歷來美條約所准今譚忠瑶譚光事同一律自應照辦合行照會

貴大臣請煩知照户部轉飭紐約埠税關俟該華人等抵埠即予放行須至照會者

右　照　會

大美外部說門

光緒二十三年五月初八日

西一千八百九十七年六月七號

署外部戴維廉來文

為照復事接准

貴大臣本月七號來文內開華人譚忠瑤及其子譚光由古巴島夏灣拿埠

來美遊歷學習藉廣見聞應請電飭紐約稅關准其登岸等因准此本

署大臣查華人來美按一千八百八十四年七月五號所定條例第六款內載各節

領取護照行抵紐約時呈交稅關驗明合例自當照准登岸理合照復

貴大臣請煩查照須至照會者

右 照 會

大清欽差出使美日秘大臣伍

光緒二十三年五月十二日

西一千八百九十七年六月十一號

致外部照會

大清欽差出使美日秘國大臣伍 為照會事前聞

貴國議院擬修稅則加稅貨物中國茶絲綢緞地蓆食米爆竹等物亦在其

列現已交上院議紳會議修改稅則原屬

貴國內政本大臣並非有意干預特以疊接華商來稟咸以抽收上開各物進

口稅當仍舊貫不宜加增致礙商務本大臣不得不據情照會

貴大臣轉達議院查近日上議院於地蓆進口已照本大臣之意仍舊免稅聞

之不勝欣幸惟望下議院亦一體照辦則外國商人販賣固有微利可圖而本

地人民購用尤獲大益食米一項係中國人民日用所必需

貴大臣諒亦知悉此項米石只供華民自用進口之數無多現行稅章似已

過重若再加增

貴國庫欵仍無小補而華民日用已有大礙况近年華民來美謀生異常困
苦終歲勤動贍養維艱米税若須加增未免益形凋敝頃接太平洋海岸地
方華商來稟據稱爆竹加税大礙銷場貽累商户殊非淺鮮將新舊税則詳
加比較可以預決此貨市價定必頓加一二倍等語本大臣查爆竹原值在中國
本極微賤之物而分兩甚重若按每磅抽銀六仙士市價隨增銷場亦滯且
爆竹進口於美國民生庫欵均無損礙似宜照舊税則征收無庸更改至茶
葉絲綢蠶繭等項在華商獲利無幾而
貴國相需甚殷以上各條本大臣採之衆論參以己見固為華商裕生計亦為
貴國保利權務希
貴大臣轉達議院將議訂税則酌量妥改務使華美商民兩無妨礙是為
至要仍望見復為此照會須至照會者

右　照　會

大美外部説門

光緒二十三年五月十三日
西一千八百九十七年六月二十九號

致外部照會

大清欽差出使美日秘國大臣伍為照會事案據寓居尼卡拉瓜國佈路
飛埠華人周道燮稟稱伊弟周道瓚與其姪周振鵬在尼卡拉瓜國金
鑛作工多年本年三月意欲回華因將歷年辛工積蓄共得金砂一百安
士有奇隨帶行李啓行此外另有金砂約九十七安士銀四十一元俱係寓尼
華人託其帶回原籍代交各該家屬戚友兑收者道瓚等由採金處起程
抵佈路飛海口沿途所經關卡均照例將其行李報官查驗絶無阻難不
料佈路飛税關人員聽信周孟勝唆使於查驗時將金砂指為偷漏盡數
充公并將周道瓚拘禁候訊等情並由寓佈華商聯名具結稟呈前來據
此查尼卡拉瓜國與敝國尚未立約通商其寓尼華民向荷貴國駐尼公使
不分畛域一體保護在案今周道瓚所有黄金係歷年積儲工資及他金紀帶

者並非走私漏税可比乃佈路飛埠海口税關聽信匪徒唆使輒將其人拘禁欵
盡充公情殊可憫相應備文照會
貴大臣請煩轉致
貴國駐尼公使及領事等官與尼國政府據理辦駁務將周道瓚釋放所有金
砂銀元一概發還以衛僑氓而安行旅本大臣亦同深感禱也須至照會者
右　照　會
大美外部説門
光緒二十三年五月二十三日
西一千八百九十七年六月二十六號

外部説門來文
為照復事接准
貴大臣本日來文内開美國新修税則加收中國進口貨物税項種種不便
逐條駁詰請為删除等因准此本大臣查事屬議院應由該院核議當將
來文抄録送交上議院錢糧股察核理合照復
貴大臣請煩查照須至照會者
右　照　會
大清欽差出使美日秘國大臣伍
光緒二十三年五月三十日
西一千八百九十七年六月二十九號

致外部照會

大清欽差出使美日祕國大臣伍為照覆事接准

貴大臣五月三十日（六月廿九號）照會內開中國政府以銀價跌落擬照金價征收貨稅美

國政府於中國利權有益之舉向樂贊成茲以征收貨稅之事來詢細查節畧

所載各端持論公允敝政府力所能逮無不樂從照辦等因准此本大臣查敝

國加稅一事經前任楊大臣叠商已逾一載今

貴政府慨然允許足徵雅意感激無既來文陳義甚高應由本國政府體察

情形酌量辦理以副厚望除照錄來文咨送本國政府察核外相應備文先

行照復

貴大臣用表謝悃即希查照可也須至照會者

右　照　會

大美外部說門

光緒二十三年六月初四日（西一千八百九十七年七月三號）

此件來文業已鈔呈

鈞署

致外部照會

大清欽差出使美日祕國大臣伍為照會事接據寓費城之濮盧教士七

月六號函稱紐者氏省廿甸埠近有匪徒日以凌虐華民為事該埠安分良

民見之咸抱不平皆赴該埠長官與總巡捕衙門代為申訴請速查拿各

犯按律懲辦無如地方長官一味狗隱置若罔聞誠恐匪徒從此更無忌

憚日甚一日害不勝言殊為可慮等語並附來剪出新聞紙一段本大臣披閱

之下深為詫異如果濮教士所陳各節屬實是地方官有意縱匪殃害華

民殊於條約之旨有悖即於貴國律例亦不相符茲特鈔錄原件備文照

會

貴大臣希為設法保護俾僑寓

貴國各埠華民一律得安生業是所盼禱須至照會者

右　照　會

大美外部說門

光緒二十三年六月初八日
西一千八百九十七年七月七號

錄濮教士來函 六月初七日 七月六號

敬稟者教士今有一事不得不瀆冒崇嚴懇可仰邀垂詧茲特剪出新聞紙所刻數段布為賜覽當知紐者氏省甘甸埠有華人近日受人凌虐之實在情形也查近日土匪頑民橫行無忌似以欺凌華人為樂凡洗衣業中華人不時受其騷擾教士專理賓西威尼亞與紐者氏兩省華人教務該兩省華民遇有受委屈情事往往來言其最甚者莫如甘甸一埠經教士疊次將華人被擾被毆之事稟報地方官無如該處地方官置若罔聞貽患日甚故釀成今日之巨案所有安分

良民聞之無不代抱不平即行稟請該埠長官與巡捕頭等緝拿各犯從嚴懲辦不意該員等置之不理該埠良民以地方官畏難苟安不得已商請教士代為出首妥籌除暴安良之計教士即日親往謁見甘甸埠官不特無益於事甚至有無法禁止匪徒滋事之語果爾則無異任通埠强梁恃勢行兇魚肉該處華民殊於條約保護之意有悖特修蕪稟上瀆鈞聽伏望大人俯念該埠華人被擾情形妥為設法勒令地方官按約辦理則斯民幸甚肅此奉稟

外部說門來文

爲照復事接准

貴大臣本月七號來文内開紐者氏省甘甸埠旅居華人有被該處匪類

欺凌騷擾情事應請設法保護以安商旅而免生事等因准此本大臣當將

來文暨附件照録一分咨行該省總督察核遵即妥善保護理合照復

貴大臣請煩查照須至照會者

右　照　會

大清欽差出使美日秘國大臣伍

光緒二十三年六月初九日

西一千八百九十七年七月八號

署外部戴維廉來函

敬啓者前奉本月七號

來文囑將紐者氏省甘甸地方華人被擾妥爲設法一節當由本署咨行該

省總督查辦並經備文照復矣兹接該督本月十四號函稱此案應即飭

查究辦俟稟復到日再當咨達等語合先布聞以紓

廑注專此順頌

日祉

光緒二十三年六月十八日

西一千八百九十七年七月十七號

致副外部戴維廉函

逕覆者頃接六月十八日七月十七號來文內開紐者氏省總督以所轄甘向埠匪徒淩虐華民一案不日當派委員查辦俟查明稟覆自當據情轉咨等因本
大臣披閱之餘不勝欣慰惟望該查辦委員秉公究辦以儆將來務使
貴國地方既無踈縱之虞而寄寓華民永免騷擾之苦是爲至要專此奉復

光緒二十三年六月二十日
西一千八百九十七年七月十九號

致外部照會

大清欽差出使大臣伍爲照會事卷查前任楊大臣酌定華商來美貿易及例准來美遊歷學習人等護照程式咨呈本國政府通飭各屬一律辦理並於上年九月十五號照會
貴大臣在案現奉中國政府來咨已分飭各海關道海關監督一體遵照辦理等因理合備文照會
貴大臣請煩轉咨戶部飭下各海口稅關以後如有華商及中國遊歷學習人等執持前項護照即查驗放行毋稍留難以符原議實爲公便再中國發給護照之權不盡屬海關道海關監督凡地方官等奉有國家明文者亦得一律照發合併聲明須至照會者

右照會

大美外部說門

光緒二十三年六月二十五日
西一千八百九十七年七月二十四號

署外部覆地來文

為照復事前准

貴大臣上月二十四號來文內開按照美國一千八百八十四年七月五號
所定條例第六款中國政府授權各口關道或監督准其發給來美護照
凡華人來美將此項護照持赴稅關察驗果係真正商人或別項例准來
美之人應一律放行經前楊大臣照會貴部在案茲奉本國政府來文
業經飭知各江關道及監督等官按章給照嗣後如有例准來美之人
持前項護照赴稅關請驗務望放行等因准此本大臣除札飭各稅關
人員一體遵照外相應照復
貴大臣請煩查照須至照會者

右　照　會

大清欽差出使美日秘國大臣伍
光緒二十三年七月初五日
西一千八百九十七年八月二號

署外部覆地來文

為照會事案准本國戶部大臣上月三十號咨稱紐約領事署官役陳周
持有前任
楊大臣印發護照到關請驗放行此項護照是否
楊大臣所發本部無從懸揣應將原照附送希請貴部查詢見覆等因到
本大臣准此理合備文將原照封送
貴大臣煩為閱核示復並望將原照交還以便轉復戶部查照遵行須至
照會者

右　照　會

大清欽差出使美日秘國大臣伍
光緒二十三年七月初六日
西一千八百九十七年八月三號

致外部照會

大清欽差出使美日祕國大臣伍為照復事准
貴大臣本月三號照會內開准戶部咨送貴國紐約領事署官役陳周護
照一紙是否前任楊大臣發給請為查明示復等因准此本大臣檢查前
任卷宗確有其事且護照上蓋有本署印信自無可疑相應備文照復並將
原照附上即希
貴大臣查照可也須至照會者
右　照　會
大美署外部戴
光緒二十三年七月初七日
西一千八百九十七年八月四號

外部說門來文

為照復事前准
貴大臣六月二十二號來文內開寓居厄卡拉瓜國華民周道璜周振鵬攜有金
砂銀圓為該國佈路飛埠稅關扣拿並將金砂銀圓搜括充公查寓瓜華
民向承美國駐紮公使領事兼為保護應請轉飭速為申理等因准此本大
臣當將
來文事理咨行美國駐紮該國公使暨札行該埠領事一體知照妥速申理
其如何辦理情形仍俟接有復文即當詳達合先照復
貴大臣請煩查照須至照會者
右　照　會
大清欽差出使美日祕國大臣伍
光緒二十三年七月十四日
西一千八百九十七年八月十一號

外部説門來文

為照會事案照

貴大臣六月二十二號來文所稱周道瓚一案經本大臣分行駐紮尼國公使領事查明申理并於八月十四日照復在案茲據美國派駐尼卡拉瓜國三園德那特領事官轉據美國派駐佈路飛埠代辦領事申報華人周道瓚等被關扣拿并將隨帶金砂銀圓搜出充公各項情節頗為明晰相應抄錄原申送交

貴大臣請煩查照須至照會者

計抄送三園德那特領事官第三百九十八號申文一件

右　照　會

大清欽差出使美日秘國大臣伍

光緒二十三年七月二十三日

西一千八百九十七年八月二十號

美國派駐尼國三園德那特領事官奧哈拉上副外部戴維康稟

敬稟者竊華人周道瓚携帶金砂行抵佈路飛埠被關拘拿將金砂全數充公一案經於本月十四稟復在案茲據本國委駐佈路飛埠代辦領事來稟將新聞紙抄譯數則粘送前來除錄送駐紮曼拿瓜都城公使備查外理合抄錄原件上呈　鈞鑒伏維　詧照專此敬稟　附抄件

光緒二十三年六月二十八日

西一千八百九十七年七月二十七號

美國駐佈路飛埠代辦領事克蘭謝上領事奧哈拉稟

敬稟者竊華人周道瓚於本年二月二十二號在附近本埠之葡拉夫地方被稅關人員搜出金砂二百二十一安士悉數充公一案奉到

札飭查明稟覆并抄錄中國欽差大臣伍公使照會到本代辦領事

奉此查此事經本代辦領事目所親睹其中情節知之最悉較諸
傳聞者尤為確鑿謹為　貴領事詳述之周道瓚前由黃沙普爾嘉埠
附搭多芬船於二月十九號行抵佈路飛埠帶有金砂一切均經註明在
該船貨單之內查尼國專例凡金砂由大西洋一帶口岸運載出境者每
安士須納稅銀一元葡拉符地方距佈路飛埠約計有六英里遠相隔一湖
有稅關在彼凡客貨往來均用帆船載奚些賴特小輪轉運每逢輪船開
往美國紐阿連埠之期所有客貨均先附奚些賴特小輪渡湖仍赴稅
關領有牌照始准運上輪船出口此由佈路飛出口赴美之情形也二月
二十二號為富頓輪船開往紐阿連日期本代辦領事因有信件附寄美
國因偕兩友人及本埠華商周孟勝帶同假道美國回香港之華人六
名共十人同附奚些賴特小輪渡湖及抵葡拉符地方稅關人員堅要查

驗華客行李四人立刻開箱傾篋任令查搜均無違例物件後查至
周道瓚其人年老耳聾告以應行查驗大費唇舌始覺知悉及開其
衣箱搜出背心一件多處密縫內藏金砂共計二百二十一安士即全扣留
謂道瓚及其姪私帶金砂一併拿解稅關拘禁及富頓輪船開行後
本代辦領事偕兩友同往稅關試代該華人申理而稅務司不聽人言
堅執自用遂將道瓚監押候審本埠華人極力設法請令重罰而
免將金砂充公尼國官員亦置不論有周某者慨然解囊以四百元
僱小輪船往愛士根地都六十英里之拉馬地方將此案情節電稟尼總
統亦竟無濟於事隨請洋員親赴滿拿瓜都城與總統面商辦法
亦竟徒勞無功旋經尼國管庫大員刊布告白招人承買此項金
砂變價撥庫於四月十二號經本埠三槐公司承買每安士售銀二二

六元半尼國政府實收銀八千零四十五元八角五仙咸謂金砂贗也
爲該埠所罕見云道瓚之姓並未收禁道瓚兩月半旋因患病危重
准令保釋所立五百元保單初係周孟勝簽名後又退保另由本埠殷
實華商周某及周榮盛兩人具保至此案何時提審尚未定期須由
巡查大西洋口岸監司裁奪周道瓚所帶金砂係屬本人者無幾皆
係各華人託帶者因道瓚爲人誠實可靠素爲同鄉所推信今值
回華故託帶私蓄轉交家屬者多至四十九人也其在監致病之由一
則因自己喪失資財一則華商各友所託也在監時所有飲食皆由
華人譯某供給地方官不費一錢現在周道瓚如癡如呆實堪憐憫
其同鄉亦頗願相助本埠華人疑爲周孟勝所訐以致拿然亦毫無
確証不能據爲信讞茲將新聞紙抄譯數則粘附即希
台覽專此敬稟
光緒二十三年六月二十一日
西一千八百九十七年七月二十號

外部說門來文
爲照會事案照前准
貴大臣上月八號來文以紐者氏省廿甸埠華人被擾各節囑爲究辦當
經本大臣咨行該省總督轉飭確查並經照復
貴大臣在案茲據該府稟由該省總督咨復到部本大臣查該埠巡捕保
護華民尚屬盡力其騷擾華民者無非地棍之流而無知頑童又十居八九
既由地方官認真緝拿究辦此後當可益保平安矣相應抄錄原來各
件送請
貴大臣察核爲此照復須至照會者
右　照　會
大清欽差出使美日秘國大臣伍

光緒二十三年七月二十四日
西一千八百九十七年八月二十一號

甘向埠知府衛士葛德稟复紐若氏省總督

敬稟者昨日祇奉　來札飭查本埠匪徒虐待華民一節當經本府

分傳案内人證捕頭等到案訊明取供竊見本埠巡捕保護居民不

分主客向稱得力固衆人所共見共聞亦本府所深知熟悉者也玆

將口供録呈伏乞　鈞覽該巡捕等是否疎防故縱諒可仰邀

洞鑒也肅此敬稟

光緒二十三年七月十三日
西一千八百九十七年八月十號

致外部照會

大清欽差出使美日秘國大臣伍為照覆事准

貴大臣本月二十號照會内開頃接美國駐尼卡拉瓜國山湖安爹那特

海口領事官來稟轉據美國駐佈路飛埠代辦領事詳報周道瓚周振

鵬被税關拘拿所帶金銀悉數充公一案相應抄送原件以備查核等因當經

本大臣將各件詳細核閲此案重承

貴大臣不厭煩瑣轉飭各領事妥為照料友誼克敦實深銘感案結之後仍

希將提審判斷情形見示為盼特此照覆須至照會者

右　照　會

大美外部説門

光緒二十三年七月二十七日
西一千八百九十七年八月二十四號

致外部照會

大清欽差出使美日秘國大臣伍為照會事接准

貴大臣七月二十四日八月二十一號照會內開紐者氏省廿甸埠土匪凌虐華人一案已據該埠

長官查明稟覆取具口供相應抄錄原件送請察核等因此案前蒙

貴大臣轉飭地方官查辦該處地方官果能仰體

貴大臣之意認真辦理且知保護華民係其專責嗣後當能力行設法防患

未然本大臣披覽之餘不勝感篆惟尚有要端不欲隱而不發致誤大局合併

言之　中國頭等欽差張大臣前奉

大清國

大皇帝簡命出使英國特賀　英國君主即位六旬慶典前數月間由華赴英

路經紐約轉赴華盛頓都城本大臣亦與同行由窩謳爾多福大客寓乘坐馬

車直至戴布羅些士街搭渡船過河中途竟有無知婦孺胆敢隨車奔走放聲

狂呼甚至有手持泥石雜物向車拋擲沿途並無巡捕禁阻此等情形倘中美

易地則若輩頑民定必立予懲責而所過街道即行遍貼告示曉諭人衆俾愚民

知所儆戒矣且如此無禮之擾不止一次本大臣因公而經紐約每從華勒街或其

左近經過婦孺侮慢與前無異紐約為

貴國第一都會各邦官紳商庶往來絡繹似不宜任若輩騷擾行旅貽笑各

邦紐約省官事煩任重或未周知本大臣不能不為申說以整地方而全國體

應請

貴大臣轉咨紐約省總飭下該省巡捕嚴拿侮辱華人之匪類並於上開街

道等處懸貼告示曉諭人民不得在街騷擾華民致啟爭端是為至要

須至照會者

右照會

大美外部說門

光緒二十三年八月初五日

西一千八百九十七年九月一號

致外部照會

大清欽差出使美日祕國大臣伍，為照會事。照得華人來美貿易遊歷學習，准由中國關道及海關監督領取執照來美，税關照驗放行，業經本大臣照會
貴大臣轉飭各口一律遵辦在案。茲有中國學生兩名由上海來美遊學，領有江海關道按照一千八百八十四年七月批准條例第六款所發之護照，已於二月二十九號行抵達可瑪埠，不意因其所執漢文護照並未配譯英文，致被該口税務司扣留，迄今仍未放行。由電稟報前來，本大臣查核無異，相應據情知照
貴大臣轉咨户部大臣電飭該口税關立即放行，毋得留難阻滯。該學生等按章領照來美遊學，並無不合，諒邀允行。須至照會者。

右照會

大美外部説門

光緒二十三年八月十一日
西一千八百九十七年九月七號

外部説門來文

為照復事。接准
貴大臣本月七號照會，以中國學生兩名來美肄業，行抵華盛頓省達可馬埠，被税關扣留，請飭放行。本大臣當經抄錄
來文咨送户部遵辦。茲准户部復稱：達可馬一口係歸砵當順税關管轄，業已電飭該關：如中國學徒所持執照内載各節，譯就英文，核與一千八百八十年條例第六款相符，即應按照條約第三款准其登岸矣。本大臣查此事既經户部電飭該關遵例辦理，當可登岸放行。合先照復
貴大臣請煩查照。須至照會者。

右照會

大清欽差出使美日祕國大臣伍

光緒二十三年八月十二日
西一千八百九十七年九月八號

致外部照會

大清欽差出使美日祕國大臣伍為照會事前以中國學生兩人按章領照
來美被關扣阻本大臣照會
貴大臣轉咨戶部電飭放行經於本月十二日接准復文在案頃接達可瑪
電稱現有中國女學生曹鳳雲搭達可瑪輪船由上海來美遊學業已抵埠
該口稅務司亦以其所持護照未配英文不准登岸等情前來本大臣復查
該女子確係真實學徒並無假冒情弊其所領護照係由中國政府專派
委員所發與一千八百九十四年三月十七號條約相符與兩學生事同一律
相應照會
貴大臣轉咨戶部電飭該處稅關准該女學生曹鳳雲登岸無得留難
是所盼禱須至照會者

右　照　會

大美外部說門

光緒二十三年八月十九日
西一千八百九十七年九月十五號

外部說門來文

為照復事接准
貴大臣本月十五號來文內開中國女學生曹鳳雲來美遊學行至華盛頓
省達可馬埠被關扣留一節本大臣當經轉飭兼轄該埠之砵當順稅關將
其執照譯就英文核與一千八百八十四年七月五號批准條例相符即應准其登
岸相應照復
貴大臣請煩查照須至照會者

右　照　會

大清欽差出使美日祕國大臣伍

光緒二十三年八月二十五日
西一千八百九十七年九月二十一號

外部說門來文

為照复事准

貴大臣本月一號照會內開因紐者氏省甘甸埠華人被匪徒虐待一案經本大臣知照地方官迅速辦理原荷申謝等此本大臣分所當為即該地方官等此後亦定能竭力保護防患未然也再

貴大臣前偕　張大臣由紐約乘火車來華盛頓時中途猝遇無知婦孺侮慢且拋擲磚石當時無巡捕在側未及拘拿懲辦以儆效尤本大臣深滋抱歉但按國國例

貴大臣亦所深悉在本大臣實無兼轄他省之權幸已原宥以後如

貴大臣前往紐約等埠務望先期照會本大臣以便飭知沿途地方官妥為照料可也須至照會者

右　照　會

大清欽差出使美日祕國大臣伍

光緒二十三年九月初二日

西一千八百九十七年九月二十七號

外部說門來文

為照复事准

貴大臣二十八號照會內開金山等處稅關扣留華商所運廣東茶葉不准登岸請咨照戶部妥籌辦法及善後事宜俾華商不致受累等因當經本大臣抄錄

貴大臣原文轉咨戶部大臣從速核复矣須至照复者

右　照　會

大清欽差出使美日祕國大臣伍

光緒二十三年九月初四日

西一千八百九十七年九月二十七號

外部說門來文
為照會事准
貴大臣於上月三十號函文舍路埠中華會館二十九號來電內稱該處
稅關執事人役並無官司票據擅入華名舖戶以查驗為名任意騷擾有
違約章請為查究等情當經本大臣咨行戶部大臣從速派員前往查
辦俟稟復到日即當知照須至照會者
右　照　會
大清欽差出使美日秘國大臣伍
光緒二十三年九月十三日
西一千八百九十七年十月八號

外部說門來文
為照會前准
貴大臣上月二十八號照會內開金山等處稅關扣留華商所運廣東茶不准
登岸等情當經本大臣轉咨戶部照复在案茲由署戶部大臣咨稱遵照
來文飭查去後據金山驗茶委員及紐約總茶師先後稟复驗得該商等所
運之廣東茶質地粗劣實與現定之茶例大不相符斷難通融辦理至將來
如何妥籌辦法應否另列廣東茶辦之處現在開議在即容俟飭知總茶
茶核議云云理合備文知照須至照會者　附署戶部大臣十六日來咨一件
右　照　會
大清欽差出使美日秘國大臣伍
光緒二十三年九月十三日
西一千八百九十七年十月八號

署戶部司波勒定復外部咨文　華九月十一日　西十月六號

為咨復事前准

貴衙門七月二十九日來咨以華商運來廣東茶葉被金山等處稅關
扣留不准發售一案抄送中國駐美公使照會前來案照會內開一千
八百九十七年三月二號戶部章程所定茶辦並未將廣東各種茶葉列
入亮貴國政府於中國各處所產茶葉並無歧視之意且運來廣茶為數
無多專備寓美華人自行銷用並望設法通融辦理毋使茶商受累各
節本署大臣查此項茶葉先經各該稅關驗茶委員驗過比較例定
茶辦實在質地太劣色味不佳遂令扣留不准發銷各茶商不服即
援本例第六款赴紐約總估價委員處控告旋經批駁仍照原議辦
理第六款內載所有茶葉一經復驗比較茶辦確係質地上上

外部說門來文

為照會事准

貴大臣於七月三十號函交舍路埠中華會館二十九號來電內稱該處
稅關執事人役並無官司票據擅入華名舖戶以查驗為名任意騷擾有
違約章請為查究等情當經本大臣咨行戶部大臣從速派員前往查
辦俟稟復到日即當知照須至照會者

右　照　會

大清欽差出使美日秘國大臣伍

光緒二十三年九月十三日
西一千八百九十七年十月八號

佳稅關即當取具茶商保單六個月內運出美境逾期不
焚燬等語該委員等按例辦事本部實無翻案之權亦不能另籌
辦法惟既經中國公使以華商受累為言自應變通將所定章續行增
脩並劄飭各口茶師齊集紐約妥議茶務再酌增廣東茶辦以便將
來而昭睦誼須至照者

致外部照會

大清欽差出使美日秘國大臣伍為照會事查據駐紮金山總領事官〻〻
稱華商運來美國之廣東茶葉疊被金山與各處海關扣留不准發銷自
西歷四月二十七日起至七月十六日止總共退回茶葉計有三千七百零四包之
多其自七月十六號以後退回包數尚未查確等情前來本大臣查自一千
八百九十七年三月二號茶葉進口新例批准之後關所有各種茶葉均由
戶部大臣妥定茶辦照式比驗惟廣東茶辦至今仍未定妥華商雖欲續辦
茶葉來美發銷既無茶辦可憑美國例章何准何禁無所適從進退維谷小
民生計愈形艱苦且稅關扣留之廣東茶葉大概係寓美華人自用其質
地之精粗氣味之佳否比諸中國別省辦來茶葉不甚懸殊所不同者只各
茶種類耳今戶部既不先定茶辦而各稅關竟以此藉口將運到之茶葉悉

數退回，貽累華商殊非淺鮮，大公之政似不如是。中美兩國貿易日增，往來無阻。此次廣東茶葉獨無定辦者，諒以入口之茶為數無多，銷場甚狹，祇供華人之用，而罕見於美國市場，諒非於中國各口運來茶葉顯分畛域，用特照會貴大臣轉咨户部大臣，請速設法妥定茶辦，務使華商知所趨向，於已經扣留之茶亦望通融辦理，庶茶商不致受累於前，而續辦茶葉又有把握，則商情既洽，交誼益敦。須至照會者。

右　照　會

大美外部說門

光緒二十三年九月初三日

西一千八百九十七年九月二十八號

致外部照會

大清欽差出使美日祕國大臣伍　為照會事。准

貴大臣九月十三日、十月八號照會，准署户部大臣咨文內開，金山等處海關扣留廣東華商運來茶葉一案，已札飭各茶師在紐約埠再行妥議茶務，當令迅速酌定廣東茶辦等因。户部大臣顧全友誼，體恤商艱，本大臣不勝銘感，即希

貴大臣代為致謝。至税關退回廣東茶葉一事，本大臣尚有所陳，亦請轉達户部另籌通融辦法。查一千八百九十七年三月二號批准茶例第三款內有凡運來美國之各種茶葉，其質地之精粗，銷用之合否，均當妥定茶辦，以照畫一一節。今廣東茶辦現猶未定，人所共知，則驗茶之員既無茶辦可憑，何能指出廣東茶葉確係格外粗劣不准發銷？本大臣測度當日情形，該員等必以廣東茶葉比較别種茶辦，以定優劣，不知茶之氣味濃淡不同，烘製之法亦異，苟執一

相衡指為粗劣公與不公不言而喻既無以服華商之心即不能箝天下之口本

大臣審之再三不得不再煩

貴大臣轉請戶部大臣另籌通融辦法准將扣留茶葉發還該華民等售

銷以舒商困而篤交誼是所切盼須至照會者

右　照　會

大美外部說門

光緒二十三年九月十六日

西一千八百九十七年十月十一號

外部說門來文

為照會前接准

貴大臣六月二十二號照會曾於八月二十號照復在案現接本國駐尼卡拉瓜公

使七月二十二號文稱華民周道瓚周振鵬在該國佈路飛埠被稅關查拿一

案近經該華民延請狀師上控總察院當可申雪等語相應知會

貴大臣請煩查照須至照會者

右　照　會

大清欽差出使美日秘國大臣伍

光緒二十三年九月十八日

西一千八百九十七年十月十三號

外部說門來文

為照會事查本衙門於二月二十五號照會前楊大臣以華民由美假道赴墨弊
叢生等情當准前楊大臣於二月二十七號照復在案現接署戶部大臣本月十一
號咨送委員斯篤克斯查辦實在情形相應抄錄原件知會
貴大臣請煩查照須至照會者 附送戶部來咨並委員斯篤克斯禀復各一件

右　照　會

大清欽差出使美日祕國大臣伍

光緒二十三年九月二十日
西一千八百九十七年十月十五號

副戶部司波勒頓致外部函 華九月十六日 西十月十一號

敬啓者一千八百九十四年三月十七號中美條約第三款准華人由美假道
赴墨西哥一節流弊滋多曾經疊次咨會並奉三月三號

來函詳諭一切矣頃據委員斯篤克斯上月二十四號來禀將假道弊端一
一指陳尚屬詳細並附來抄稿一件茲特照錄呈上即希
詧核為禱專此敬啓 附抄件

委員斯篤克斯上戶部禀 華八月二十八日 西九月二十四號

敬禀者竊委員前因華工由金山假道赴墨所開名單殊多錯漏實藉
口條約准享權利前往交界地方乘便潛入美境曾於上月廿六號禀報
在案旋奉本月八號部札飭令指實禀覆茲將稽查華人委員梅漢
五月十九號致本埠稅務司函錄呈鈞覽幷將該委員所指各案有案
員衙門卷牘可查者開列於後

計　開

張忠即丁正即蔡來一千八百九十六年七月六號在衣啓巴士埠人

西哥都城後在佛布里斯地方洗衣館傭工被拿經察員色士
劉龍即黄亞冈一千八百九十六年九月十七號在衣啓巴士埠經過本年四月
一號搭南太平洋大車西去被拿經察員色士頓於一千八百九十七年六月
十二號判回中國
黄亞八即梅華遂於一千八百九十六年七月八號在本埠經過前往志嗶嗶
地方一千八百九十七年五月十六號在本埠被拿六月二十六號判回中國
關夫又名鍾廣持有商人護照由墨來美經稽查委員布即指認係本年
五月三號在本埠經過之人後由稅務司飭令折回墨國
查由墨持照來美之人不知凡幾惟此項華人悉經稅務司飭令折回無庸
贅述
據稽查委員梅漢函稱有華人五名前在本埠經過往衣啓巴士埠詎料

不及十四日之久竟繞道復至交界與本埠隔河地方伺便潛渡等語查
前三個月內經察員判回中國之華人計有二十五名之多檢查案卷知該
華人等皆係偷渡過河而來除上開四名外餘均不能按單認人且被拿
之人永無承認單內姓名者而單內姓名又多錯漏則欲按單認人誠非
易事也上開四名人單相符確無疑義其餘有影相粘單者猶可辨認
無影相者則茫無把握若不明定章程令假道華人一概影相深恐無
憑指認且華人假道赴墨源源不絕稽查委員隔數月之久能認面貌
者百無一二而繞道入境者更難對認再四思維惟有勒令假道華人一律
影相尚可為補一二之策否則日甚一日更難稽察矣專此謹稟
委員梅漢致愛巴所稅務司函　華四月十八日　西五月十九號
敬啓者蒙詢華人假道赴墨潛入美境情形謹為據實

龍關夫黄丑八等四人均因潛入美境經本委員拿獲業已
中墨兩國本年正月二十八號有華人七名假道往墨國都城路過本埠
委員將七人異相一一詳誌不料至二月二號七人中已有兩人由墨國花些
埠竟出銀二百五十元求人帶入美境二月十四號有華人十名由墨國各
處地方行抵花些此十人中記有三人係於正月二十八號由美假道赴墨
者統計十四日之間七人中竟有五人繞道回至交界地方希圖潛入美境
矣關現有華人一百六十名在花些埠棲留意在潛入美境惟待時而動
再此華人由美假道赴墨潛入美境之實在情形也詳細縷陳即希
詧照專此敬啓

外部說門來文

為照復事准
貴大臣本月十一號照會因金山等處海口稅關扣留華商所運廣東茶不准
登岸等因頃接戶部十五號咨稱此案已飭知紐約總茶師於本禮拜內妥議
籌辦矣相應知會
貴大臣請煩查照須至照會者
右　照　會
大清欽差出使美日秘國大臣伍
光緒二十三年九月二十三日
西一千八百九十七年十月十八號

致外部照會

大清欽差出使美日秘國大臣伍　為照復事准
貴大臣本月十三號照會內開現接本國駐尼卡拉瓜公使上月二十二號文稱
華民周道瓚周振鵬在該國佈路飛埠被稅關查拿一案近經該華民延請
狀師上控總督說當可申雪等因合即知照請為照核等因准此本大臣查此
案經
貴大臣不辭瑣屑轉達
貴國駐尼公使力與爭辯卒使含冤僑庶申雪有期本大臣不勝感激相
應備文照復
貴大臣用伸謝悃希為查照可也須至照會者

右　照　會

大美外部說門

光緒二十三年九月二十四日
西一千八百九十七年十月十九號

致外部照會

大清欽差出使美日秘國大臣伍　為照復事准
貴大臣九月二十日十月十五號照會准署戶部大臣本月十一號咨開華人由美假道
赴墨西哥國弊竇叢生並抄送委員斯篤克斯來稟各一件等因前來
准此查華人應享假道之利益載在條約自本臣蒞任以來至今始聞
弊竇叢生之語事關重大自應澈底根究一俟戶部大臣籌有防弊章
程祈即見示合先奉復請煩查照須至照會者

右　照　會

大美外部說門

光緒二十三年九月二十四日
西一千八百九十七年十月十九號

致外部照會

大清欽差出使美日秘國大臣伍為照會事茲據煙甸省華商等稟
華人蔣森在煙甸省南麥亞李士打埠做三隆洗衣店生意被人戕害先
是八月初六日九月二號下午八點鐘時候尚有人見其出入照常及至次日下午有人入舖
見其尸橫戶內被人扭斷頸根斃命兇手脫逃舖內財物劫掠無遺地
方官竟不認真緝兇起贓懇為申雪等情並據屍親友等稟報前情
本大臣查蔣森被人謀財致斃情殊可憫地方官辦此案究竟有無
着落事關重大不能不澈底根查相應備文知照
貴大臣轉飭該地方官迅速緝兇究辦據實詳陳並希照復為荷須
至照會者
右照會
大美外部說門
光緒二十三年十月初二日
西一千八百九十七年十月廿七號

外部說門來文

為照復事接准
貴大臣十月二十七號來文內開寓居烟甸省開設三隆洗衣館華人蔣森於上
月二十三號被人謀斃該處華人稟懇前情并稱地方官並不認真緝兇起贓
請轉飭從速究結以申冤抑而安僑旅等因准此本大臣查烟甸省係歸內部
管轄當將
來文錄送內部大臣查核咨請轉飭究辦仍將辦理情形咨復本署應俟內
部復文到日再行知照合先照復
貴大臣請煩查照須至照會者
右照會
大清欽差出使美日秘國大臣伍
光緒二十三年十月初四日
西一千八百九十七年十月二十九號

外部說門來文

為照會事前准

貴大臣於九月三十號函交舍路埠中華會館二十九號來電當經本大臣於上月八號照復在案旋由戶部派員前往該埠查辦稅關人役是否違例擅入華民鋪戶以查驗為名肆行騷擾等情現經該委員查明稟覆咨送前來據稱稅關查驗華民有無冊紙分別去留原屬常例由來已久其合例者即將原紙給還本人使安生業若遇形迹可疑之人使須根究此次照常辦理並無騷擾情事且各鋪戶當時亦並無異言中華會館電稟各節或係匪徒恐以後稽查嚴密無可遁飾唆使揑報云云相應知會

貴大臣請煩查核須至照會者

右　照　會

大清欽差出使美日秘國大臣伍

光緒二十三年十月十八日

西一千八百九十七年十一月十二號

致外部照會

大清欽差出使美日秘國大臣伍為照會事照得寓居散沙化羅戶人稟請美國駐劄公使暨領事官保護一案曾由前楊大臣與

貴前大臣於一千八百九十六年間往返酌商妥籌辦法旋由該國政府允准經

貴前大臣於七月三號九月二十四號疊次照復在案茲接駐散華人稟稱美國新派駐散公使近已抵任應請咨行遇事照舊保護等情由中國駐紐約領事官代請照會前來據此相應備文照會

貴大臣請煩轉致新任駐散公使照案保護寓散華民俾身家財產咸獲安全不勝盼望為此照會須至照會者

右　照　會

大美外部說門

光緒二十三年十月二十八日

西一千八百九十七年十一月二十二號

致外部照會

大清欽差出使美日秘國大臣伍為照復事准
貴大臣十月廿五日 十一月十九號 照會並抄譯尼卡拉瓜國議院議定禁止華人入境條
例轉送前來備荷
貴大臣雅意關垂相應備文照復用申謝悃並希代謝
貴國駐敏拿瓜領事為盼須至照會者
右　照　會
大美外部說明
光緒二十三年十月二十八日
西一千八百九十七年十一月二十二號

外部說文來文

為照復事接准
貴大臣本月二十二號來文內開散沙化羅國寄寓華民向託貴國駐紮該國
公使領事保護茲聞貴國駐使領事均已易人應請咨行新使轉飭派駐山沙
威多埠領事官所有寓散華民一切事端務當照舊妥為照料等因准此本大
臣當即咨行轉飭一體遵照辦理合行照復即希
貴大臣詧照須至照會者
右　照　會
大清欽差出使美日秘國大臣伍
光緒二十三年十一月初三日
西一千八百九十七年十一月二十六號

外部説門來文
為照會事本月十三號准本國派駐瓜梯馬拉代辦公使文稱瓜梯馬拉國
於一千八百九十七年十月二十八號新立華人寓瓜章程並抄譯原件遞寄前來本
大臣准此事關華人生計理合照錄來文章程一併轉送
貴大臣請煩察核須至照會者 附原文譯件各一件
右　照　會
大清欽差出使美日祕國大臣伍
光緒二十三年十一月初六日
西一千八百九十七年十二月二十九號

美國駐瓜代辦公使蒲靈格勒咨美外部文 華十月十九日 西十一月十三號
為咨呈事近日瓜國政府訂立華人寓居該國章程由頒行之日起計限
六十日内所有寓瓜華人須齊赴都城報名註册倘不遵照辦理即行驅
逐出境本代辦查此項新章未免苛刻華人不能依限註册者為數
定當不少關其立例之由實因瓜國前有亂事需款孔亟寓瓜華商
未肯捐助故有此舉以示報怨之意合將原件抄譯備文呈請
大部察核為此咨呈須至咨呈者 附瓜國華人寓居章程譯稿一件

瓜梯馬拉國新定寄寓華人章程
一千八百九十六年正月二十五號本國業已明立例章禁止華人入境所有
現在寄寓華人亦應妥定章程以期一律兹將總統准立章程開列如左
第一款
自本日起限兩個月内所有現居本國華人須親身赴外部衙門報名
註册將本身姓名年歲相貌身材等項一一詳細報明兩個月
為限滿次不展限

第二款

註册之人應按例領客民執照由外部大臣給發

第三款

限期滿後所有華人若經官查問如不能將第二款所指執照呈驗

即行驅逐出境

第四款

例准寓居華人欲他往而復回者須赴外部衙門請領護照准否發給

任由該大臣查明辦理

第五款

凡請領護照必須備影相一紙粘貼護照角上照内須將册内所載本身

姓名年歲相貌身材等項一一抄列並註明准回本國字樣

第六款

不論由水由陸出境此項護照須交海口官員或管界官員收存换給

收条交本人收執俟本人回時查明人貌相符然後給還護照收回收条立

刻註銷

第七款

以上各款華人須一律遵守若敢故犯或陽奉陰違即將其人驅逐出境本國諸

色人等如有引帶或暗助華人入境者即按刑律從嚴懲辦官員犯禁除

按律懲辦外仍即革退

第八款

現定章程除分飭各海口及各管界官員一體遵照外仍行文通

飭認真辦理

外部説門來文

為照會事案照

貴大臣工月二十七號來文以華人蔣森被戕一案囑飭究辦經本大臣咨會内部轉行該省查究咨復並於二十九號照復矣茲接内部大臣本月二十三號來函將飭查烟甸省南馬卡列士打地方三隆洗衣館華人蔣森被殺全案詳情抄送原稟復請轉達前來本大臣相應抄錄内部來函暨查復原稟送交

貴大臣謹請查閲須至照會者

右　照　會

大清欽差出使美日秘國大臣伍

光緒二十三年十一月初六日

西一千八百九十七年十一月二十九號

美外部抄送内部大臣布理士咨外部文一件　華十月二十九日　西十一月二十三號

為咨會事案查華人蔣森即三隆前在烟甸省麥亞李士打埠被匪戕斃一案經本部將委員確查等情先行咨復　貴部在案茲據管理烟甸土人事務監督申報並將煙甸委員及美國刑務司格列地等稟件呈送前來相應抄錄原件咨請　貴部查照須至咨者　附抄件

管理烟甸土人事務監督唐納上内部大臣稟　華十月二十八日　西十一月二十二號

敬稟者昨奉　札開華人蔣森在烟甸省南麥亞李士打埠被匪戕斃一案經中國駐都公使於十月二十九號照會本國外部咨行轉飭查辦前來合亟札飭妥速查明稟復候核等因奉此當於十一月三號特派員查辦等情先行稟報在案茲接該委員威士頓十一月十六號來稟並將與美國刑務司格列地十一月八號十一號往來函稿錄呈前來理合照錄呈送

水案參核竊查律政部及本部屬員於此案究犯如

巡緝嚴密究訊詢屬不遺餘力且叠經研究毫無確
烟甸土人亦可概見矣肅此敬稟

烟甸委員威士頓復管理烟甸土人事務監督稟 華十月二十二日 西十一月十六號

敬稟者十一月三號接奉　札開南麥丘李士打地方匪徒於九月二號因財
戕斃華人蔣森一案經中國駐都公使以地方官並不認真緝究等情知
照外部咨會內部札行本監督轉飭查辦稟復等因札行到本委員
奉此當經遵照　札開事理於八號函商該處國家刑務司格列地詳詢
此案情節辦法旋於十一號接准復函委員再四詳察此案情形並非地
方官緝兇不力實因人証不齊湧無憑據幾同捕風捉影雖經明查暗
訪而犯蹤杳然緝捕亦無法可設其因案被拿之人亦並無烟甸土人在
內委員素悉格刑務司誠實可靠向來辦公不辭勞怨此案既經該刑務
司澈底根究委員似可無庸再查以免紛擾謹將委員與該刑務司來
往兩函抄錄一分敬呈　鈞鑒肅此具稟

烟甸委員威士頓致刑務司格列地函 華十月十四日 西十一月八號

逕啓者烟甸省南麥丘李士打地方匪徒戕斃華人蔣森即三隆一案頃奉管
理烟甸土人事務監督轉奉內部大臣札飭查明地方官曾否設法緝兇案
犯有無烟甸土人在內各節據實稟覆札行到本委員奉此合將全案文
件抄送貴刑務司查核即請　提集全案人証取具供詞並查明地方官曾
否設法緝兇以及事在何時犯係何人各節詳細查復為盼若需烟甸巡捕
差遣儘可隨時與捕頭商酌調用或需本委員親來辦理亦當迅即前赴
也專此敬啓

刑務司格列地復烟甸委員威士頓函 華十月十七日 西十一月十一號

逕复者前接本月八號來函以華人蔣森即三隆在烟甸〃
地方宣一千八百九十七年九月一號被匪戕斃一案抄送附件前來辱蒙
垂詢地方官曾否設法緝兇並願親來督辦足見貴委員辦事認真不勝
佩服本司查中國駐美公使所據華人稟稱地方官緝兇不力一節未盡的
確緣九月三號本司據黑人畏廉之妻供詞赴美國國家派駐本境審官㤫
提指控黑人阿奴勒等四名為案內兇犯經於九月七號提訊至九號審無
確據旋即釋放又於十四號副刑務司指控畏廉士等三人亦因審無確據
次第省釋兩次堂審所有證供均經國家律師悉心訊詰均無疑義雖
第二次堂審時該律師適因公出外未經到堂聽審亦無出入各地方官覓
線偵緝明查暗訪實屬不遺餘力通埠居民亦無故為袒庇不肯助犯
之事但此案實在情節實難盡悉誠覺茫無頭緒只得細心訪查務

期破獲而已全案供詞均存審官衙門如欲得閱其詳自可前往調閱查
蔣森在南麥亞李士打地方所居之屋前作衣館後作住房與黑人畏廉夫
婦之居只隔小巷相距約十英尺是日晚間七點半鐘有美國人莫立打到該
衣館收取衣服蔣尚生存至八點鐘時莫再往則見門已上鎖不得入徵聞
屋內有歎息之聲不以為意旋亦去之想即其斃命之時也據畏廉之妻
與伊姪女嘉利指控四黑人時供稱八點鐘前眼見該四人在蔣森屋後走
動未幾齊由後門闖入等語惟該四人供稱是時不在該處而在距一英里
半地方看演馬戲並有多人作證遂釋四人而科畏廉之妻以妄誓誣控之
罪後又有指控畏廉士等三人為此案正兇者亦以審無確據釋放兩次
拿獲之人地方官以為案犯必在其中奈毫無實據不得不概釋
森被戕至夜間十二點鐘時候始有人入舖見之其本夥
向土人在內合并聲明此奉　詢查复之實在情形也、
官以來地方官之查緝兇犯未有如此次之認真者倘
貴委員果欲前來督辦自當力為襄助一切也專此啟复

署外部愛地來文

為照復事案准

貴大臣上月三十號照會內開戶部委員湛布連在哥羅拉都省丹華埠值華人照常貿易之時率領巡差持械闖進華人房屋情勢行兇將華人悉數收拿

應請查辦等因准此本署大臣當將來文抄送戶部查核合先照復

貴大臣請煩查照須至照會者

右　照　會

大清欽差出使美日秘國大臣伍

光緒二十三年十一月初十日

西一千八百九十七年十二月三號

致外部照會

大清欽差出使美日秘國大臣伍為照會事照得近日哥羅拉都華埠華民美國官員虐待日甚一日疊經本大臣訪聞的確不忍坐視

特照會

貴大臣請以實在情形代陳於

大伯理璽天德之前迅賜辦法以安僑旅查前九月二十七日十月二十二號美國戶部委員名湛布連率同差役人等將華人羣聚貿易之所四面圍守並未奉有衙門憑票捏稱恐有未經註冊華工混雜其內藉詞搜查竟敢違例闖入華人房屋肆行暴虐逢人即拿無論老幼不分男女盡羅於網甚至安分良民名商巨賈亦在不免經該埠華商稟訴前來茲抄送來稟二件希賜察核可得其詳無庸贅述本大臣查一千八百八十年中

美條約載有華人應享美國律例所准之利益與待各國人最優者無
異一節又一千八百九十四年續訂條約不特敘明上節且添美國政府盡
用權力保護在美華人身命財產之語條約具有明文
貴大臣自所素悉今該埠華人遭此殘虐實為向來各國所無有保護
之責者斷不能置之不問本大臣聞滋事之由全在該各員而起想一經
大伯理璽天德查知究必派員查究從嚴懲辦以儆效尤
貴大臣如何辦理之處尚希賜復俾得轉呈本國政府也須至照會者
右　照　會
大美外部說門
光緒二十三年十一月初七日
西一千八百九十七年十一月三十號

丹華埠華商李榮相稟 九月二十八日 十月二十三號

為無辜華民被官殘虐有傷國體據實上陳事
湛布連今日率同差役串合王家律師無情無理並未奉有
之命令以查冊紙為名將闔埠華民無論男女除着名商醫數人外悉
數拘拿沿街驅逐形同押解充犯巨盜迨押到衙門聽官審斷除五
六人外其餘均有冊紙呈驗似此顯然無辜受累仍然下監俟王家
律師逐名驗過然後釋放此我華人受洋官殘虐之實在情形也
華人在本省被人欺侮不止一次似愈純善而受苦愈甚故不得不懇
請大人妥籌拯救之策勿失小民之望李榮相稟

致外部照會

大清欽差出使美日秘國大臣伍　為照復事准

貴大臣十一月二十九號照會內開頃接美國駐瓜地馬拉國公使咨送該國一千八百九十七年十月二十八號新訂限止華人寓居該國條例合行抄錄原件送請察閱等因准此

貴大臣系念邦交諸為關照本大臣披閱之餘不勝欣感除照錄轉達本國政府外相應照復

貴大臣用伸謝悃希即查照可也須至照會者

右　照　會

大美外部說　門

光緒二十三年十一月初九日

西一千八百九十七年十二月二號

致外部照會

大清欽差出使美日秘國大臣伍　為照復事准

貴大臣十一月二十九號照會內開寓煙甸省南麥亞李士打埠洗衣華人蔣森即三隆被人謀斃一案經內部大臣派員查辦去後茲據查明稟覆由內部大臣咨到案件照錄送請察核等因准此該處地方官嚴密緝兇不遺餘力本大臣披閱之餘殊深欣慰相應備文照復

貴大臣用表謝悃希即查照可也須至照會者

右　照　會

大美外部說　門

光緒二十三年十一月初九日

西一千八百九十七年十二月二號

外部說門來文

為照會事案查前准

貴大臣上月三十號照會以户部委員湛布連在丹華埠率差持械擅擾華民一案文請查究當經抄送户部核辦並先行照复

貴大臣在案茲准户部大臣本月七號咨稱此案業經札派現駐米蘇利省聖雷易士埠總辦委員滿甘摩利逐款確切查覆俟稟复到日再行核辦等因到

本大臣准此理合備文知照

貴大臣請煩查照須至照會者

右　照　會

大清欽差出使美日秘國大臣伍

光緒二十三年十一月十六日

西一千八百九十七年十二月九號

致外部照會

大清欽差出使美日秘國大臣伍為照會事頃接本國政府電開

大皇帝聞

貴國

大伯理璽天德之母逝世軫悼良深欽奉

上諭著即傳旨慰唁欽此欽遵轉電前來本大臣奉此相應恭錄電文請

貴大臣轉達

大伯理璽天德為此照會

貴大臣煩為查照施行須至照會者

右　照　會

大美外部說門

光緒二十三年十一月二十五日

西一千八百九十七年十二月十八號

致外部照會

大清欽差出使美日秘國大臣伍爲照會事照得華人譚陵
因事回華近日復來美國被馬龍埠稅務司禁阻勒令折回因延狀師
代爲伸理兹接該狀師來稟詳述譚陵被阻情形相應抄録原件轉送
貴大臣察核本大臣查該華人來美進境委無假冒情事衹因與例章
稍有不符是屬細故今被馬龍埠稅關與户部人員禁阻勒令折回雖
不使領照咎由自取然久留照紙實在爲稅關所累想美國政府立
華人來美之禁斷無殃及無辜使善良之人家財不保之理請煩
貴大臣轉咨户部大臣如果該狀師所陳各節的確屬實即飭稅務
司仍准譚陵進境以昭公允須至照會者

右 照 會

大美外部説門
光緒二十三年十一月二十九日
西一千八百九十七年十二月二十二號
律師格魯伯 來稟 華十一月廿八日
波志仁 西十二月廿一號
兹有華人譚陵於一千八百九十六年十月二十六號以前在紐約省
布碌崙埠居住於一千八百九十七年十月二十六號因欲回華遂抵
約欵持有居住執照以及一千元債項股份等憑據赴紐約埠稅
關請領旋美執照將所持執照交付稅關收存旋即往馬龍埠因
所需執照係在該埠稅關給發也迨至該埠後該處稅關人員量
度其身之長短並不寫令待執照到手然後出境伊輕信大東公
司人言不待領照竟出美境速回中國意以爲執照自然
待至今年四月七號紐約稅關方以執照寄

税關人員以本人應先領照然後出境既是無
按照户部章程以及中美條約美國税關不應將其居住執
此項執照換約應歸出境之口收存譚陵適託某等代爲伸理某等呈
稟户部請准入境不料被户部駁回查譚陵未領執照竟行出境雖屬
糊塗而美國税關人員久留其照紙於不應留之處辦公亦非認真
兹譚陵之財産全在美國亦有幼子在此衣食賴之若勒令折回中國
使子財俱失情殊可憫用特稟請大人妥爲設法令得回美爲盼現時
譚陵在滿地可埠稍候於此數月之久若無好音則不得不回中國其
照紙等件已呈送户部查驗至今仍未發回合併附陳

外部説門來文
爲照復事前准
貴大臣本月十八號照會内開
大伯理璽天德之母逝世傳奉
大清國
大皇帝溫詞慰唁等因准此本大臣當即敬謹傳達
貴國
大皇帝諭旨本國
大伯理璽天德拜聆之下感激殊深已令本國駐華使臣敬爲代謝以答
大皇帝垂念殷拳之至意相應照復
貴大臣請煩察照須至照會者
右 照 會
大清欽差出使美日秘國大臣伍
光緒二十三年十一月二十九日
西一千八百九十七年十二月二十二號

外部說門來文

為照會事前准

貴大臣上月三十號照會內開戶部委員湛布連在哥羅拉都省丹華埠於

十月二十二號率同差役攪擾等因，迭經本大臣先後照復在案。頃准戶部本月十

八號來咨，轉送湛布連本月九號復稟一紙，據稱該員並無率同差役騷擾華

民情事，相應抄錄原件照會

貴大臣請煩查照，須至照會者。附抄件

右　　照　　會

大清欽差出使美日祕國大臣伍

光緒二十三年十一月三十日

西一千八百九十七年十二月二十三號

戶部委員湛布連復稟　華十一月十六日　西十二月九號

敬稟者，昨蒙垂詢本委員於十月二十二號前往丹華埠稽查違例華人，

有率差騷擾情事，飭令據實稟復。本委員前抵丹華，即往捕房查詢

有無違例華人逗留本埠，並請總捕派差幫同查辦，旋經總捕准照辦

理。本委員即分飭巡差前往華人洗衣館拘傳各工，令携帶冊紙齊到

衙門，候國家察員及國家律師會驗。其有冊紙者立即釋放，無者勒

令取具五百元保單候審，並無騷擾情事，衆華工當時亦無異言。本委

員終日在衙門聽審，固未率同各巡差出拿，亦未令各巡差開勢恫

喝，只囑轉飭各華工携帶冊紙齊集衙門候驗而已。當時既不見有凌

虐華人之事，事後亦不聞有巡差騷擾之言，誣捏無疑，似不足信。本委

員在丹華稽查違例在美華人，並非創舉，前在聖雷易士邑

此辦法，當時曾經稟報戶部，未聞以騷擾被控者。

以上所陳各節，當經湛布連對官矢誓，由官簽名。

外部說門來文

為照復事接准

貴大臣本月二十二號照會內開華人譚淩被紐約省馬龍埠稅關阻攔不得

復入美境應請咨行戶部速飭放行等因准此本大臣當將

來文抄錄轉咨戶部大臣察核酌量辦理合先照復

貴大臣請煩查照須至照會者

右　照　會

大清欽差出使美日秘國大臣伍

光緒二十三年十二月初四日

西一千八百九十七年十二月二十七號

外部說門來文

為照會事案查前准

貴大臣上月二十二日來文以華工譚淩在紐約省馬龍埠稅關被阻請咨戶

部飭令放行當經本大臣咨行戶部酌辦並經照復在案茲准戶部大臣

上月三十號咨稱查得該華工前在紐約省布碌崙埠居住於一千八百九十六年

十月間未領執照擅出美境回華與中美條約第十二款所載華工出入美境

新章不符又按律政大臣一千八百九十六年十月四號批詞有凡華工不照中美

條約先領執照始行出境者戶部大臣不得飭關准其復入等語該華工入境

之事礙難照行來咨附抄律師格魯伯波仁治等致中國公使一函亦經閱

悉已將不便照准等情另行飭知等因到本大臣准此相應據實照會

貴大臣請煩查照須至照會者

右　照　會

大清欽差出使美日秘國大臣伍

光緒二十三年十二月十二日

西一千八百九十八年正月四號

致外部照會

大清欽差出使美日秘國大臣伍爲照會事案照哥羅拉都省
華民被官凌虐一案經本大臣於十月二十二號知照究辦在案茲准
貴大臣上月二十三號覆文將户部委員湛布連所呈親供一件抄送前來本
大臣查核委員所供於本大臣詰問各端並未切實聲覆只將並無率差凌
虐等詞敷衍一片語意含糊迹近搪塞已可概見至華民被官凌虐實在
情形本大臣前次照會業已詳述想亦無煩再贅然本大臣切念商艱顧全
睦誼實有不得不言者該埠行例官員不遵律例不先曉諭突將華民
聚居之所四面兜圍闖進房屋無分男婦老幼逢人即拿得脱者寥寥無
幾悉數押赴公堂聽湛布連審問此等情形據該委員親供亦非不認惟
以並無凌虐一語了之似此辦法實屬顯違條約

貴大臣諒亦知之該委員係由户部特派户部大臣諒亦知之不待本大臣
再三詳説也此等弊端若不速申嚴禁恐該委員及户部各委員從此到
處騷擾使我華民寢食不安受累無已溯自註册例行以來本大臣督同
領事各官多方曉導寓美華工皆令一律遵例註册今禁令加嚴本大臣亦
未使稍爲爭駁特是嚴行禁令之中仍須寓安輯僑民之意萬不宜使華民
無辜受累相待之處竟較他國人民大相逕庭則本大臣所始終注意者也爲
此再行照會
貴大臣察照務望轉咨嚴飭户部各委員毋得再蹈丹華埠故轍是爲至要
並希見復不勝翹盼之至須至照會者
右　照　會
大美外部説文
光緒二十三年十二月十二日
西一千八百九十八年正月四號

外部說文来文

為照會事案照華人蔣森在烟甸省南麥丑李士打埠被匪戕斃一

本大臣將查訊情形照復

貴大臣在案茲於本月三號准律政部大臣洛據該省國家律師衛勤勤於上

月二十號將該地方官緝兇情形詳細稟陳並將原件抄送前來本大臣准此

相應照錄原稟轉送

貴大臣請煩查照須至照會者

右　照　會

大清欽差出使美日秘國大臣伍

光緒二十三年十二月十四日

西一千八百九十八年正月六號

外部說門來文

為照復事戶部委員湛布連前在哥羅拉都省丹華埠委〻

擾華民一案疊經照復在案茲又准

貴大臣本月四號照會當經抄送戶部大臣詧核應俟咨復到日再行知會

合行照復

貴大臣請煩查照須至照會者

右　照　會

大清欽差出使美日秘國大臣伍

光緒二十三年十二月十五日

西一千八百九十八年正月七號

外部說門來文

為照會事案查前准

貴大臣本月四號照會以前戶部委員湛布連在哥羅拉都省丹華埠率差持械往查華人致滋騷擾再請確查前來當經抄錄來文咨送戶部核辦並經照复在案茲准戶部大臣本月十三號咨稱此案情節曾經取具湛前委員供稟原委詳晰毋庸再查至傳集華人到堂查訊是否違例在美及應否觧回本國一節美國官員自能體察情形照例辦理尤可不必過慮等因到本大臣准此合亟照會

貴大臣請煩查照須至照會者

右　照　會

大清欽差出使美日秘國大臣伍

光緒二十三年十二月二十七日

西一千八百九十八年正月十九號

光緒二十四年正月二十九日

九

应存

庶

咨

十月二十日收

欽差全權大臣太子太傅文華殿大學士北洋大臣直隸總督部堂一等肅毅伯李　為

咨明事據東海關道李希杰呈稱光緒二十六年十月二十二日准美國領事官易海利函送護照一紙內開茲有本國教士棱約翰赴山東省地方游歷請蓋用印信等因到關准此除將執照蓋印送還給執外理合具文申報查核俯賜轉咨

總理衙門查考寔為公便等情到本閣爵大臣督部堂據此相應咨明

貴衙門請煩查照須至咨者

右　咨

欽命總理各國事務衙門

光緒　二十　日

一〇

逕復者本月二十二接准

來函送到

貴國

御賜本館前參贊哲士實星及執照一紙請為轉交祗領等因本署大臣甚樂照所請已將寶星一座及所送執照交哲參贊祗領訖哲參贊茲請為代謝

貴親王並請

貴親王將其感激之情代為入奏謝

恩本館人員蒙

貴國如此重視優待本署大臣寔深心感甚望兩國睦誼歷久不渝也特此泐復即頌

爵祺　附送洋文

名另具　五月二十五日

第六號二月初三日收

咨呈

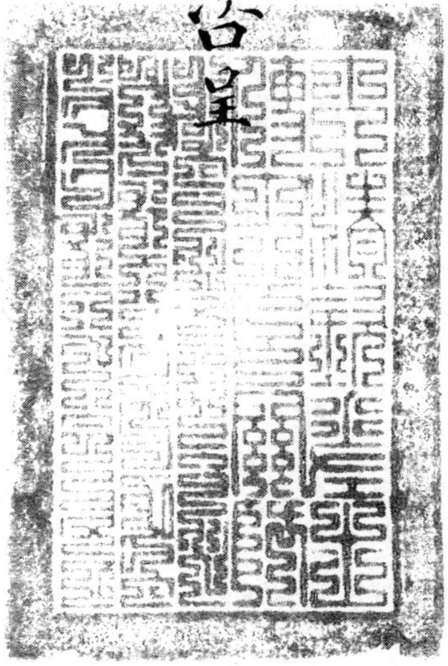

欽差出使美日秘國大臣伍　為

咨呈事竊據駐美使署隨員廣西試用縣丞馮肇基稟稱竊隨員於光緒

二十二年十一月初一日蒙奏調出洋二十三年三月二十八日到差連閏計至二十

六年二月二十八日三年期滿蒙批令暫留原差是年六月初三日接到家信

親母潘氏患病請假回籍省親蒙批准在案即日起程不料於七月十三日行

抵香港接到家信親母潘氏於本年六月十四日在籍病故隨員係屬親子
例應丁憂當即奔喪回籍於七月十四日到籍守制現在料理喪葬事畢並
無揑喪過繼等項違礙情弊在美亦無經手未完事件理合稟請銷差守
制茲備具親供並將到籍日期呈報察核俯賜轉咨備案等情據此查該
隨員出洋當差請假省親途次聞訃丁憂懇請銷差守制自應照准除批行
外理合取具親供備文咨呈
貴部謹請察照並轉咨
吏部備案須至咨呈者

附親供二分

右　咨　呈

欽命外務部

光緒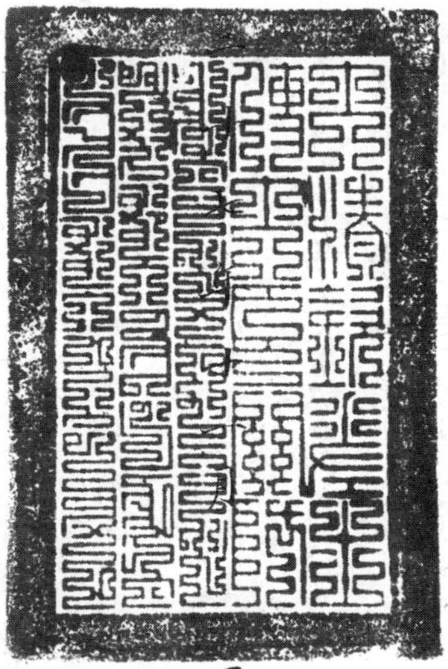二十九年十月二十九日

附件

丁憂駐美使署隨員指分廣西試用縣丞馮肇基為敬具親供事竊卑職現年三十七歲係廣東廣州府番禺縣人於光緒十年十二月由俊秀在廣東
海防捐輸局遵例報捐十成監生十一年十二月十六日蒙
户部核准給發執照二十年六月二十九日遵新海防例在福建臺灣鐵路捐案內報捐縣丞不論雙單月分發省分試用二十一年九月初十日蒙
户部核准給發執照二十二年十一月初一日蒙
欽差出使美日秘國大臣伍　奏調出洋十一月十六日遵新海防例在
部庫加捐指省廣西試用二十日蒙
户部核准給發執照二十三年三月二十八日到差蒙
欽差出使美日秘國大臣伍　派充金山總領事署學習隨員二十四年十一月初一日蒙
欽差出使美日秘國大臣伍　擢升金山總領事署隨員十二月十九日蒙
欽差出使美日秘國大臣伍　調充駐美使署隨員自光緒二十三年三月二十八日到差之日起連閏扣至光緒二十六年二月二十八日止三年期滿蒙
欽差出使美日秘國大臣伍　飭令暫留原差是年六月初三日請假回籍省親蒙
欽差出使美日秘國大臣伍　批准在案即日起程七月十三日行抵香港接到家信親母潘氏於本年六月十四日在籍病故卑職係屬親子例應丁憂當即
奔喪回籍茲於七月十四日到籍守制並無捏喪過繼等情所具親供是實

曾祖父燮元歿　祖父棟材歿　父騰光歿
曾祖母黎氏歿　祖母翦氏歿　母潘氏歿
庶曾祖母黄氏歿

光緒貳拾陸年閏捌月　貳拾肆　日馮肇基具

一二

逕復者昨准
貴大臣來函以奉
命補授外務部尚書會辦大臣擬於本月初四日兩點鐘來館拜
晤等因本大臣是日在館拱候屆時即希
貴臨是荷此復即頌
日祉
名另具 十二月初三日

一三

天六四九

照會

大亞美理駕合衆國欽命駐劄中華便宜行事全權大臣康　　爲

照復事本月初十日連准

貴親王照會一係本月初七日奉

旨各國使臣於十八日未初刻會同

覲見各國使臣夫人着於二十三日未初刻
覲見一係初九日奉
旨各國使臣
覲見日期着改於十九日未初刻欽此等因本大臣恭閱詳
繹兩次
諭旨均係優待使臣與使臣夫人之意自應謹於各日如
時入
覲相應照復

貴親王查照可也須至照會者 附送洋文

右　照　會

大清欽命全權大臣便宜行事總理外務部事務和碩慶親王

一千九百二年正月貳拾日

光緒貳拾柒年拾貳月拾壹日

LEGATION OF THE UNITED STATES OF AMERICA TO CHINA

附件

F.O. No.

LEGATION OF THE UNITED STATES OF AMERICA,
PEKIN, CHINA.

Jan'y. 26th. 1902.

Your Highness:-

I have the honor to acknowledge the receipt on yesterday of two despatches from Your Highness, the one fixing the date of the audience to the Diplomatic Corps for Jan'y.27th. at one o'clk P.M. and that to the ladies of the Legations for Feb'y. 1st. at one o'clk P.M., and the second changing the date of the audience to the Diplomatic Corps to Jan'y. 28th.

I have taken due note of the contents of the two despatches and have to reply that I shall do myself the honor to accept the gracious invitation of His Majesty and that the ladies of this legation esteem it a great favor to be permitted to have an audience with Her Majesty, the Empress Dowager.

I avail myself of this occasion to renew to Your Highness the assurance of my highest consideration.

Envoy Extraordinary and
Minister Plenipotentiary of
the United States.

To His Highness, Prince of Ch'ing,
President of the Board of Foreign Affairs.

一四

行

咨

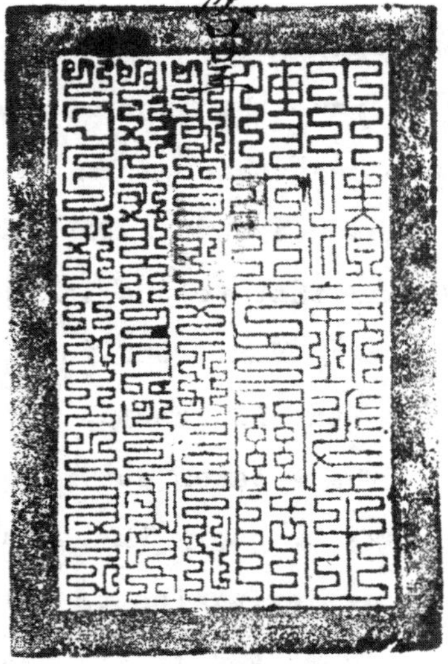

欽差出使美日秘國大臣伍　為

咨呈事竊據金山總領事詳稱前金山岡州會館董事李舉人敦呈稱竊

舉人自光緒二十五年七月奉　照來美接充金山岡州會館董事至本年十

一月初一日期滿受代現准於是月二十七日由金山起程回華進京會試查得

前年舉人初到金山接充董事之時曾經稟蒙使憲咨部在案此次事竣

回華進京應試仍請使憲分别咨報以符定例爲此具呈乞賜轉詳使憲察核

施行等情據此理合備文詳請憲台察核俯賜准咨

外務部轉咨

禮部備案施行等情據此除批發外理合備文咨呈

貴部謹請察照轉咨

禮部備案須至咨呈者

右洛呈

欽命外務部

光緒二十六年十二月十八日

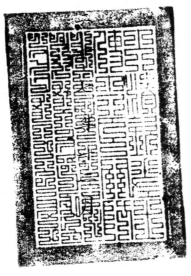

一五

逕啟者，本館
康夫人明日
覲見，於隨同
皇太后進入內殿時，因未諳法言，亦無人傳譯英語，茲請
貴大臣派一熟諳英語之中國人，代為繙譯，以期無誤對答可也。特
此泐布，即頌
時祉

名另具 正月十九日

一六

逕復者，日昨捧讀

貴大人惠翰，以終南樓觀臺碑全分，請爲轉贈羅先生，

茲已代爲送交，不惟敝友感叨

盛誼，即敝衆贊亦欣忭無涯。特此函復鳴謝，順頌

時祺。

名另具 正月二十九日

衛理

一七

逕啟者、茲有奉懇一事、本館 康夫人於初五日所請公主福晉格格太太姑娘各位、並昨晚續允來赴午席之數位福晉、未能分別安坐次序、請

貴大人用華文將坐位次序按位列明、又 康夫人是日欲請在坐諸位照像、未悉各位願否、如願照允、自當預囑照像人具結、惟將照妥之像、裝配玻璃盒送來、不准其將此照像另行照賣與人、並請

貴大人代爲探聽願否，以便照辦。玆將昨日所備帖奉請之諸
位另單開列，請即與續允來之數位，列明坐位次序可也。特此奉
布，即請
貴大人查照，順頌
日祉。附單
名另具　二月初二日

附件

榮壽公主
順王福晉
慶親王之三格格
慶親王之四格格
恭親王之小二格
元大太太
廣大老爺之俊姑娘

一八

逕啟者，日昨康夫人接有
榮壽公主與
各位福晉側福晉格格夫人來柬，於二月十六日兩點鐘，在大公主
府第約請康夫人及前次在館奉陪之各太太姑娘等，前往宴會。
是日惟藍女醫士回國在即，未能陪坐，餘俱屆時前往。如須譯
語之人，現有何太太頗為熟諳，擬請本大臣轉為一詢，願否續邀
何太太陪坐示悉等因，相應函請
貴大臣查照，希即
枉駕前往代詢，是荷。此泐，即頌
日祉。

名另具 二月十三日

二月廿五

呈

照會

大亞美理駕合衆國欽命駐劄中華便宜行事全權大臣康　為

照會事本大臣茲訂於二月二十七日　公出前往上

海所有本館一切交涉事件擬交二等參贊邊必濟

暫為署理如遇有何要事隨時可以與本大臣電報

往來即請

貴王大臣於該參贊有時赴

貴部晤商事件務希襄助辦理優為接待可也須至照
會者 附送洋文

右 照 會

大清欽命全權大臣便宜行事總理外務部事務和碩慶親王

一千九百二年肆月初叁日
光緒貳拾捌年貳月貳拾伍日

二〇

逕啟者，昨接
貴部來函，内稱，蒙
皇太后頒賞康柏克氏夫人鮮花兩筐，當已祇領，兹有康柏克氏心懷
感激，敬呈所獻微物及謝詞云，所領香艷之花，極爲珍視，非惟珍
此異品，深荷蒙斯
優寵，感激彌增，緣敬獻異香露水一匣，並呈前蒙

皇太后二月十六日頒賜之黑獅子小犬形杖者各一紙合觀各片其形
勢殊為畢肖此犬頗有靈性最喜依人撫弄決無畏怖闔家均甚悦
之所有至誠欣謝之意惟願得蒙
慈鑒並祝
慈體康健
福壽無疆云合將康拍克氏感謝情詞及微物附函佈請

貴親王查照，即希代爲入
奏轉呈是荷。順頌
爵祺。附送洋文及康 拍克氏洋函
名另具 三月二十四日

康格

二一

逕啟者，昨接
貴親王照會，以奉
旨康大臣帶領聶提督於本月十九日十一點鐘
覲見，請先行開送入
覲員名並所致之詞，以便具奏等因。茲將所致之詞及各員名單開
送，即希
貴親王查照可也。再者，是日
大皇帝
答敕亦希先期抄閱，以便臨時易於明曉。特此，即頌
爵祺。

名另具　五月十七日

和會司

呈爲照會事光緒二十八年六月初八日本部奏請

簡派駐劄出使大美国 大日国 大秘国

貴國出使大臣本日奉

上諭記名簡放道梁誠著賞給三品卿銜派充出使

大臣欽此相應恭錄

諭旨照會

貴署大臣欽遵轉達

貴國外部可也須至照會者

美康使

日賈署使

光緒二十八年六月 日

二三

逕啟者，茲有本國欽差總理散魯伊斯博覽會事務前墨西哥府南北兩美會議大臣及出使暹羅國欽差巴禮德來京，擬訂於明日四點半鐘赴部拜謁

貴中堂大人，屆時希

諸位在部少候，以便本大臣偕同前往是荷。此泐，即頌

日祉

名另具 六月十八日

二四

逕啟者茲有本國外部人員腓必思來電稱準於本日來京擬
明日赴
萬壽山瞻仰後天即便起身而旋等因請詢
貴大臣能否給一前往瞻仰執照於本日送來俾其得擴眼界
如今日趕辦不及則請不必費心矣特此奉布即頌
日祉
名另具　六月二十四日

康格

二五

逕啟者，日昨本大臣偕同巴欽差及隨員等前往

萬壽山瞻仰，甚承該管官員優待，並聞由

貴親王備有杯樽果點，當已叨領

盛情，殊深欣感，兹特專函鳴謝，並希將感謝該管官員

之意轉爲達知，是荷。此泐，即頌

爵祺

名另具。六月二十四日

逕啟者茲有巴欽差奉送所映照

貴親王及

諸位中堂大人相片計共八分請爲分送相應函送

貴部查收即希按照所列每位一分代爲轉送可也特此泐布

即頌

日祉

外附照相八分

名另具　六月二十八日

二七

附片

造報光緒二十八年夏季分各國洋人遊歷執照册

謹將廣東省光緒二十八年四月初一日起截至六月底止英德法
美日本各國洋人請給遊歷印照繕列清冊咨送
查核
計開
一英國第六百二十六號護照一紙給香港庫務處司員美壐往廣
東省各地方遊歷 光緒二十八年四月初六日給
一英國第六百二十七號護照一紙給英商馬親宏即馬文祥往廣
東廣西省各地方遊歷 光緒二十八年四月十七日給

一英國第六百二十八號護照一紙給英人伊錫往廣東廣西兩省地方遊歷光緒二十八年五月十五日給

一英國第六百二十九號護照一紙給英人侯案特往廣東廣西兩省地方遊歷光緒二十八年五月二十六日給

一英國第六百三十號護照一紙給英商雅里達往廣東省地方遊歷光緒二十八年六月初五日給

一英國第六百三十一號護照一紙給英國港員何東夫婦往廣東廣西省地方遊歷光緒二十八年六月十二日給

一德國第五百四十一號護照一紙給德教士藏永和往廣東省各地方遊歷光緒二十八年六月十七日給

一德國第五百四十二號護照一紙給德國總教士郭宜堅往廣東省各地方遊歷光緒二十八年六月二十六日給

一法國第六十一號護照一紙給法籍人饒清泉往廣東省各地方遊歷光緒二十八年五月十二日給

一法國第六十三號護照一紙給法籍人管漢田原籍嘉應州光緒二十八年六月初三日給

一法國第六十四號護照一紙給法籍民管鈞生囬原籍嘉應州光緒二十八年六月初三日給

一法國第六十五號護照一紙給法籍民葉阿品囬原籍嘉應州光緒二十八年六月初三日給

一法國第六十六號護照一紙給法商郎古理往廣西省地方遊歷光緒二十八年六月十三日給

一法國第六十七號護照一紙給法商哥基路往廣西省地方遊歷光緒二十八年六月十三日給

一法國第六十八號護照一紙給越南議政局員翁豐和囬原籍海陽縣光緒二十八年六月二十八日給

一美國第六十五號護照一紙給美國人利化路往廣東廣西雲南三省地方遊歷光緒二十八年四月初九日給

一美國第六十六號護照一紙給美國人喀爾理往廣東廣西雲南等省地方遊歷光緒二十八年四月十五日給

一美國第六十七號護照一紙給區格非牧師往廣東廣西雲南等省地方遊歷光緒二十八年四月十六日給

一美國第六十八號護照一紙給匾師奶等往廣東廣西雲南等省
地方遊歷光緒二十八年四月十六日給

一美國第六十九號護照一紙給李桐恩往廣東廣西雲南等省
地方遊歷光緒二十八年四月十六日給

一美國第七十號護照一紙給美國長老教會賴女醫士往廣東廣
西雲南等省地方遊歷光緒二十八年四月二十一日給

一美國第七十一號護照一紙給美國人東女醫士往廣東廣西
雲南等省地方遊歷光緒二十八年四月二十二日給

一美國第七十二號護照一紙給美牧師金恩賜往廣東廣西雲
南等省地方遊歷光緒二十八年四月二十六日給

一美國第七十三號護照一紙給美牧師郗信德携眷往廣東廣
西雲南等省地方遊歷光緒二十八年四月二十六日給

一美國第七十四號護照一紙給美牧師師雅谷携眷往廣東廣
西雲南等省地方遊歷光緒二十八年四月二十六日給

一美國第七十五號護照一紙給美國人李福恩往廣東廣西雲南
等省地方遊歷光緒二十八年五月初八日給

一美國第七十六號護照一紙給美國人威林牧師往廣東廣西雲南等省地方遊歷光緒二十八年五月初九日給

一美國第七十七號護照一紙給美國人汪維馨牧師往廣東廣西雲南等省地方遊歷光緒二十八年五月十四日給

一美國第七十八號護照一紙給美國人汪師奶往廣東廣西雲南等省地方遊歷光緒二十八年五月十四日給

一美國第七十九號護照一紙給美牧師何約翰往廣東廣西雲南等省地方遊歷光緒二十八年五月二十五日給

一美國第八十號護照一紙給美國人烈雅弟牧師往廣東廣西雲南等省地方遊歷光緒二十八年五月二十五日給

一美國第八十一號護照一紙給美國人黃華恢往廣東廣西雲南等省地方遊歷光緒二十八年六月初三日給

一美國第八十二號護照一紙給美籍人王禮往廣東廣西雲南等省地方遊歷光緒二十八年六月初三日給

一美國第八十三號護照一紙給美國人哈利士寬往廣東廣西雲南等省地方遊歷光緒二十八年六月十四日給

一美國第八十四號護照一紙給美國人戴模宜往廣東廣西雲南等省地方遊歷光緒二十八年六月二十二日給

一美國第八十五號護照一紙給美國人劉惠士往廣東廣西雲南等省地方遊歷光緒二十八年六月二十二日給

一美國第八十六號護照一紙給劉師奶往廣東廣西雲南等省地方遊歷光緒二十八年六月二十二日給

一美國第八十七號護照一紙給美牧師易蔚士往廣東廣西雲南等省地方遊歷光緒二十八年六月二十六日給

一美國第八十八號護照一紙給易師奶往廣東廣西雲南等省地方遊歷光緒二十八年六月二十六日給

一美國第八十九號護照一紙給美國人丹信誠醫生往廣東廣西雲南等省地方遊歷光緒二十八年六月二十七日給

以上各護照係由駐廣州口岸各國領事送由本部堂衙門蓋印送回給執合註明

一德國第三十號護照一紙給德教士梅溫和往廣東省各地方遊歷光緒二十八年四月初七日給

一德國第三十一號護照一紙給德教士戴約翰往廣東地省各地方遊歷光緒二十八年五月十日給

一德國第三十二號護照一紙給德教士淩廷梅往廣東省各地方遊歷光緒二十八年五月二十日給

一德國第三十三號護照一紙給德教士祭真往廣東省各地方遊歷光緒二十八年六月十日給

以上各護照係由駐汕頭口岸德國領事送由本部堂衙門蓋印送回給執合註明

一日本國第二號護照一紙給紳士平岡八郎往廣西省地方遊歷光緒二十八年五月十日給

一日本國第四號護照一紙給日本人勝間田善作由廣東到海南全島遊歷光緒二十八年五月二十一日給

一日本國第五號護照一紙給日本人松田長吉由廣東到海南全島遊歷光緒二十八年五月二十一日給

一日本國第六號護照一紙給日本紳士平岡八郎之代理人松岡好一往廣東廣西省地方遊歷光緒二十八年五月二十六日給

一日本國第七號護照一紙給日本人原口聞一往廣東省地方遊歷光緒二十八年六月初三日給

以上各護照係由駐香港日本領事送由本部堂蓋印送回給執合註明

一英國第二十三號護照一紙給英國籍民李興和往廣東福建兩省地方遊歷光緒二十八年四月二十三日給

一英國第二十四號護照一紙給英國籍民東南松往廣東福建兩省地方遊歷光緒二十八年四月二十三日給

以上各護照係由駐潮州口岸英國領事送由惠潮嘉道蓋印送回給執據該道呈報到院合註明

二八

逕啟者，茲有隨同本國新任固參贊來華之二人，一係該參贊之兄，現充本國大學堂教習，一係該參贊之友，同擬於初九日前往萬壽山瞻仰，是日有無導引人員可以隨便，惟希貴親王先期知會該處管理官員，以便屆時無阻，允其進入瞻仰，是荷。特布，即希示復。並頌

爵祺

名另具 七月初六日

二九

逕啟者本館康夫人擬於本月二十九日偕同二女客前往
萬壽山瞻仰請轉請先期知照等因相應請
貴王大臣查照希即先期知照該處管理人員屆期無阻仍不
必派導引人員可也特布即頌
日祉
名另具 七月二十七日

三〇

逕啟者，適接美國外部來函，送到美國
先伯理璽天德麥精力之后信函一件，係欲致謝
貴國
大皇帝於
先伯理璽天德舉行安塟日，致送花冠等因，相應將原函備函附送
恭請
貴親王轉為循例進
呈可也。特此，即頌
爵祺。附洋文並原函
名另具 八月十六日

附件一

F. O. No. 435.

LEGATION OF THE UNITED STATES OF AMERICA,
PEKIN, CHINA.

September 17th, 1902.

Your Highness:

I have the honor to inform Your Highness that I have just received a letter from the Department of State at Washington, inclosing a letter addressed by Mrs. McKinley to the Emperor of China, thanking His Majesty for the flowers sent on the occasion of the funeral of President McKinley.

I respectfully request Your Highness to kindly have it properly transmitted to its high destination.

I avail myself of this occasion to renew to Your Highness the assurance of my cordial esteem.

Envoy Extraordinary and
Minister Plenipotentiary of the
United States of America.

To His Highness, Prince of Ch'ing,
President of the Board of Foreign Affairs.

附件二

Canton, Ohio.

Mrs. McKinley
and the members of the late
President's family gratefully
acknowledge your sympathy
with them in their bereavement
so tenderly expressed by your
beautiful tribute of flowers on
the occasion of his funeral.

His Imperial Majesty,
The Emperor of China,
Pekin, China.

三一

敬啟者前肅布美字第九十四號函諒邀
堂鑒八月初一日奉
鈞署僉電飭派員赴們達那必特礦務會等因查們達
那必特地方由美都派員前往須四日程該會八月
初四日竣事奉電後立即派員前往已後會期當即
面詢美外部並述奉到我政府派員之意據外部云
美為民主之國故於民間善會及各項商會凡有可
以贊助之事無不曲從即欲請各友邦派員赴會明

知道須亦不得不勉徇所請此等無關大局之會非
國家所措意派員與否儘可各從其便復經詳探各
國派員赴會者祇有墨西哥一國餘皆無聞似此情
形則中國不派專員亦非闕典前已撮要電復因電
文簡畧用特詳陳又八月初二日美總統往麥些朱
昔省赴約演説中途適遇電氣街車飛駛御者收韁
不及致馬車被碰傾轅折輻同車有參贊官及護衛
一人護衛受傷最重當即殞命總統及參贊仆墜車

下總統受有微傷，無甚損礙，仍踐約演說。廷芳聞報，即親詣外部，代我國政府慰問，以昭睦誼。以上各節，統乞代回邸堂列憲是荷。專此奉布，敬請勛祺。

伍廷芳頓首

光緒二十八年八月二十日

美字第九十五號

三二

逕啟者據本國女教士邊柔白司特爾稟欲赴直隸山東浙江三省地方
游歷請給執照等因茲繕就洋漢文合璧執照二張送請
貴王大臣查照希交順天府蓋印並希印訖送還以便發給收執
是荷此泐即頌
日祉 附照二張
名另具 九月初一日

三三

逕啟者適准
英國駐京大臣來函云有英國管帶兵丁提督軍門吉之夫人
擬於明日隨同入
覲請本領銜大臣轉請附入全單之内等因相應函達
貴親王查照希即附入單内續行
奏聞可也特此即頌

三四

帐

督發官

照會

大亞美理駕合衆國欽命駐劄中華便宜行事全權大臣康　為

照復事九月初三日准

貴親王照會以准北洋大臣文稱近據各州縣呈報時有不領護照洋人潛赴內地違背約章若如該大臣所稱各節設有疎虞轉多窒礙請轉飭游歷人等務遵約章請領護照等因查往游歷之美國人本大臣已早特囑其請領護照遇有中國官員欲驗護照即隨時呈驗想美國游歷之人定可信其必遵所囑辦理也相應照復

貴親王查照須至照會者　附送洋文

右　照　會

大清欽命全權大臣便宜行事總理外務部事務和碩慶親王

一千九百二年拾月初柒

光緒貳拾捌年玖月初陸

日

F.O. No. 431.

LEGATION OF THE UNITED STATES OF AMERICA.
PEKIN, CHINA.

October 7th. 1902

Your Highness:-

I have the honor to acknowledge the receipt of Your Highness' despatch of the 4th. inst.informing me that Your Highness had received a communication from the Superintendent of Trade for the North, reciting that Department and District Magistrates are constantly reporting to him that foreigners are travelling in the interior without passports, in violation of Treaty stipulations, and Your Highness fears that, if things be as reported, trouble may result, and Your Highness requests me to notify citizens of the United States to comply with the Treaties by securing passports, etc.

In reply I have the honor to say that all citizens of the United States, going into the interior, have been specially instructed to provide themselves with passports, to be at all time exhibited to the local officials,when demanded, and I believe are in all cases complying with these instructions.

I avail myself of this opportunity to renew to Your Highness the assurance of my most cordial esteem.

E. H. Conger
U.S. Minister.

To His Highness, Prince of Ch'ing,

President of the Board of Foreign Affairs.

三五

逕啟者、適接美國外務部於西八月十九日來文云、中國所派往

賀

英國主加冕大臣載貝子、於上禮拜由紐約回華、在本國不過盤桓

一二日、經

伯理璽天德、預派外部副大臣迎至、即愛蘭歪司特爾貝之避暑宮、

伯理璽天德親與筵宴、往還迎送、均派

伯理璽天德特用之輪船、副大臣勞爾思、並代
伯理璽天德於紐約頭等客棧、預備筵席、用饍後、復導往戲園觀戲、
管理紐約城大員、復慇勤款待等、因相應按原洋文譯送
貴親王查照可也特此即頌
爵祉、附送洋文
名另具九月初六日

附件

F.O. No. 428.

LEGATION OF THE UNITED STATES OF AMERICA.
PEKIN, CHINA.

October 7th. 1902.

Your Highness:-

I have the honor to inform Your Highness that I have just received the following Instructions from the State Department at Washington, dated Aug.19th. 1902;-

"His Imperial Highness, Prince Chen, Special Ambassador to "the Coronation of King Edward VII, left New York last week "on his way to China after a visit of but two or three days "in the United States.

"The Third Assistant Secretary of State was designated go "receive him on the part of the President and conducted the "Prince and his suite to the President's summer residence at "Oyster Bay, Long Island, where they were entertained at "luncheon by the President whose yacht SYLPH was placed at "their disposal for their trip. Mr. Pierce also presided at " a dinner given by the President to the distinguished vis-"itors at the Waldorf-Astoria in New York, taking them af-"terwards to the theatre.

"The Prince was also the recipient of courtesies from the "municipal authorities of the City of New York."

I have the honor to transmit to Your Highness the foregoing copy of my instructions as well as a Chinese translation of the

same

same.

I avail myself of the opportunity to renew to Your Highness the assurance of my cordial esteem.

Envoy Extraordinary and

Minister Plenipotentiary of

the United States.

To His Highness, Prince Ch'ing,

President of the Board of Foreign Affairs.

三六

附奏美國使臣康格蒙賜博物院御筆書畫代奏謝恩由

署左侍郎那 九月初十日

署右侍郎聯 九月十一日

奏

奏

再本月初二日欽奉

頒給美國博物院

皇太后御筆字一卷畫二卷

皇上御筆字一卷當經臣等函送美國使臣康格祗領去後茲據該使臣函請代奏謝

恩前來謹照録原函附片代奏伏乞

聖鑒謹

奏

光緒二十八年九月　日

三七

逕復者昨准
貴親王來函以接署川督電稱成都潼川資州各屬餘匪未靖
請函致
各國大臣轉電各領事婉勸諸教士暫不往有匪地方請照所擬
轉電等因茲已照所請電飭美國領事婉勸各教士若游歷有
匪之處係有危險之虞現應提醒

貴親王來函所云餘匪未靖之各地方一帶向有美國數教士在
彼居住碍難棄其所辦之事而之他故不能不再請
貴親王保護該教士等得以辦其所應辦之事是為至要相應
函復
貴親王查照即頌
爵祺　附送洋文
名另具　九月十六日

F.O. No. 4/34.

LEGATION OF THE UNITED STATES OF AMERICA.
PEKIN, CHINA.

Oct. 17th. 1902.

Your Highness:-

I have the honor to acknowledge the receipt yesterday of Your Highness' note of the same date, communicating to me the contents of a telegram from the Acting Viceroy of Szechuen, wherein he recites that bands of "Boxers" are still infesting the districts under the jurisdiction of Cheng-tu, T'ung-ch'uan and Tzu-chou, and asking your Board to request the various Ministers of the foreign Powers to telegraph their Consuls to advise the missionaries to refrain for the present from visiting the disturbed districts.

Your Highness requests me to send such a telegram as is suggested by the Viceroy.

In reply I have the honor to say that I have telegraphed the United States Consul, as requested, asking him to warn the missionaries of the danger of travelling in the disturbed districts, but I must remind Your Highness that there are many American missionaries, who are living in the regions mentioned in the Viceroy's telegram, and that it is impossible for them to abandon their work, and I can not but impress upon Your Highness once more the importance of giving these missionaries full and complete protection while they are engaged in the discharge of

their

their duties.

I avail myself of the opportunity to renew to Your Highness the assurance of my highest consideration.

E. H. Conger

Envoy Extraordinary and

Minister Plenipotentiary of

the United States.

To His Highness, Prince of Ch'ing,

President of the Board of Foreign Affairs.

三八

逕啟者九月二十九日十月初一日均十一點鐘在西便門外蓮花池地方有馳馬宴飲之會本大臣特代駐京各使館諸公奉約
貴親王暨
列位大臣並
貴部列位總辦屆期同往一觀為荷此布順頌

三九

逕啟者茲有游歷俄國、美國人巴雨得來函內稱、意欲由俄過界、至
中國內外蒙古、伊犁、與西藏一帶地方游歷、彼請有美國所發執
照一張因在俄游歷、不時須用此照、未能照常例將原照送館、添
註漢文、加蓋印信、懇為轉請中國繕給護照等因、相應請
貴親王查照、希即囑所專司之員、繕給巴雨得護照一張、准其過
界至內外蒙古伊犁、與西藏一帶游歷、彼係輿地學內之人、意欲
考核地理、望即給照無所阻滯、可也特此奉布、順頌
爵祺、附送洋文

名另具 十月初八日

附件

F.O. No. 441.

LEGATION OF THE UNITED STATES OF AMERICA,
PEKIN, CHINA.

Nov. 7th. 1902.

Your Highness:-

I have the honor to inform Your Highness that Mr. R. L. Barrett an American citizen, now travelling in Russia, has written to me for a Chinese passport to enable him to travel in western Mongolia and Tibet. He is provided with an American passport, but, as he is needing it while travelling across Russia, he can not forward it here for the usual visé. I have the honor therefore to request that you will direct the proper authorities to issue Mr. Barrett a Chinese passport, permitting him to travel in Western Mongolia and Tibet. He is travelling in the interest of geographical science, and I trust there may be no objection to the granting of the passport desired.

I avail myself of the opportunity to renew to Your Highness the assurance of my highest consideration.

E. H. Conger

Envoy Extraordinary and
Minister Plenipotentiary of
the United States.

To Prince Ch'ing, President
of the Board of Foreign Affairs.

四〇

欽差出使美日秘古國大臣伍　為

咨呈事竊照本大臣於光緒二十八年十月十九日在美都使署拜發具

奏敬舉人才正揭一件又古巴總領事兼參贊片一件請獎出洋學生片一件理合

鈔稿咨呈

貴部謹請察照須至咨呈者　附鈔奏稿

右洛呈

外務部

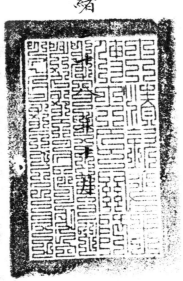

光緒廿八年十月十九日

附件一

奏為敬舉人才懇
恩逾格奬拔以勵賢勞恭摺具陳仰祈
聖鑒事竊維現在時事孔棘外患頻仍非得志慮忠純之士任重致
遠之才無由補救時艱澄清八表查有駐美二等參贊官二品
頂戴分省補用道員沈桐經史淹貫學術純正周知外事才足
臣時前官京師讀書勵品風節卓著經臣奏調出洋久襄使事
兼任代辦每遇危疑難決之事當幾立斷無不洞中機宜美館
綜理八署事務文牘叢積該員贊襄一切從容整暇措理裕如
其才氣識量獨出冠時曠覽九州殆難儔匹實為臣服官中外
數十年來所僅見臣本迂疏忝持使節在美六載歷辦交涉重
要各件幸無貽誤大都同軺倚佐襄助之力居多該員尤為臣

素所心折實屬才堪大用如使獨膺重寄俾展驥足則運籌帷
幄折衝樽俎必有應變無窮之畧臨節不奪之守方今
兩宫宵旰憂勞求賢如渴屢下
詔旨飭保人才用敢敬舉所知上備
聖明采擇應如何破格錄用因材器使之處均求出自
聖裁所有敬舉人才以備任使緣由理合恭摺具陳伏乞
皇太后
皇上聖鑒訓示謹
奏

附件二

再竊查古巴一島華民流寓甚衆，交涉事繁。臣欽奉
恩命兼充出使古巴大臣，現因會議商約事關重要，亟應遵
旨迅即起程，内渡古巴，僑民往來口岸間有阻滯，須隨時論駁，始足
以慰其呼籲之忱。查外務部原奏有以總領事即兼古巴參贊
常川駐紮等因，自應遵照辦理。查現駐古巴總領事周自齊講
求外交，精明幹練，堪以兼派駐古巴參贊，俾資保護而裨交涉。
除札飭兼充並咨呈外務部外，所有古巴總領事兼參贊緣由，
理合附片具陳，伏乞
聖鑒。謹
奏。

附件三

再光緒二十七年八月初五日欽奉
上諭選派學生出洋遊學著各省督撫一律辦理學成領有憑照回
華按其所學分門考驗如實與憑照相符即行出具切實考語咨
送外務部覆加考驗據實奏請獎勵其有自備資斧出洋遊學者
如果學成得有優等憑照回華准照派出洋學生一體考驗獎勵
均候旨分別賞給舉人進士各項出身以備任使而資鼓舞等因
欽此欽遵在案臣查有同治十三年由南北洋大臣選派出洋
學生鄭廷襄曾在美洲高等學堂畢業回華復在各大機器廠
親歷印證旋自備資斧赴美藝學書院領有藝學書院博士文
憑潛心研究二十年來益加邃密其製造各項新式機器炸礮
及魚雷水雷潛行水底之水雷船等類率皆精良利用西人亦
為折服各公司爭相延致委以製造繪圖監督工程等事該生

性情淡泊不求聞達流寓美洲自食其力如蒙
聖恩酌賞出身發往南北洋廣東等省差遣專委辦製造機器電汽
各件優給薪俸埒於西人不必限其拘習儀文脩飾邊幅使得
屏絶應酬專意創造必能自出心裁別創新法有裨時局終勝
於求賢異地晉用楚材又四品銜選用同知施肇基曾在前使
臣楊儒任内充當學生旋在美國高等學堂大書院自備資斧
讀書畢業均領有三次優等憑照經臣飭令呈繳考覈實屬相
符該員現已回華應否請
旨飭下外務部覆加考驗賞給出身以示獎勵之處恭候
聖裁除將該生該員履歷列册咨呈外務部查核外理合附片具陳
伏乞
聖鑒訓示謹
奏

四一

逕啓者本月二十九日本大臣帶領康夫人與麥軍門夫人等

覲見

皇太后迺蒙

頒賞使臣康格

御筆著色松靈畫一軸　福壽字一分康格之妻

御筆水墨葡萄一軸　福壽字一分麥勒思之妻

御筆著色葡萄一軸　福壽字一分　食物八色瑪斯之妻衛理之妻

剛姑娘魏姑娘若士得之妻葛翰章之妻衛理各

賞福壽字一捲本大臣與内眷及各内眷姑娘等均即敬謹祗領不勝
銘泐所有感謝之忱即希
貴親王代爲具
奏可也特此即頌
爵祺
名另具十一月三十日

四二

駐海參崴美國商務委員格林訥爾譯音致
中國外務部總理慶親王函
逕啟者本日接奉本國駐華欽使來函內稱所有
貴部遵
旨頒賞寶星文憑等件已轉寄華盛頓該部矣並由
貴國商務委員李家鏊函述
諭旨所以頒賞之意拜讀各函莫銘欽感當即函覆並求李
委員代申謝悃矣惟以功微謬承
厚賜顏赧拜登冒任心縷肅此藉鳴微忱並請
爵安

四三

逕啟者昨准
貴親王照會以奉
旨定期於初九日
覲見賀年茲將本領銜大臣是日所致頌詞及本館是日入
覲銜名一併開送
貴親王查閱至各國入
覲銜名應由
各國大臣自行開送可也特此即頌
爵祺附送洋文並頌詞及覲見銜名
名另具正月初七日

附件一

Dean to F.O. No.

LEGATION OF THE UNITED STATES OF AMERICA,
PEKIN, CHINA.

February, 4th. 1903.

Your Imperial Highness:-

I have the honor to acknowledge the receipt of the note from Your Imperial Highness, dated the 2d. inst.requesting me to forward a list of the persons who are to attend the Audience granted by Their Imperial Magesties for February 6th. and a copy of the address to be made to the Throne upon that occasion.

I have the honor to inclose a copy of the remarks that I shall make as Dean of the Corps, and a list of those who will attend from this Legation. Other Legations will each forward its own list.

I avail myself of the opportunity to renew to Your Imperial Highness the assurance of my highest consideration.

E. H. Conger

Minister for the United States, and

Dean of the Diplomatic Corps.

To His Imperial Highness, Prince of Ch'ing,

President of the Board of Foreign Affairs.

附件二

(Inclosure in Dean to F.O. No.)

List of those from the United States Legation, to Attend the Audience, to be Given February, 6th. 1903.

Hon. E. H. Conger, Envoy Extraordinary and Minister Plenipotentiary of the United States.

J. G. Coolidge, Esq. First Secretary of the Legation.

Captain A.W.Brewster, Military Attaché.

E. T. Williams, Esq. Chinese Secretary of the Legation.

Capt. I. C. Wellborn, of the Legation Guard.

附件三

(Inclosure in Dean to F.O. No.)

Remarks to be Made by Hon.E.H.Conger,
Dean of the Diplomatic Corps, at the
Audience to be given February 6th.1903.

Your Imperial Majesties:-

Another year of peace and prosperity has been added to the history of Your vast Empire, and at the beginning of a new one, We, the representatives of friendly Powers residing in Peking, have come to offer our congratulations on the good relations existing, to bespeak their continuance, and to wish the blessings of health happiness and prosperity for Your Imperial Majesties, and for all Your people.

附件四

正月初九日美國使館入　覲銜名

使臣康　格

頭等參贊固立之

衛館都司布魯司

漢務參贊衛　理

衛隊都司韋伯爾

四四

逕啟者、前因敝春擬請
榮壽公主、與
各位福晉格格、來赴春酌一節、請
貴大臣代為相商轉致、昨由　仝老爺、面交願來之各位一單、
並云須擬三個日期、先期送往、以便擇定有暇之日等因、茲擬定
於正月二十三、二十四、二十六三日、仍請代為商酌、請即擇訂準
期、早為
見復是盼、特此即頌
時祉、

名另具　正月十七日

四五

附奏美日本英奥日各使臣之妻蒙賞
謝恩由

奏
署左侍郎那
二月初六日

奏
署右侍郎聯
二月初五日

再本年正月二十九二月初一等日奉
皇太后
賞美國使臣康格之妻日本國使臣內田康哉之妻英國署使臣壽訥理之妻奥國護使臣訥色恩之妻日國署使臣賈思理之妻黃花魚紙花各件當經分送祇領訖茲據該使臣等函稱使臣妻　等仰蒙
慈眷優渥

恩賞有加所有感激下忱應請代奏謝
恩前來理合據情代奏伏乞
聖鑒謹
奏
光緒二十九年二月初九日奉
硃批知道了欽此

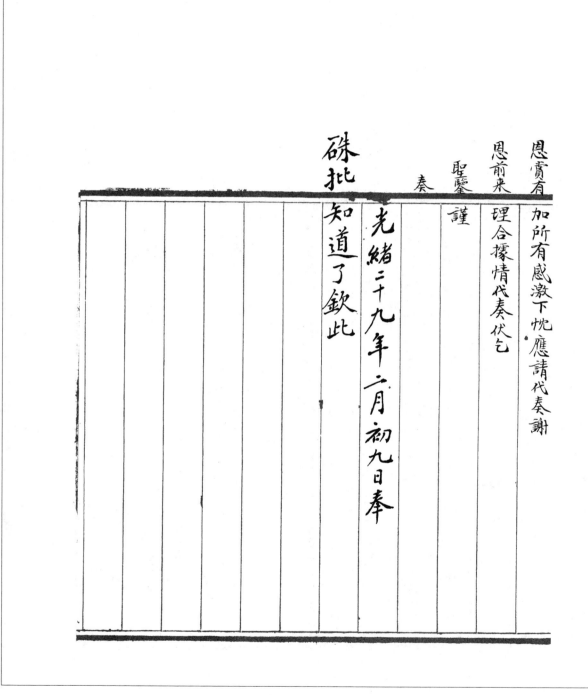

具奏美國使臣康格與其妻以生辰蒙
賞代奏謝　恩由

奏

奏

奏

署左侍郎那

署右侍郎聯

二月十六日

二月十五日

謹

奏為代奏謝

恩恭摺仰祈

聖鑒事竊臣等接據美國使臣康格函稱本年二月初七日蒙

皇太后以使臣與妻之生辰均及周甲

特賞使臣之妻

御筆字一件
御筆繡片一件壽喜玉如意一柄甆瓶成對並
賜壽喜福祿吉詞當已由使臣之妻敬謹祗領並與使臣同深銘泐請將感
謝之忱代爲入奏等因臣等查該使臣康格與其妻以周甲生辰
渥蒙
頒賞函請代奏叩謝
慈恩係屬出於至誠理合據情代奏伏乞
皇太后
皇上聖鑒謹
奏
光緒二十九年二月　日

四七

逕啟者茲閱邸抄驚悉
榮中堂遽耗本大臣深爲悲悼緣
故相文忠公係多年盡心王室爲國宣勞其聲譽久爲中
外所共曉
兩宮自必以爲失一砥柱之臣是以請
貴親王查照希將本大臣関心中國失此良相之忱代爲轉
奏並將悲傷不已之意代致
榮府是荷特此即頌
爵祺附洋文
名另具 三月十六日

附件

F.O. No. 481,

LEGATION OF THE UNITED STATES OF AMERICA,
PEKIN, CHINA.

April 13th. 1903.

Your Imperial Highness:-

I have the honor to express to Your Imperial Highness my sincere regret at hearing of the death of His Excellency, the Grand Secretary, Jung-lu. His long and energetic service in behalf of his country has made his name familiar at home and abroad, and his loss can not but be deeply felt by Their Majesties and the Government of China. I have the honor to request that Your Imperial Highness will convey to Their Imperial Majesties, the Empress Dowager and the Emperor my sympathy with them in their loss of so valuable a statesman, and that you will also be kind enough to make knownto the family of the late Grand Secretary my deep sorrow for them in the affliction which they have sustained.

I avail myself of the opportunity to renew to Your Imperial Highness the assurance of my highest consideration.

E. H. Conger

Envoy Extraordinary and
Minister Plenipotentiary of
the United States.

To His Imperial Highness, Prince of Ch'ing,
President of the Board of Foreign Affairs.

咨呈

欽差出使美日祕國大臣梁　為

咨呈事光緒二十九年三月十七日承准
貴部咨開光緒二十九年正月初九日准前任出使伍大臣函稱駐美使署律師科士達歷經各前任延聘襄辦交涉至今十有餘年歲需俸薪美銀肆千餘元合庫平陸千餘兩該律師從前辦事尚為得力近年以來每年必離美都數月之久遇有要事無從晤商又復年老多病早應裁卻曾經陳明在案前已告沈代辦將該律師辭退每年可節省經費數千兩未知已否辭去請囑新任斟酌辦理等因本部查使署聘用律師原期相助為理有益交涉既准伍前大臣函稱該律師科士達年老多疾不甚得力應即辭退等情相應照錄原函咨行查照辦理並聲復本部可也附鈔件等因承准此查律師科士達曾任美國外部大臣經前任鄭大臣延聘在美署充當律師人尚老成辦事亦頗諳練其每年離美都數月查是避暑外出西俗所同前任伍大臣謂其辦理不甚得力不為無見第美署延用垂二十年該律師前經隨同李文忠往日本議約重洋往返不敢告勞似有微勞足錄一旦無故辭去以人情揆之必有觖望不足之心查中美續約明年更換今年即須預為布置於駁除苛例等事甚關緊要有美國耆舊主持其間措手較易現擬仍前暫用即將續議美約一事交其承辦以專責成此外瑣務無須經理仍隨時察看是否得力再定去留庶有當用人求舊之謨仍不失實事求是之意本大臣非不知新章歲限額欵辭退該律師歲中可省經費陸千餘兩但因惜小費而別多貽誤不如籌全局而妥慎圖維再四躊躇似屬彼善於此所有議裁美署律師緣由理合備文咨呈
貴部謹請察照示覆遵行須至咨呈者

右　咨　呈

外　務　部

光緒貳拾玖年叁月貳拾日

四九

詠琴仁兄鄉大人閣下：敬啟者，接管卷內有美國費城董事李晉華將州同銜執照呈由前任　秩庸星使咨送
貴部轉咨吏部查驗，事隔兩年，未經發還。該董屢次稟催，情詞急切。弟念其海邦羈旅，衣頂為榮，部照稽留，不無介介。雖公事有所未諳，而其情尚覺可諒。惟是具牘咨催，迹近瑣屑，用敢鈔錄伍任咨稿，專函奉懇
台端飭檢原咨，查取執照，迅賜寄下，或由
貴部備文咨復，俾得轉給收領，以清塵牘，不勝感泐。專懇，敬請
勛安，統希
朗詧不既。

愚弟梁誠頓首　光緒二十九年四月初九日

附伍使原咨稿

附件

伍前大臣咨送李晋華州同銜執照原文

為咨呈事光緒二十六年五月十五日承准

總理衙門咨開二十六年三月二十四日准吏部文稱據總理衙門咨稱

軍機處交出出使大臣伍廷芳片奏美國費城董事李晋華於光緒

二十年來美充當紐約公所董事二十三年費城衆商舉充中華會

館董事連前合計與三年保奬之例相符擬將州同銜李晋華請給

六品 封典以示鼓勵光緒二十五年十一月二十日奉

硃批着照所請該衙門知道欽此咨行前來查定例現任候補候選各

官著有微勞保請封典准照加銜請保等語今據出使大臣伍廷芳

保奏期滿董事州同銜李晋華請給六品 封典該員報捐州同銜

之案據户部復稱按照履歷册内聲叙年月檢查並無其名應將

原捐執照送部再行檢查應令該大臣詳細查明復奏並將原捐

執照送部再行核辦本部於光緒二十六年三月十七日具奏奉

旨依議欽此相應知照希即轉行等因前來為此咨呈行查照轉飭該員迅將

原捐執照稟由貴大臣咨送本衙門以便轉咨吏部可也等因承准此

茲據貴城商董李晉華將原捐領到光緒二十一年七月二十九日户

部執照一紙稟請咨送核辦前來理合備文咨呈

貴部轉咨

吏部核辦為此咨呈

貴部謹請察照施行須至咨呈者

附户部照一紙

外務部

光緒二十七年十一月二十九日

逕啟者兹有美國所派上海分設協隆銀行董事腓倫及美
國各銀行副總辦馬金泰來京擬於明日下午赴部進謁
貴王大臣未悉能否有暇如可允見即希酌訂時刻
見復以便屆時偕同前往是荷此泐即頌
日祉
名另具四月二十九日

五一

孟陶
鼎臣
仁庭仁兄大人閣下逕覆者頃奉
來函敬悉本月二十日巳刻
貴部帶領美國使臣及水師提督並提督之妻在
頤和園
仁壽殿
覲見等因當經專函知照駐紮守衛張寶兩統領傳飭各
該經過處所站段看門弁兵妥為照料彈壓毋得攔阻並
飭恪遵禮法辦理勿稍違誤用副
台囑專覆敬請
勛安惟
照不一

愚弟徐世昌頓首 十九日

五二

逕啟者光緒二十九年六月初一日蒙
皇太后賞美國使臣康格之妻
桃兒四盒當已敬謹祗領所有感激之忱希
貴親王代爲
奏謝特此順頌
爵祺
名另具 六月初二日

五三

逕啟者適奉
康大臣面囑敝叅贊於今日下午赴
貴部面談緊要事件即希
貴大臣酌定候晤時刻
見復以便屆時前往特泐即頌
日祉
名另具 六月十八日

衛理

五四

逕啟者本大臣適接本國愛渥窪省撫院克明思來函以
皇太后
大皇帝前所頒給本省博物院
御筆書畫足令該院增輝請將通省人民感謝之意轉達等因相
應請
貴親王查照希即將該省感謝
兩宮之意代為具
奏可也特布即頌
爵祺 附送洋文
名另具 六月十九日

五五

和會司

呈爲照復事前准

照稱本國寄到

大伯理璽天德答復

大皇帝召令伍廷芳回國之書一件將原書照送希代

呈遞等因本部業經進呈

大皇帝御覽相應照復

貴大臣查照轉達

貴國政府可也須至照復者

美國康使

光緒二十九年六月　日

五六

内務府
諸位大人　台覽

康格

頓啟　日昨
貴内府送來
皇太后賞美國使臣康格之妻花籃一對當已由敝内眷敬謹領收希
貴内府大臣將感謝之意代爲轉
奏是荷此布即頌
時祉

五七

逕復者七月二十七日接准
貴親王函以面奉
皇太后懿旨
大皇帝諭旨在京各國使臣及參贊武官繙譯隨員等於八月十九日
已刻在
頤和園
覲見游讌請將是日本館入
覲銜名先期開送等因茲將本館是日入
覲銜名開單附送即希
貴親王查照奏
聞可也特此順頌
爵祺附送洋文並銜名單
名另具 八月初二日

附件

八月十九日美國　覲見銜名

美國使臣康　格

頭等參贊固立之

武隨員都司布魯司

駐日本美使館武隨員游擊吳　德

二等參贊費勒器

漢務參贊衛　理

衛館頭等守備克拉克

衛館二等守備配　克

學生潘士思

學生衛夏禮

軍醫官哈特撒

五八

附奏須賞各館使臣參隨之妻等菊花代奏謝恩由

奏

奏

皇太后

左侍郎聯

右侍郎顧

九月十六日奏

九月十六日奏

再本年九月初六日欽奉

懿旨須賞美國使臣康格之妻日本國使臣内田康哉之妻菊花八盆日國署使臣賈思理之妻英國參贊肅訥理之妻美國參贊衛理之妻俄國參贊羅達臣之妻菊花六盆各館參贊隨員武官繙譯之妻等菊花各四盆當經臣部分送各館祗領

訖茲據各該使臣等先後函請代奏謝
恩等情前來理合據情代奏伏乞
聖鑒謹
奏
光緒二十九年九月二十日奉
硃批知道了欽此

五九

大伯

和會司

呈為照復事接准

照稱南亞美理駕國巴那馬省現分立為民主新國本

國外部來電云本國

理璽天德認巴那馬為新民主自主之國並准該新國

派來使臣呈遞國書應轉請查照備案等因本爵大

臣均已閱悉相應照復

貴大臣查照可也須至照會者

美國康使

光緒二十九年九月　日

敬再啟者駐美使署律師科士達歷經各前任大臣延聘襄辦交涉至今十有餘年歲需俸薪美銀四千餘元合庫平銀六千餘兩為數甚鉅查該律師從前辦事尚頗得力近年以來則每年必離美都數月之久遇有要事無從晤商現復年老多病忖思使館聘用洋員原因使臣及參隨繙譯不甚熟悉交涉不得不取材異地廷芳初抵美時早已有意裁却曾將該律師不甚得力之處陳明在案嗣因該律師應聘多年尚無大故迄未辭退乃

年來於檀香山禁工一事竟爾倒戈相向不獨不助華人反謂華工當禁本年夏間於賠欵還銀一事與之相商彼竟主還金之説經廷芳力加斥駁始無異言似此反唇相稽不徒無益而反有害斷難再事姑容廷芳於卸任之日已切告參贊沈代辦桐亟須辭去計每年可省經費銀數千兩未始非節省之一道如將來需用洋員美國不乏精明幹練之人薪俸無須過厚且可令常川到署辦事蓋聘用一員須得一員之力方於公事有

濟況新任　梁使精通西文似更無藉洋員襄理現
未知沈代辦已將科律師辭退否可否函屬新任
梁使斟酌辦理統祈
代回
堂憲是荷專此再叩
勛祺　廷芳再頓首十二月十八日

六一

逕啟者十二月二十八日蒙
皇太后賞使臣康格之妻黄魚一尾隨員吴德之妻黄羊一隻山雞二隻石
花魚二尾剛姑娘黄羊一隻山雞二隻石花魚二尾茲已分交各
内眷敬謹祇領即希
貴内府大臣代爲
奏謝是荷特此即頌
時祉
名另具十二月二十八日

逕啓者禮拜六
覲見一事前聞此次不在使館人員之内眷有不得隨同入
覲之言故於本館所往之客眷未嘗提及兹悉别館内現有不在館人員
之内眷隨同入
覲已蒙
皇太后允准本館亦有康夫人之姊妹侄女等擬於是日同往應請
貴大臣
奏明請
旨諒亦必蒙
允准也並希
速復是荷特泐即頌
春祺
名另具正月十六日

六三

頭品頂戴兵部尚書兼都察院右都御史總督四川等處地方提督軍務兼理糧餉兼巡撫事總督部堂錫 為

咨呈事。案據派赴美國賽會候補道章世恩稟稱：派赴美國賽會並督帶監督學員學生等二十四人，隨同前往學習機器。仰見蓋謨深遠，百年樹人。惟此次監督學員等留學三年，爲日甚久，似宜乘此善舉，廣植人才。查有揀選知縣吴令緒彬，居心正大，才識優長，且該員年甫三十三歲，有志向學，頗堪造就。以之派司支發兼管稽查，俾可襄助監督會同學員等認真講求機器實業，實於學務大有裨益。職道爲造就人才起見，可否仰懇憲委隨往，伏候批示祗遵。如蒙允准，應請迅賜分咨，並補發吴令委札，實爲公便等情。據此，當經本署督部堂批據稟，吴令緒彬居心端正，年富才明，自應准帶出洋，隨同前往賽會地方留心考究，仍派令襄助監督李守會同學員認真學習，期於精通製造，蔚爲有用之材，方於川省局務大有裨益。仰即傳諭切實懔遵。所需薪水、整裝銀兩，應由該道酌中發給，彙報核銷。并候分别咨行知照繳。除批印回並分别咨行外，但該令遠涉重洋，人地生疎，此次前往魯伊斯觀會，并考察機器事宜，恐多未諳。除迻咨

駐美梁大臣照會

美國外部指示保護，並咨明

正監督外，合併備文咨明。爲此合咨

鈞部，謹請查照施行。須至咨呈者。

右　咨　呈

外　務　部

光緒三十年正月二十四日

刑部爲知照事貴州司案呈前據本部學習
郎中蘇宗秦呈稱職現已籌備資斧前往
美國游歷等情前經片行給予該員護照
等因今准咨稱由刑部給咨該員轉飭關道
照章填給護照等因前來除本部給咨該員
外相應片行
貴部以便函達出使美國大臣隨時保護可
也須至片者

右片行

外務部

光緒叁拾年貳月初柒日

逕啟者四月二十六日蒙
皇太后賞美國軍醫韓斯之妻康格妻妹馬堪立氏隨員柏士
之妻女醫何閨貞剛伯理姑娘馬拉腓姑娘等各喫食
四大盒當已分交祇領請代謝辭理相應函達
貴親王查照希將各內眷欣感之意代為具
奏是荷特泐順頌

六六

敬啟者五月十九日欽奉
皇太后頒賞柯姑娘燕窩一匣銀耳一匣普洱茶一圓藕粉
一匣當由總稅務司敬謹代爲祗領第柯姑娘業於
十七日啟程回國祗得封固妥協趕程飛遞俾得敬
謹接收去訖合特備函奉懇
貴部代奏謝
恩以伸銘感專此肅泐順頌
升祺
名另具光緒叁拾年伍月貳拾壹日

六七

逕啟者適聞
貴國
大皇帝有
聖體違和之語未悉所染之恙可期勿藥之占抑係有關緊
要之疾希
貴大臣即行明以
示悉是盼此佈即頌
時祉
名另具 六月初六日

六八

和會司

呈為咨行事光緒三十年六月二十九日准美國康使照稱一千九百三年七月一號有美商之帆船名喀里耳得甫者在洋面忽遭風暴水滿將沈幸有招商局輪船二艘一名愛仁一名海安皆譯音將美商船主及水手等救護經大伯理璽天德聞此即以金表二枚一為獎給愛仁船主約翰斯一為獎給愛仁輪船之二副馬拉肯又將雙筒千里鏡送獎海安船主瓦拉思併附收條三張希轉送祇領簽名繳銷等因前來相應將原包一件收條三紙送

貴大臣查收轉飭招商局分別交給該船主等領訖即將所收物件及姓名簽列於收條內繳還本部以便轉復美使可也須至咨者

北洋大臣

光緒三十年七月 日

逕啟者兹有本國水師提督軍門艾文思來京現駐本館本大臣
謹詹於本月十八日在本館潔治杯樽藉圖晤敘奉請
貴親王屆時惠臨幸勿
見却並希
示復爲荷特泐即頌
爵祺
名另具

康格

七〇

逕啟者據本國商人藍柏德禀欲赴直隸山東山西河南四省地
方游歷請給執照等因茲繕就洋漢文合璧執照一張送請
貴親王查照希交順天府蓋印並希印訖送還以便發給收執是
荷此泐即頌
爵祺附執照一張

名另具四月初八日

固立之

逕啟者兹將美國新聞紙所列本國
大伯理璽天德頒發駐中國欽使及領事各員通諭之訓條即係論
中國商家及游歷學生赴美之一事特爲照抄因此係至要之件
公文尚未寄到是以先行抄送
查閱即可悉此訓條係於西六月二十四號頒發足徵美政府
確係不准美國官員苛待不在禁例來美之華人並可晰諭
内係囑接待最優國之人民一律相待即希
貴親王詳爲披閱可也特泐即頌
爵祺附洋文並抄件
名另具六月二十六日

七二

逕啓者茲有本國教士花禮文携眷擬游歷福建一省請領

等因本大臣茲繕填洋漢文合璧護照一張送請

貴親王轉交順天府蓋印並希印訖送還爲荷此頌

爵祺 附照一張

名另具 十一月初六日

柔克義

七三

文

總管內務府為片行事適總管
連英交出
皇太后賞康格之妻海晏堂照像貳
件等因交出相應片送
貴部希即轉交可也須至片者
右片行
外務部
光[illegible]壹月拾叁日

七四

咨

行

理藩院為咨行事前准軍機處片交政務處
會奏遵議舊土爾扈特郡王帕勒塔呈請
賞假游歷一摺奉
旨帕勒塔著准其前往美國游歷欽此旋據郡王帕
勒塔呈稱奉
命赴美國游歷即當束裝起程惟經費在京無從
籌措擬回游牧籌備川資等因當經本院據情
奏
聞並知照政務處外務部在案茲據伊犁將軍咨稱
郡王帕勒塔資斧措就定期起程並據該郡王
呈報到京除由本院
奏
聞外相應咨行
貴部查照可也須至咨者

右　咨

外　務　部

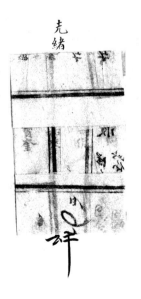

光緒　年　日

敬再啟者美總統之女公子夏間遊歷亞洲經與
同行之衆海阿省議紳郎活士訂婚近甫宣布聞
其婚期約在西二月間尚未擇定竊維盧女公子
入覲
天顏曾蒙
慈眷禮遇殊常此次出閣自應上達
天聽酌量賞賜俾示優異而聯友誼容查訪歐洲各國辦
法及確實婚期再當電陳郎活士門閥頗盛家世

素封年三十六歲法律博士出身爲北黨後起之
傑可謂相攸得人也再肅即乞
代回爲幸再請
均安
梁誠又頓首
光緒三十一年十二月初十日
美字又第九十四號

七六

總管内務府爲片送事正月初二日由

内交出

皇太后賞美國女公子添妝金鑲珠寶耳飾

成對紅綠手飾成對白狐裘成套花錦

四端

皇帝賞美國女公子添妝鑲玉如意成柄花錦

四端相應片送

貴部遵照轉送可也須至片者

右片送

外務部

印　信

光緒叁拾貳年正月初貳日

遍　封

七七

欽差出使各國考察政治大臣戴端　為

咨呈事竊照本大臣於光緒三十一年十二月二十九日覲見美總統

呈遞

國書業經

奏報並鈔摺稿咨呈在案所有覲見頌詞及美總統答詞應

鈔錄原文咨呈

貴部查照須至咨呈者

計鈔單

右　咨　呈

外　務　部

光緒

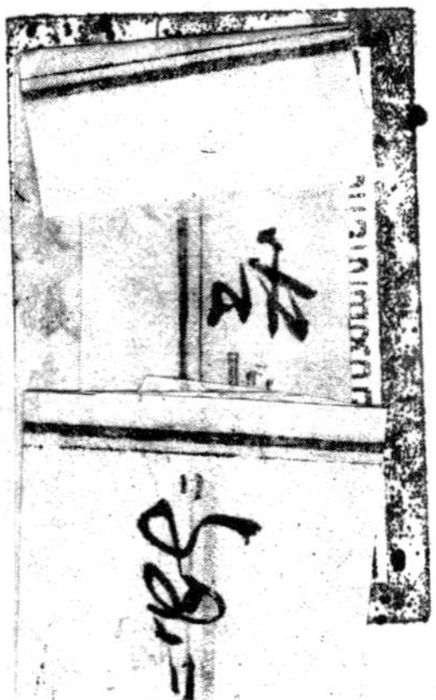

初八　日

附件一

本大臣等恭奉

大清國皇太后

大皇帝簡命來美考察政治呈遞國書因得覲見

大伯理璽天德實深榮幸

大伯理璽天德主持太平洋和平全局博公共之樂利為薄海

所觀瞻我

大清國與貴國友誼素款邦交尤篤本大臣等從此更蒙指

導獲援與國之義嘉惠無疆尤為欣感惟祝

大伯理璽天德福壽康强貴國國民太平幸福謹頌

附件二

Messrs. Commissioners:

In the name of my fellow-countrymen I have great pleasure in welcoming you to the United States. Entertaining, as we do, feelings of sincere amity and of the highest regard for your great people, whose progress in invention and discovery stretches back through the centuries to eras which to the communities of the west are prehistoric, we, who stand among the younger nations, are glad of all opportunities to bring our peoples closer together and to diffuse among each a better knowledge of mutual interests tending to mutual advantage. The kindly sympathy of this country for the Eastern Empire has found many opportunities of expression in late years, and I trust that the new country will bring a larger realization of our common desire for the peace, prosperity and advancement of China. I appreciate the friendly sentiments thus testified by your Sovereign, to whom I ask you to make known my sincere wishes for His Majesty's health and welfare.

七八

和會司
呈爲照會事據准考察政治端戴大臣電稱上年十二月
三十日
覲見
大伯
貴國
理璽天德考察事允爲指引並承格外優待極形親
睦等語本爵大臣等聞悉之餘實深欣慰相應照會
貴大臣查照即希將感謝之意轉達
貴國政府代爲入奏可也須至照會者
美柔使
光緒三十二年正月　日

To F.O. No. 89

H.

LEGATION OF THE UNITED STATES OF AMERICA,
PEKIN, CHINA.

February 5, 1906.

Your Imperial Highness:

I have the honor to acknowledge the receipt of Your Imperial Highness' despatch of the 3rd inst. in which you inform me that you had received a telegram from Their Excellencies Tai Hung-tz'u and Tuan-fang stating that they had seen the President, and had been treated by him with special kindness and consideration; that Your Highness was deeply grateful therefor, and requested that I transmit expressions of your gratitude to the President and Government of the United States.

In reply I have the honor to inform Your Imperial Highness that I have already complied with your request, and I desire to assure Your Imperial Highness that I am personally much pleased to hear that Their Excellencies have been so favorably impressed with the cordial and profoundly friendly spirit of the Government of the United States to China.

I avail myself of the opportunity to renew to Your Imperial Highness the assurance of my highest consideration.

W. W. Rockhill

Envoy Extraordinary and
Minister Plenipotentiary
of the United States.

To His Imperial Highness, Prince of Ch'ing,
President of the Board of Foreign Affairs.

八〇

敬啟者本月十六日肅布美字第九十七號公函

計邀

堂鑒少懷午橋兩專使於十二月二十二日行抵金山先

期經誠商諸美外部特派前公使田貝之子現任

外部總辦田嘉理豫備一切凡於議例行政司法

及各省政府地方自治民生國計學校工藝有關

考察之事均一一分期排定以供觀覽外部大臣

路提又以近有無業商人如經立鐵路合同之巴

許等四出招搖爭欲照料專使遊歷藉便私圖深
恐有損邦交而礙聲譽特請總統飭派財政專員
精琪前赴金山海口迎迓並由　誠飭駐金領署繙
譯歐陽庚美署參贊容揆沿途照料兩專使抵金
時嘉省總督海陸大員均往碼頭迎迓砲臺兵艦
咸按禮鳴礮致敬道經詩家谷城該城府尹攀留
三日設宴相款導觀書院等處備盡主誼除夕前
抵美都遞書之日總統特設酒點相款坐談逾時

為向來未有之曠典外部大臣設宴一次會者百人使館公讌數次接見官紳頗極一時之盛總統復以坐艦送觀海軍學院又飭前總統格蘭德之子現官二等提督格蘭德以兵隊送觀陸軍學院最後遊玻士頓城該城府尹親往車站迎接入其公廨考察地方辦事之制登堂之頃將該廨美國國旗收去改升我國龍旗又由該省總督設筵大饗約數百人皆美東知名顯要之士旋往哈物及

耶盧兩大學校照料亦極周至以上各處識均懔
遵會同考察之
隨同前往用資討論兩專使留美一月考察各項已有
頭緒遂於本月二十二日由紐約乘坐德公司輪
船前赴歐洲經已另電
冰案此次專使來美到處歡迎凡招待之禮文皆歷
來所未見固由平日
邸堂列憲懷柔輯睦感格最神亦以我

國家振奮圖强議行憲政彼邦人士欽佩至誠露於不覺

説者謂美以工約一事與我畧有意見故格外周

旋以為聯絡之計雖政府外交手段容或有之恐

不足以盡其全國之感情也統希

代回

邸堂列憲鑒核是荷肅此敬請

均安

梁誠頓首

光緒三十二年正月二十三日

美字第九十八號

八一

逕啓者，茲接

來函，以舊土爾扈特郡王帕勒塔擬赴美國游歷，由

貴部繕就護照一紙，蓋用印信，請簽字交還等因。本大臣即按

所請飭本館專司護照官頭等參贊固立之簽字蓋印，粘連原

照送請

貴親王查收轉給，惟希轉詢此次遄行係乘何輪船，由何口入

美、及偕帶僕從人數姓名、開列

見復、本大臣甚願先行函請美國該管官員放行優待、並請

貴親王轉達土爾扈特郡王、出京行抵上海時、可先往見駐滬

美總領事官、或可聽其指引、或請其加添護照、更為妥協也、專

此佈覆順頌

爵祺　附送護照一分

名另具、　二月初四日

八二

咨

欽差出使美秘古墨國大臣梁　為

咨呈事竊照駐美使署隨員前充
貴部供事張樹棻經本大臣於光緒二十九年正月二十四日咨調出洋嗣經擢
升美署隨員現已三年期滿於本年二月初八日銷差內渡照章應准回
部銷差除批飭遵照並照案給發川資歸裝護照俾利遄行外相應給

咨該員仍回
貴部當差爲此咨呈
貴部謹請察照施行須至咨呈者
右　咨　呈
外　務　部
光緒叁拾貳年貳月初捌日

To.F.O. No. 103
H.

LEGATION OF THE UNITED STATES OF AMERICA,
PEKIN, CHINA.

March 14th, 1906.

Your Imperial Highness:

I have the honor to acknowledge the receipt of an informal note from Your Highness dated the 12th inst. in which you informed me that Prince P'a-la-ta of Chiu-t'u-erh-pa-t'e would go to Shanghai and thence to Japan where he would make a special study of military affairs before going to America; that when the time came he would telegraph your Board the name of the steamer upon which he would sail, and the port by which he would enter the United States.

In acknowledging the receipt of this note, permit me to say that it will not be necessary for the Prince to telegraph this information to Peking. If when his plans are definitely made, he will make them known to the American Consul General at Yokahama, that official will be able to notify the proper authorities of the coming of the Prince without any delay. If Your Imperial Highness will kindly communicate this information to Prince P'a-la-ta, I shall be obliged.

I take the occasion to renew to Your Imperial Highness the assurance of my highest consideration.

W. W. Rockhill

To His Imperial Highness Prince of Ch'ing,
President of the Board of Foreign Affairs.

附件

逕啓者、本月十八日、接准
來函云、舊土爾扈特郡王帕勒塔、擬先赴上海、再至日本、東京
留學專門陸軍學校、卒業後、擬航太平洋赴美、乘何船、入
何口、彼時電請外務部轉知等因、查郡王既在日本留學、惟日
必久、若卒業游美特、則不必電知
貴部矣、彼時若訂定乘何船入何口、可就近逕達駐劄横濱
美總領事、其必能刻即達知美國關員知悉、是以特請
貴親王將此情轉知舊土爾扈特郡王知之為荷、祗此順頌
爵祺、附洋文

名另具

二月二十日

八四

柔克義

逕復者昨接奉
貴中堂大臣及丞參諸位大人
大東三函定於三月初四日上午十二點鐘在
那府讌會邀本大臣及本館參贊等前往既承
雅召至日擬與固衛參贊偕往叨擾藉以暢談特先奉復即頌
時祉
名另具
二月二十五日

八五

性
四月廿一

咨呈

欽差出使美秘古墨國大臣梁 為

咨呈事竊查隨使人員凡有捐升改捐應隨時咨部立案備查歷經遵辦在案茲據美署隨員梁丕荃稟稱前由附生蒙調出洋嗣於光緒三十一年七月初一日在兩粵賑捐粵局報捐十成貢生經領漸字粵賑第肆萬伍千玖百叁拾陸號實收同日加捐通判銜經領漸字粵賑第肆萬伍千玖百叁拾柒號實收又美署三等繙譯官唐虞年稟稱前由監生蒙調出洋嗣遵新海防

例報捐雙月選用同知復加捐三班分發試用於光緒三十一年七月十九日奉部核准給照又美署學生梁慶鑾稟稱於光緒三十年十月初一日在廣東善後局兩粵賑捐局報捐十成監生隨捐通判職銜均於光緒三十一年七月二十七日奉部核准給照又駐金山總領事署四等繙譯盧寶鑑稟稱前由分省試用同知蒙調出洋嗣於光緒三十一年十二月初一日在廣東藩庫報捐指分浙江試用經領廣字第叁拾貳號實收又駐秘使署參贊官孫士頤稟稱前由廣東試用鹽經歷蒙調出洋嗣在綏遠城墾務案内報捐國子監典簿同案遞捐鑾儀衛經歷雙月選用光緒三十一年八月十九日奉部核准給照九月十四日赴部呈請以胞兄廣東候補知縣孫士鼎捐存順直賑款准予移獎雙月選用同知十月初十日在奉天七項賑捐案内報捐三班分發試用又駐秘嘉里約領事兼署駐秘參贊官陳始昌稟稱前由舉人蒙調出洋嗣在廣西實官捐粵局報捐雙月選用内閣中書經領官字第玖千肆百貳拾玖號實收復在廣西實官捐粵局報捐分省試用同知經領官字第玖千肆

百叁拾號實收，又在兩粵賑捐粵局報捐花翎，經領到兩廣賓字第貳號部照。又駐秘使署隨員王恭爵稟稱，前由雙月選用布經歷蒙調出洋，嗣在直隸賑捐案內遵新海防例加捐不論雙單月分省試用，於光緒三十一年二月十九日奉部核准給照。又駐秘領事署隨員黄福燿稟稱，由候選通判於光緒三十一年八月二十一日在粵東兩粵賑捐局報捐分發省分試用，領到廣字第貳千壹百叁拾壹號實收。又駐古巴使署隨員沈艾孫稟稱，前由雙月選用郎中蒙調出洋，嗣於光緒三十一年十二月初一日在天津捐局遵順直賑捐案改捐知府三班分省試用，領到實收各情前來。本大臣據此，理合備文咨呈

貴部轉咨

吏部備案。爲此咨呈

貴部，謹請察照施行。須至咨呈者。

右洛呈

外務部

光緒叁拾貳年叁月初伍日

488

THE CHINESE TELEGRAPH COMPANY.

Telegrams accepted for all Telegraph Stations in the World

3 STATION

TELEGRAM Nr. ____ Class ____ 142 Words.

Given in at Washington the 17th 190 6 H.5 55 M. ____ /m.

To their Imperial majesties the empress dowager and the emperor of China Peking

I gladly take the opportunity afforded by the auspicious completion of the last link in the new american cable that joins the pacific coast of this country to the far east to offer to your majesties my congratulations upon the aquierement of a work that must needs contribute to the high purpose of bringing our two governments and peoples closer together the bonds of mutual understanding and lasting concord it is fitting that this

488

THE CHINESE TELEGRAPH COMPANY.

Telegrams accepted for all Telegraph Stations in the World

STATION

TELEGRAM Nr.______Class______Words.

Given in at______the______190______H.______M.______/m.

fresh tie between western and eastern continents should begin its happy service by bearing a message of good will and I voice the earnest earnest wish of this government and of my countrymen for the happiness and welfare of your majesties and for the continued prosperity of the chinese empire and of your great people

Theodor roosevelt

附件

收美國國電　三月廿四日　卅二年

大清國

皇太后

皇上陛下茲因美國由本國之太平洋岸去遠東新設海綫大工告成總

統乘此機會謹具電恭

皇太后

皇上陛下中美之邦交並兩國人民從此日以益加親密矣新綫開

通之始首先傳遞此電申賀並祝

皇太后

大皇帝福壽康健國泰民安　美總統羅斯福

八七

敬啟者本月十七日肅布美字第一百零七號公
函計邀
堂鑒美總統女公子前因成婚嘉禮荷蒙
恩賞添粧經 誠先行傳達函代電
奏謝旋准美國柔使寄遞
賞物到洋 誠即賫交祗領均經電陳在案茲接盧女公
子函稱前者遊華上荷
兩宮眷顧禮遇崇隆今茲又蒙
遠頒珍物以殊方之女子承
寵異於非常感激之忱與生俱永謹呈小照一幅務請代呈
慈聖用代侍從之役以伸依戀之私等語並將小照送交

到館經　誠驗視該照係成婚之日所攝穿着婚禮
吉服手持蘭花一束照片長西尺十五寸寬西尺
十寸有盧女公子親筆簽名並著年月款識均屬
極為得體　誠特飭匠專製金邊木架如式裝潢外
用木箱封固交轉運公司保險寄呈
鈞部代為
進呈並將盧女公子之意婉達
天聽即希
回明
邸堂列憲詧核是荷專肅敬請
均安　　梁誠頓首

光緒三十二年四月二十一日
美字第一百零八號

八八

六
日录外部

梁誠片

再，藍翎侍衛譚錦鏞經臣咨調出洋，前年金山
商民爭鬬，以該侍衛籍隸廣東，鄉評素洽，派令
前往和解辦理，甫有頭緒，忽因在中華會館議
事夜深歸署，途遇警兵，言語不通，誤被拘去，旋經
詢明釋出。該侍衛以迹近侮慢，恚極自裁，旅美
商民同聲悼歎。臣接據領事稟報，照會美外
部，特飭地方官將該警兵按律懲究。伏念該侍
衛素性謹飭，志趣向上，乃以猝遭无妄，遂援士
可殺不可辱之義，毅然授命，殊堪惋惜。查隨使
人員在洋身故，例得從優議卹，歷經辦理有案。
今該侍衛因公遇事，異域隕身，較之積勞病故
尤為可憫，合無仰懇
天恩，俯准飭部將藍翎侍衛譚錦鏞從優議卹，以
慰忠魂。除將該侍衛履歷咨呈外務部，特咨兵
部備核外，理合附片陳明，伏乞
聖鑒訓示。謹
奏。
光緒三十二年五月十二日奉
硃批：著照所請，該部知道。欽此。

八九

咨呈

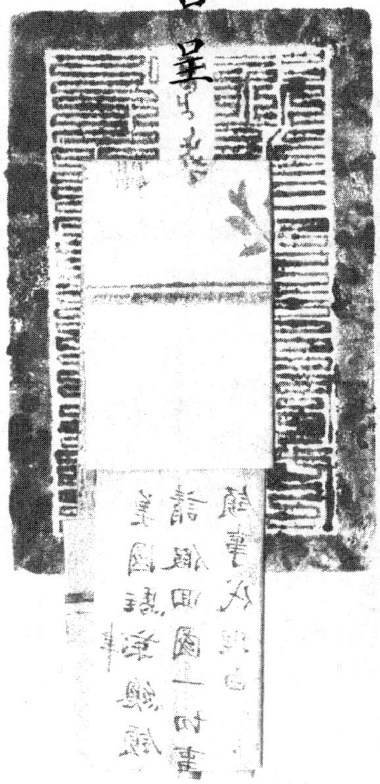

欽差大臣太子少保全權大臣參預政務大臣會辦練兵大臣督辦電政大臣鐵路大臣直隸總督部堂兵部尚書都察院右都御史辦理北洋通商事宜[illegible]袁　為

咨呈事據美國駐津總領事若士得函稱敝國現准本總
領事請假回國於本月初十日將一切事務交副總領事
潘士恩代理即布查照為荷等情到本大臣據此相應咨呈

貴部謹請查照須至咨呈者

右咨呈

外務部

光緒三十

日

川

咨呈

北洋大臣文

欽差大臣太子少保全權大臣參預政務大臣會辦練兵大臣督辦電政大臣鐵路大臣兼管長蘆鹽政兵部尚書都察院右都御史辦理北洋通商事宜直隸總督部堂袁　為

咨呈事據代理美國駐津總領事潘士思函稱兹本副總

領事代理美總領事署事務定於五月初十日接印任事

即希查照為荷等情到本大臣據此相應咨呈

貴部謹請查照須至咨呈者

右咨呈

外務部

光緒

日

九一

和會司

呈爲咨送事准吏部咨稱准外務部咨送出使美國梁大臣奏奬出洋人員案内何永紹捐照一紙到部查驗係屬相符將原照送還轉行等因前來相應將原照一紙咨送貴大臣飭交該員收執可也須至咨者

駐美大臣梁

光緒三十二年六月　日

九二

欽命太子少保頭品頂戴兵部尚書兩江總督部堂南洋通商大臣一等威毅伯曾　為

咨明事竊照前駐上海美總領事古納光緒上海衣廾道

稟請派為滬浦總局叅議員原為中外聲氣易通並與

工師各員聯絡稽核聲明俟工程師到局後所有用人分

任章程再行由局安訂稟辦嗣因古納與上海各領意見

不協而金陵洋務正需洋員相助本年正月間經本大臣

電調來甯派充南洋洋務顧問官每月薪水銀六百兩

訂以六個月為期並准該洋員聲請添用文案繙譯一

員月支薪水銀五十兩共月支銀六百五十兩均自本年正月

分起支飭由籌防局撥款發交洋務局轉送扣至五月底止

連閏計六個月差委期滿又因尚有經手交涉未完事件留

充原差三個月截至八月底止共九個月該洋員並文案繙

譯薪水應支銀五千八百五十兩除飭洋務局傳知該洋員

古納屆時期滿銷差外所有該洋員並文案繙譯薪水支

數起住日期現據籌防局司道詳請專案核咨前來相應

咨明為此咨呈

貴部謹請查照立案施行須至咨呈者

右　　咨　　呈

外　　務　　部

光緒拾貳年柒月拾玖日

咨明事

欽差出使美秘古墨國大臣梁　為

咨呈事竊查美國太平洋濱海一帶地方遼闊華民衆多如砵崙舍路砵亶順等處行旅往來商賈萃集亟應派員專駐用資照料查有花翎道銜梅伯顯久居砵崙等埠衆望素孚此次隨同料理金山賬務亦屬得力堪以派充駐砵崙埠代辦領事官專理阿理近華盛頓埃地賀滿灘拿等省華僑事務不領薪俸所有公費亦聽自備除札委並照會美外部取發准照外所有派充代辦領事官緣由理合備文咨呈

貴部立案擬俟該領事官任事後由本大臣察看如果得力屆其期滿比照請獎如不得力仍請隨時撤退以昭慎重為此咨呈

貴部謹請咨核施行須至咨呈者

右　咨　呈

外　務　部

光緒叁拾貳年捌月初壹日

九四

敬啟者本月初八日肅上美字第壹百貳拾號函計荷
堂鑒㢈居别國禁外華民赴美執照應歸何人發給向無
明文從前如古巴等處由我總領事發照美領簽印
嗣以假冒朦領等弊經美國政府挑剔不認駐外華
領有發給此項執照之權近十年來諸多不便今春
有學生由南非洲遊歷來美經劉總領事王麟援照
舊章給發執照及至抵美工商部員以該總領事未
經我國授權發給此項執照百端挑駁經敝處力爭

暫准取保登岸旋與美外部往復駁詰前署外部碑
根復文有中國政府指派何人發照原是應有之權
若指定其駐外使領有此特權自無不可等語誠晤
碑根將中國擬即按照所説指定駐紮各國公使領
事給發此項執照其無中國官員之處即倩美國公
使領事代發等情面告旋即咨呈
鈞部懇請轉行照辦荷蒙
採納飭令照會美外部備案辦理上月杪外部總辦田

嘉理來言美國使領代發華人執照一事辱承見信
實為榮幸滿擬通行照辦適經細查向章該使領等
本有查驗執照之責再令發照於例不合深恐將來
有錯被人藉為口實再四審度礙難照行應由中國
另託别國使領料理此事等語昨日接署外部愛地
來文力言美官發照之不便所持尚近事理其非有
心推託尚屬可信自不必過於相强惟中南美洲無
約諸國華僑事務向託美國使領兼理若另請他國

給照又覺諸多窒礙似須審慎圖維再定辦法應請
將中國未經設官地方此項執照如何給發暫不置
議該署外部來文又以中國授權使領各官過於寬
博恐滋流弊為言彼蓋不知中國外交領事等官員
數體制以為亦如别國領事之多至數百處者紛紛
給照必有朦混恐為工黨所執責故欲我將授權給
照之公使代辦總領事領事等銜開列清單聲明駐
紮何國俾便考查實與從前

鈞部開送内地發照官員清單辦法相同似可照准錄
送查我國現在駐外公使計英法德俄和比義奥日
本共九員代辦計日斯巴尼亞葡萄牙墨西哥古巴
祕魯共五員總領事計南斐洲高麗星加坡小吕宋
横濱共五員領事計神户長崎檀香山嘉里約及高
麗之釜山仁川元山濟物浦等處不及十員商務委
員計海參崴檳榔嶼等處二員為數並不過多應請
鈞部照復柔使並行知敝處將現在駐外公使代辦總

領事領事商務委員各官缺開單照送美國政府作
為我國授權給發此項執照之官仍聲明嗣後續派
隨時知照免使他日爭執管轄之見伏乞
代回
邸堂列憲採擇施行以挽主權而便行旅不勝翹企禱盼
之至謹將美署外部愛地復文譯漢錄呈統祈
詧閱專肅敬請
均安 附譯件
梁誠頓首
光緒三十二年八月十三日
美字第壹百貳拾壹號

附件

卜

翔字五百四十五號

譯件

照譯美署外部愛地來文 西一千九百六年九月二十八號 光緒三十二年八月十一日

為照會事前准本月十四號

貴大臣第七十七號來文論及居在別國之中國人民係在禁外者按照第六款例給照來美一事

來文內開帝國政府經已指明駐紮各國之公使領事官員授有特權發給此項執照於寄屬各該國之中國人民又開其中國未派公使領事之國即請美國公使領事代發此項執照各等因本部前於西八月一號接我國駐京公使轉達

貴國外務部照會譯文一件照會之意即係告知該公使以中國政府所擬辦法與

貴大臣所言相同並請該公使轉達本部知照辦理我國政府固願將禁外華民入美一切留難力為清除然此次所擬辦法

頗有窒礙本署大臣不得不一一聲明查第六款例執照原以確
實可據絶無疑議爲要點故例定所發之照須由美國公使或
領事查驗簽印儻以職應查驗此照之官員責成發給此照不
但於例章相背抑且足生紛擾而起論議我國政府思之至再
不願令我駐外公使領事於此項發照已有例行之職守再擔
別項之責成也至於

貴國政府所擬授權給照界限未免太寬果爲實行條例及使
利禁外華民入美起見似應將每國何官或何項官得有此權
明白指定如駐某國之中國公使或代辦駐某國之總領事或領
事或中國政府所指明之某官應有此職是也若僅含渾授權於
中國公使代辦總領事或領事不分駐紮何處則糾纏紛起勢
所不免矣然猶有進者此項發照之權又不宜過於寬及也凡
入籍別國之華人應由別國政府給照而不由中國又凡寄寓外
國之禁外華民欲來美國當可於經過地方親詣曾經中國授
權之官員（不必限定中國官員）請發執照固不難也本部業經
咨行駐京柔大臣將此意旨照會

貴國外務部即希

貴大臣並將詳情轉達

貴國政府爲幸本部此舉無非欲於施行禁例之中悉按兩
國條約宗旨兼以杜絶將來爭執事端尚希

貴大臣鑒諒爲此照會須至照會者

署外部愛地押

LEGATION OF THE UNITED STATES OF AMERICA,
PEKING, CHINA.

To F.O. No.173.
W.

October 17, 1906.

Your Imperial Highness:-

I have the honor to inform Your Imperial Highness that, having received from my Government leave of absence for a few weeks, I propose to leave Peking for Japan on the 19th. inst.

During my absence or until the arrival of his successor, Mr.Thomas Ewing Moore, Mr.J.G.Coolidge , the First Secretary of this Legation, will be Chargé d'Affaires of the United States.

I avail myself of the occasion to renew to Your Imperial Highness the assurance of my highest consideration.

W. W. Rockhill

Envoy Extraordinary and
Minister Plenipotentiary
of the United States.

To His Imperial Highness, Prince of Ch'ing,
President of the Board of Foreign Affairs,
etc. etc. etc.

附件

照會

大亞美理駕合衆國欽命駐劄中華便宜行事全權大臣柔　為

照會事，本大臣茲向本國政府請假數禮拜，已蒙照准，擬

於本月十九號出京，前往日本，所有本館全權大臣事

務，暫交頭等參贊固立之署理。現在本國政府已派

莫多馬為本館新任頭等參贊，如該員到任時，自

應由固參贊將全權事務，再行移交莫參贊署理，

相應照會

貴親王查照，遇有交涉事件，即便與本館署大臣辦

理可也。須至照會者。附送洋文

右　照　會

大清欽命全權大臣便宜行事軍機大臣總理外務部事務和碩慶親王

一千九百陸年拾月拾柒日

光緒叁拾貳年捌月叁拾日

九六

和會司
呈爲照復事接准
照稱本館漢務參贊賀多馬請假回國暫調駐
廣州副總領事韓慈敏署理副漢務參贊事務等
因本爵大臣均已閱悉相應照復
貴大臣查照可也須至照會者
美柔使
光緒三十二年九月　日

九七

照會

大亞美理駕合衆國欽命駐劄管理全權事務大臣固　爲

照會事、茲奉本國政府訓條云、一千九百零六年四

月五號、

大伯理璽天德、批准議院所訂整頓美國領事官制之律

一條、該條內有一款、新設官五員、巡查各處領事所

辦之事、有

總統特畀之文憑、名為分巡監察領事事務之總領事官、

由外部大臣派該五員分往稽察、若某處領事辦事

失職、

總統可派該各員分往、應畀其有權暫將某領事或總領

事撤任、自行署理、惟署期不得逾九十日以外、該監

照章先請某國政府、認其為某處駐劄領事官、故囑

本署大臣將、新設分巡監察領事事務總領事官五

員銜名開送
貴親王查照轉請
貴政府即認該各員為任此等事之總領事官嗣後
如於該五員內派某員署駐中華某領事之任請准
其無須延誤剋即署理不過由本館知照
貴部又應直達該處地方官茲將該五員銜名開列
清單並抄錄
總統發給之文憑字樣附送即希轉請
貴政府認該員為分巡監察領事事務總領事官如

奉有特權署理中華何口總領事及領事、不過按以

上所言知照

貴部並地方官可也。為此照會，須至照會者。附洋文併抄件

右　照　會

大清欽命全權大臣便宜行事軍機大臣總理外務部事務和碩慶親王

一千九百陸年拾月貳拾叁日

光緒叁拾貳年玖月初陸日

LEGATION OF THE UNITED STATES OF AMERICA

附件一

美國分巡監察領事事務之總領事官五員

巴特滿

掐　士

迪經森

慕而斐

華盛頓

附件二

美國特派分巡監察領事事務之總領事官文憑　楊書雯譯

美國總統為給發文憑事照得美國新設分巡監察領事
事務之總領事官五員今查有某某處某某人明幹練
真實眾望頗孚堪勝斯任除由政院許可外茲特簡
派該員充當分巡監察領事事務之總領事官
前往某某國所有一切領事應得權利悉准該員
享受惟不得需索格外費用致干未便凡我
美國軍民人等以及官商船隻悉認該員為國
家所派充斯職之員該員所至之國其國君
官長務望承認該員為美國特派分巡監察
領事事務之總領事官以行其職並允格外優待
保護無得留難倘特來其國君遴派相同之分巡
總領事官至美國本總統亦當一体優待也特給
印憑以昭信守須至文憑照者

耶穌一千九百　年　月　日 美國總統押

九八

和會司
呈爲照復事接准
照稱本國海軍衙門擬派水師游擊道爾提
爲駐本館水師隨員請將能否相認之處速
爲示復等因本爵大臣均已閲悉相應照復
貴署大臣查照轉達可也須至照復者
美固署使
光緒三十二年九月　日

九九

卌

照會

大亞美理駕合衆國欽命署理全權事務大臣固　為

照會事本國

大伯理璽天德簡派莫多馬為本館頭等參贊前已由

柔大臣照會在案莫參贊茲已來京本署大臣合將

本館全權事務移交署理相應照會

貴親王查照希即以莫署大臣為署理欽差直到

柔大臣旋館可也須至照會者　附洋文

右　　照　　會

大清欽命全權大臣便宜行事軍機大臣總理外務部事務和碩慶親王

一千九百陸年拾壹月貳拾叁日

光緒叁拾貳年拾月初捌日

附件

LEGATION OF THE UNITED STATES OF AMERICA,
PEKIN, CHINA.

To F.O. No.186.

W. November 23, 1906.

Your Imperial Highness:-

I have the honor to inform Your Imperial Highness that I have this day handed over charge of this Legation to Mr.Thomas Ewing Moore, who has been appointed First Secretary of the Legation, as Your Imperial Highness has been informed already. Mr. Moore will be Chargé d'Affaires of the United States, therefore, until the return of the Minister, Hon. W.W.Rockhill.

I avail myself of the occasion to renew to Your Imperial Highness the assurance of my highest consideration.

John Gardner Coolidge
Chargé d'Affaires of
the United States.

To His Imperial Highness, Prince of Ch'ing,
President of the Board of Foreign Affairs,
etc. etc. etc.

一〇〇

和會司

呈為咨行事前於本年五月十二日奏獎期滿隨
使各員案內經吏部咨取各該員原捐執照查
驗以憑註冊嗣准
貴大臣將駐美使署隨員梁丕荃等捐照實
收二十五張咨送本部當經轉行去後茲准吏
部片復查驗均屬相符送還等因相應將原
送捐照二十張實收五張咨送
貴大臣查照繳還各該員收執可也須至咨者
附捐照實收一封

出使美國大臣梁

光緒三十二年十一月 日

一〇一

逕啟者光緒二十九年間本國派深明地學大學堂教習維理士來華考查直隸山東山西四川陝西一帶地學迨旋美後隨將所查各處之地質石層均繪成圖並著書列說茲將所繪各圖寄來本館請為轉送

貴親王先行查閱至其所著之書現尚刊刷未畢俟印就續行寄送等因合將所寄之圖附函代送即望

檢收見復是荷順頌

爵祉

名另具 十一月初七日

柔克義

一〇二

逕啓者昨接
来函爲值西歷更新
貴部王大臣擬於本月十八日下午三兩點半鐘偕同奉
旨釐定各部院大臣分起来館賠賀等因既承
雅誼本大臣欣悦屆時恭候
賁臨是荷此復即頌
鈞祺

名另具　十一月十三日

一〇三

收

欽差出使美墨秘古國大臣梁　為

咨呈事案照出使向章各署咨調人員派充學生供事應將履歷及
到差日期彙案咨送立案本大臣抵任業已三年所有學生供事各
員或擢充繙隨或期滿回國亟應添調以供差遣查有監生周思敬
堪以派充駐美使署學生候選縣丞麥洞庭堪以派充駐美使署供
事俊秀鄺文光堪以派充駐金山總領事署學生附生陸齊禮堪以
派充駐墨使署學生附生黃應鏗堪以派充駐古使署學生理合將
各該員等履歷及到差日期彙同開具清冊備文咨呈
貴部察核備案施行須至咨呈者　計送清冊壹本

右　咨　呈

外　務　部

光　緒　叁拾貳　年　拾貳　月　拾伍　日

附件

附收

出使美墨秘古國大臣　造送
添派學生供事各員履歷清冊

行原冊

出使美墨秘古國大臣梁　為造送事謹將各使署學生供事各員履歷繕
具清册咨呈
貴部轉咨
吏部備案須至册者
計開
駐美使署學生周思敬年十六歲江蘇無錫縣人光緒三十二年四月經本
大臣札調出洋派充駐美使署學生八月初一日到差
駐美使署供事候選縣丞麥洞庭年三十七歲廣東廣州府南海縣人光緒
二十年三月充古巴嘉連埠商董二十一年在順直賑捐案內由俊秀報
捐監生並縣丞職銜二十二年十一月二十七日經
部核准給照二十三年二月商董三年期滿經
前出使大臣楊　奏保以縣丞不論雙單月選用是年五月二十五日奉
硃批著照所請該衙門知道欽此三十二年經本大臣派充駐美使署供事二
月初九日到差
駐金山總領事署學生鄺文光年二十四歲廣東廣州府香山縣人光緒
三十二年經本大臣派充駐金山總領事署學生二月初十日到差

駐墨使署學生附生陸齊禮年三十歲廣東廣州府三水縣學附生光緒
三十二年六月經本大臣派充駐墨使署學生
駐古使署學生附貢生黃應鏗年三十歲廣東廣州府新寧縣附貢生光緒
三十二年經本大臣派充駐古使署學生二月初十日到差

光緒叁拾貳年拾貳月拾伍日

榷算司

呈為照復事前准

照稱奉天安東照中美商約條款開埠願兩國早有得便之期俾美國與中國派員會同商訂惟應行聲明約内雖云訂定奉天等處為洋人居住租界因為洋人方便實已於奉天城内或附近城外地方作為通商之埠安東縣亦與奉天相同該二處設立洋人居住租界美國各領事均仍有居住該各城内之權緣附近官署較為方便又美商雖應居訂定地界以内實不能廢其在該各城内按約貿易應有之權甚望早日定期會商該二處洋人居住租界與按約所列訂定一切章程等因當經本部咨行　盛京將軍查照與

貴國總領事會商去後茲准　盛京將軍

復稱

貴國駐奉總領事以奉天全市皆可通商居住不認劃定一部地界等情查中美新約載奉天安東二處由中國自行開埠通商此二處通商訂定外國人公共居住合宜地界等語是劃定一部地界以為外國人通商居住之所自是照約辦理若奉天全市通商寔與約内訂定合宜地界之文義不相符合且來照本稱該二處設立洋人居住租界既為租界何有全市再領事居住城内為近官署起見斷不能并商人亦襍居城中反失此次新

約本意
來照所稱城內有按約貿易之權是言洋貨入城
得照常貿易並非洋商遂得任便居住
貴國總領事實有未喻
貴大臣意旨之處相應照復
貴大臣查照轉飭駐奉總領事務遵條約與
盛京將軍會商可也須至照會者
美柔使
光緒三十二年十二月 日

一〇五

欽差出使美秘古墨國大臣梁 為
咨呈事案照光緒三十三年二月初九日承准
貴部咨開本部具奏議覆變通出使章程一摺於本年十二月十二日奉
硃批依議欽此相應恭錄
諭旨刷印原奏咨行查照等因承准此除欽遵辦理外相應備文聲復為此
咨呈
貴部謹請察照須至咨呈者
右 咨 呈
外 務 部
光緒叁拾叁年貳月初拾日

一〇六

和會司

呈爲照復事接准

照稱美國兵部現派陸軍第十四鎮馬隊都司黎富思爲

駐華美國使館武隨員該員定於本年西五月七號接受

連都司那得之任等因前來本爵大臣均已閱悉相應

照復

貴大臣查照可也須至照復者

美國柔使

光緒三十三年二月　日

一〇七

和會司

呈爲照復事接准

照稱前曾照會派游擊道爾提爲駐本館水

師武隨員旋准復在案茲接外部來文該游

擊已升參將等因本爵大臣業已閱悉相應

照復

貴大臣查照可也須至照復者

美柔使

光緒三十三年二月　日

一〇八

逕啟者，昨准領銜大臣函稱
皇太后
大皇帝諭定各國駐京使臣及參贊等之眷屬於西四月二十六
號
覲見，請將本館是日入
覲之姓氏先期開送
貴部等因。茲將本館是日入
覲之姓氏先期開送，即希
貴親王查照，附入是日
覲見册内是荷。特此，即頌
爵祺。附單並洋文
名正具 二月二十六日

附件一

AMERICAN LEGATION,
PEKING, CHINA.

To F.O. No. 237
H.

April 8, 1907.

Your Imperial Highness:

Having been informed by His Excellency the Dean of the Diplomatic Corps that Their Imperial Majesties the Empress Dowager and the Emperor will receive the wives of the Ministers and secretaries in audience at eleven o'clock on the morning of April 26th, and having been requested to send to Your Highness' Board the names of those who will attend from this legation, I have the honor to submit the following list:-

Mrs. W.W.Rockhill.

Mrs. E.T.Williams

Mrs. T.W.Haskins.

Mr. T.W. Haskins will attend as interpreter.

I avail myself of the opportunity to renew to Your Imperial Highness the assurance of my highest consideration.

W.W. Rockhill

Envoy Extraordinary and
Minister Plenipotentiary
of the United States.

To His Imperial Highness, Prince of Ch'ing,
President of the Board of Foreign Affairs.
etc. etc. etc.

附件二

計開

美國使臣柔克義之妻柔頗氏

漢務參贊衛理之妻衛羅氏

副漢務參贊賀多馬之妻賀高氏

譯員

漢務副參贊賀多馬

和會司
呈爲照復事接准
照稱本國所派駐暹羅之頭等參贊絡克林現
暫調駐此京署本館頭等參贊之任等因前來
本爵大臣現已閱悉相應照復
貴大臣查照可也須至照會者
美柔使
光緒三十三年三月　日

一一〇

逕啟者華歷四月初九日本館頭等參贊絡克林偕同駐日
本美使館達參贊携眷前往
西陵瞻仰即希
貴大臣函達守護大臣照料
貴心之處容俟面謝此泐即頌
台祺
名另具 四月初五日

柔克義

一一一

欽差出使美秘古墨國大臣梁　　為

咨呈事竊照本大臣前承准

貴部咨開准吏部知照出使美墨秘古國大臣梁具奏隨使人員期滿照章請奬一摺光緒三十二年五月十二日奉

硃批著照所請該部知道單併發欽此又附奏總領事官鍾寶僖丁憂期滿一律請奬一片同日奉

硃批著照所請該部知道欽此業經欽奉

諭旨允准應即欽遵註册該員等如有報捐各案應令將原捐執照送部查驗請轉行等因相應咨行查照即將各員捐案執照送部以便轉交吏部查驗等因當經先將駐美使署隨員梁丕荃等捐照實收共貳拾伍張送驗相符發還收執又續將駐美使署隨員伍常等執照共拾叁張實收共貳張咨請轉送查驗在案茲據前駐秘使署隨員王恭爵稟繳原捐執照叁張駐祕嘉里約領署隨員黃福燿稟繳原捐執照叁

張共執照陸張先後繳呈請為轉送前來除批復俟送查驗再行發
還並未經繳照之員俟呈繳到日再行送請轉咨外理合備文咨呈
貴部轉咨
吏部查驗相符發還收執為此咨呈
貴部謹請察照施行須至咨呈者
計送執照共陸張

右　咨　呈

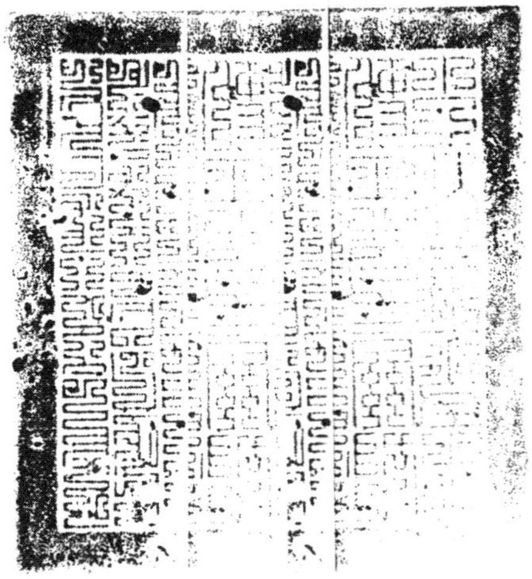

外　務　部

光緒叁拾叁年肆月貳拾捌日

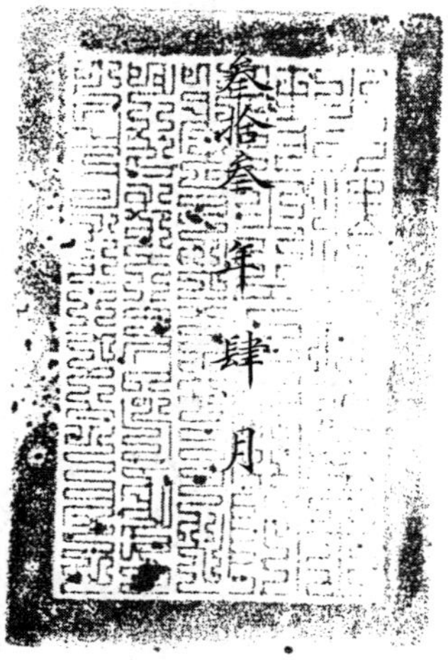

一一二

欽差出使美秘古墨國大臣梁　為

咨呈事案照光緒三十三年五月初三日承准
貴部咨開准吏部咨稱出使美國梁大臣奏奬隨員案内伍常等捐照實收本部查驗係屬相符送還轉行等因相應將捐照七張實收一張咨送查收飭交該員收執等因承准此除分別札發外理合備文聲復為此咨呈
貴部謹請察照須至咨呈者

右　咨　呈

外　務　部

光緒叁拾叁年伍月初肆日

一一三

和會司

呈為照復事接准
照稱本國外部電稱駐華頭等參贊莫多馬調任他往仍以前駐華二等參贊費勒器調充使館頭等參贊該員現已來京任事應請查照等因本爵大臣均已閱悉相應照復
貴大臣查照可也須至照復者

美柔使

光緒三十三年五月　日

一一四

為

欽差出使美秘古墨國大臣梁

咨呈事竊照美國砵崙埠華民衆多事務紛繁前經派委商董道銜梅伯顯充該埠代辦領事業經咨報在案茲據該代辦領事稟稱出洋數十年家有老母望切倚閭屢催歸省任内並無經手未完事件懇請給假歸省俾遂烏私等情查該代辦領事情形熟悉辦事妥協本不欲遽允所請惟情詞迫切不忍過拂業已批飭照准所有該埠事宜以及兼轄之柯利近等省事務即由金山總領事就近督同會館商董等妥為料理毋庸另行派員以歸簡便除分別飭知外理合備文咨報為此咨呈

貴部謹請詧核備案須至咨呈者

右咨呈

外務部

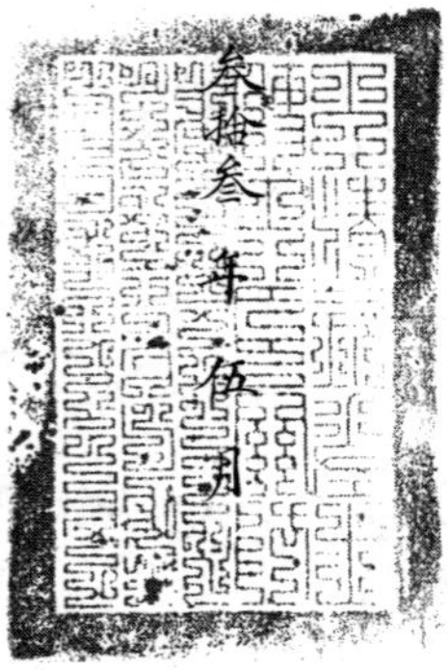

光緒叁拾叁年伍月初拾日

901

25/6

THE IMPERIAL CHINESE TELEGRAPH ADMINISTRATION.

858a

U S govt

Telegrams accepted for all Telegraph Stations in the World

STATION

TELEGRAM Nr. 2/528 Class ______ 20 Words.

Given in at Washington the ______ 190 8 ______ H. ______ M. ______ /m.

His majesty the Emperor of China Peking

I offer your majesty my sincere congratulations on this natal anniversary

theos roosevelt

附件

照譯美國總統國電 六月二十五日

大清國
大皇帝陛下欣逢
大皇帝萬壽恭賀以表誠意羅斯福

一一六

照會

大亞美理駕合衆國欽命駐劄中華便宜行事全權大臣柔　為
照會事。茲奉本國外部大臣文囑，據海部大臣文
稱：擬派海軍游擊吉禮思為駐劄中華美國使館
水師武隨員，請轉達等因，相應照會
貴親王查照，轉准照章接待可也。須至照會者。附送洋文

右　照　會

大清欽命全權大臣便宜行事軍機大臣總理外務部事務和碩慶親王

一千九百柒年捌月貳拾陸
光緒叁拾叁年柒月拾捌日

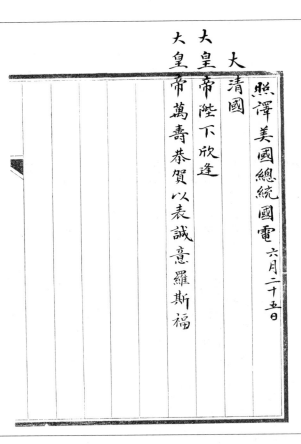

一一七

代理美墨秘古使事暫留美館二等參贊官周自齊為申復事竊光緒三十
三年八月十六日奉
鈞部文開准吏部片稱出使美國梁大臣奏奬隨員案内王恭爵
黄福燿二員捐照本部業已驗訖將原照送還請轉行等因相應
將該員等捐照六張劄行查收轉給該員等收執等因奉此除分
別轉給外理合備文聲復為此合申
鈞部謹請察照須至申者
右　　　申
外務部

光緒三十三年八月十八日

一一八

頭品頂戴陸軍部尚書銜都察院都御史閩浙總督兼福建巡撫事閩海關印務兼署鎮閩將軍松　為
咨呈事據洋務局詳稱商民鄭武取具南行成裕號保人王寶
銘切結稟請給照前往美國小吕宋地方經商等因當經由局
查驗明白照章掣填執照並飭繙譯代繕洋文簽字完妥除詳請
督憲衙門會咨外合將華洋文護照各一紙詳送憲台察核盖印
照送美領事簽字發局轉給並請分咨
外務部
南北洋大臣查照暨將副照裁送
出使美國大臣查收備案等由又同日詳送美會婦幼醫館女學
生方紫英前往美國游學華洋文護照各一紙各同前由嗣據閩
海關務處詳稱案奉憲行批洋務局詳華人赴美告示分別賓
貼一案凡有赴美請照之人應令稟由關務處發給分別收費報
部未便由局辦理等因本處當以游學一項係為有志求學與
經商游歷情形不同嗣後赴美護照除經商游歷仍遵

部章至金山收半費四十六元至小呂宋檀香山收半費二十三元一
律照收外此項游學照費應即全行豁免詳奉批准在案茲准
美國葛領事函以美以美會學女鄭玉嬌擬請護照前往美
國游學請賜查驗並據保人陳文疇帶同該學女到處當經查
驗明白確詢實情照章掣填執照並飭繙譯代繕洋文除詳請
憲台
督部堂衙門會咨外合將華洋文護照各一紙詳送憲台察核
蓋印照送美領事簽字發處轉給承領並請分咨
外務部
南北洋大臣查核暨將副照裁送
出使美國大臣查收備案各等由據此除將商民鄭武女學生
方紫英學女鄭玉嬌三名華洋文護照各三紙蓋印照送美領事
簽字蓋印茲准照還當即發交關務處轉給承領並將副照裁送

出使美國大臣查收驗放及分咨查照外相應咨呈為此咨呈
外務部謹請察照施行
右　咨　呈
外　務　部
光緒叁拾叁年八月十八日

一一九

照會美柔使等奉旨伍廷芳充出使大臣由

行　行

左侍郎聯 八月十九日

右侍郎汪 八月十九日

署右侍郎梁

和會司

呈為照會事前因出使美貴國大臣梁誠已居期滿經本部奏請

簡員接充奉

旨著充出使美墨秘古國大臣欽此現梁大臣奉

命署理本部右侍郎所遺出使大臣一缺於八月十六日奉

旨伍廷芳著充出使美墨秘古國大臣欽此相應恭錄
諭旨照會
貴署代辦大臣查照並希轉達
貴國外部可也須至照會者
各國駐京大臣
光緒三十三年八月　日

一二〇

和會司
呈為照復事前准
柔大臣照稱本大臣現已請假回國所有本館
全權事務遺交頭等參贊費參贊署理
等因前來本爵大臣均已閱悉相應照復
貴署大臣查照可也須至照復者
美費署使
光緒三十三年八月　日

一二一

欽命頭品頂戴署理北洋大臣直隸總督部堂山東巡撫部院楊　為
咨呈事據津海關道梁如浩呈稱八月初九日准駐津美
國總領事若士得函送執照一紙內開茲有美國商人趙
習農由津往保定府地方游歷經過上西河請蓋印前來
除印發並札飭外理合呈報查核等情到本署大臣據此
相應咨呈
貴部謹請查照須至咨呈者
右　咨　呈
外　務　部
光緒三十三年九月初二日

一二二

[redacted]

竊查留學各國大學專科畢業生迭經
大部電調回國效用在案參贊此次卸事回華道經美
國阿利近省之砵崙埠查有法律學生薛天眷係廣
東新會縣人在阿利近省會大學校畢業領有文憑
並有美國國家及該處地方官給予執照准其在於
該省充當律師又化學畢業生李約翰係廣東高要
縣人在市加咕大學校畢業已領文憑現經該大學
總教習聘為化學科副教習頗有名譽該二生等向
係自費留學聞其刻苦異常不求聞達駐美大臣及
金山總領事或未及訪察現當需材之際參贊見聞
所及用敢上陳可否由
大部調回效力以免楚材晉用之處伏祈
察核 前代理使事駐德二等參贊官吳壽全謹呈

一二三

具稟金山中華會館紳董舉人謝壽康舉人劉航訓導林賡韶稟貢
甄天保中書銜鄧廷棟同知銜李遇春五品頂戴譚聖謀戴永祥
甯陽會館商董同知銜黃漢章州同銜李佑寬陳源宜中書銜鄺
堯敬陳禩堯五品頂戴李鏡秋雷光黃森家甄碩光劉希鏡伍熙
榮三邑會館商董同知銜陳敬農何展雲盧星芸五品銜鄧廣英
羅保中梁忠宏陽和會館商董五品頂戴唐永均陸潤卿李杏珊
劉冠珍黃緒勝胡贊臣岡州會館商董武舉温安邦同知銜趙綽
賢楊奕揆張子庭中書銜陳天民合和會館商董五品銜余頌聲
鄧蕃隆胡植庭鄭展志肇慶會館商董同知銜張喬椿中書銜黃
日如五品頂戴何鴻燕恩平會館商董四品銜譚錦泉關國河人
和會館商董謝信芳等
稟為領事實心為民聯乞 奏請留辦善後以資熟手而慰民望事
竊去年金山震災僑民蕩析離居蒙前梁使憲調現任總領事孫士

頤來金接辦賑務諸臻妥善到任甫及一年凡保護華僑顧全大局
實心實力感戴難忘其大者如江北水災督率紳商設立義賑會轉
濟內地數逾二萬奉　諭禁煙又捐廉倡設戒會俾知觀感至苛例
交涉則有如英輪華工被船主苛待泊金逃岸為美員留押親往撫
慰卒與英領力爭將十餘人放還中國又德船管駕虐待華人水手
三十餘名總領事查知力與德領磋商卒致德船公司將管駕革除
旋偕紳商等籌請周代使憲轉詳　鈞部在案其餘交涉案件如西
匪殺人代領遺產等事商民一告無不切實力爭函電交馳罔辭勞
瘁近日華埠漸次建復正在與紳商等籌購地段新建中華會館附
設國文學堂及捐廉倡復醫院此兩事現正辦有頭緒惟事體重大
成立需時聞總領事有欲復回金埠陳請終制之說萬一更調則籌
辦善後恐多窒礙查去冬領事舉報丁艱經紳民電乞　奏留已蒙

恩准為此援例再乞　恩施在領事遠大前程本宇宙蒼生之霖雨在
紳商等恐瞻依失所為同人赤子之號咷除九月二十五日經電稟
外謹瀝陳郵稟乞　俯順輿情可否將現任總領事孫士頤　恩准
奏留辦理以資熟手而慰衆望華僑沾　恩切赴
外務部王爺列憲大人爵前　恩准施行

光緒三十三年十月　日稟

駐金山中華總會館圖記

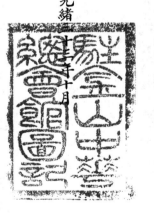

一二四

逕復者昨接
來函以本館現值新年
貴親王及各位大臣定於本月二十九日下午三點鐘三
點半鐘偕同
各部院大臣分起來館賀年既承
雅意本署大臣至日自應在館拱候即望
貴親王及
各部院大臣屆時
貴臨是荷順頌
時祉
名正具十一月二十三日

一二五

逕啓者，茲有美國米西利省巨紳斯台芬來京，暫留數日，本館二等參贊德齡，欲於此四五日內偕同該大員趨赴
頤和園瞻仰，藉擴眼界，可否，即希
貴中堂轉知該處官兵，准行觀瞻，並請將此四五日內何日可往
一併預爲示復，爲盼，耑此，順頌
日祉

名另具　十二月初三日

費勒器

一二六

大

申

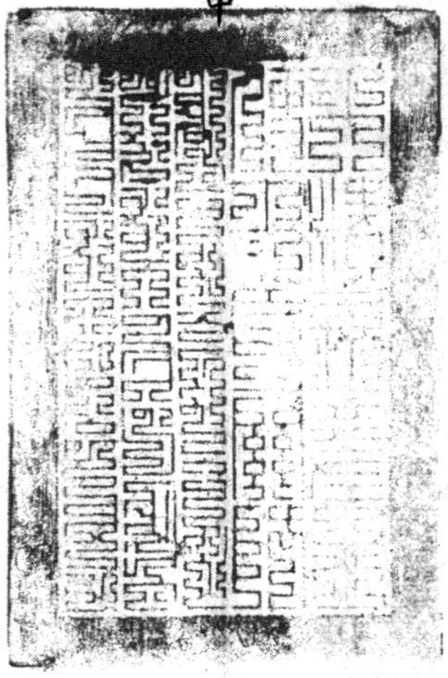

代理美墨秘古使事暫留美館二等參贊官周自齊為申呈事竊照出使章程在洋
丁憂奏留人員差滿回籍補制應隨時分别咨明辦理歷經遵辦有案茲
查有駐美國舊金山總領事官三品銜分省補用知府孫士頤浙江杭州府
錢塘縣人於光緒三十二年十一月十四日在洋聞電丁母憂經
前出使美墨秘古國大臣梁　奏留原差現在該總領事堅求回籍終制經代辦
電奏

鈞部復電准令銷差自應回籍遵章補制除分咨外理合備文申請
鈞部轉咨
吏部備案為此申呈謹請
鈞部察照施行須至申者

右　　　申

外　務　部

光緒叁拾叁年拾貳月　拾捌　日

一二七

咨駐美伍大臣准陸軍部咨奏獎隨使期滿龎元階官階欽遵註冊由

行

行

左侍郎聯
右侍郎汪
署右侍郎梁

二月 十五日 行
二月 日

和會司

呈爲咨行事。准陸軍部咨稱：前駐美梁大臣奏獎隨使期滿參將龎元階前保守備都司二案，均經奉
旨照准在案。至由都司保獎遊擊加副將銜之案，查核亦屬相符。此次奏獎期滿請以參將

仍歸廣東督標儘先補用並
賞給二品
封典奉
旨照准自應欽遵註冊計收費一紙請轉行等因
前來相應抄錄原文咨行
貴大臣查照辦理可也須至咨者　附抄件
出使伍大臣
光緒三十四年二月　日

一二八

逕啓者本署大臣茲按本館武隨員黎都司所請擬于
本月十一日偕其妹黎姑娘等十人前赴
頤和園瞻仰請代懇
貴中堂奏明請
旨可否准其前往並希預復爲荷特泐順頌
日祉
費勒器啓 三月初八日
茲將擬往之人另單開列

附件

本館武隨員都司黎富思
本館學員海得立
衛隊守備布朗
工師詹美生
精大人
黎都司之妹黎姑娘
海得立之内眷
駐津總領事之夫人
英國精大人
德國女眷衛夫人

一二九

致美柔使函
逕復者：接准
來函，請將美農部所寄送植物子粒一袋轉送
南京工業學堂等因，除咨送南洋大臣轉交外，
相應函復
貴大臣查照可也。此佈，順頌
日祉。
全堂銜
光緒三十四年三月　日

一三〇

咨南洋大臣中美換書事希轉飭核辦並將美書如何分置見復由

行　行

左侍郎聯
右侍郎汪
署右侍郎梁

四月　初一日　行
四月　日

和會司
呈為咨行事。准美柔使照稱：上海所設中美互換官書局事，准本國局員函稱已將初次所運官書十六箱送滬局查收等情。查兩國所擬辦法，理應將有益兩國要書寄送多數，以為襄助。照抄原函附送查閱，俾貴部悉此辦法業已實行，請轉飭滬局於收到美書後嘱

其應如何分置各處以便應用並照章將中國應換往之書亦行運送等因前來相應咨行
貴大臣查照轉飭滬局查核辦理並將美局送到之書如何分置詳復本部以憑轉復該使可也須至咨者
南洋大臣
光緒三十四年四月　日

一三一

咨呈

頭品頂戴陸軍部尚書銜都察院都御史閩浙總督兼福建巡撫事閩海關印務松　為

咨呈事據關務處詳稱案查華人赴美護照光緒三十二年

駐美梁大臣以現在舊約已廢新約未定此項護照暫仍行用並

擬發照章程辦法十一條咨由

商部通行各省照辦在案兹據鼓山湧泉寺僧振慧呈請給發護照

前赴美國小吕宋游歷並據保人源勝號蔡木立出具保結帶同該僧到

處當經查驗明白確詢實情業經函送

美領事詢驗並准函復驗明合格自應照章製填執照並飭繙譯代繕

洋文簽字完妥除詳請憲台督部堂衙門會咨外合將華洋文護照各

壹紙具文詳送憲台察核蓋印照送美領事簽字發處轉給並請分咨

外務部、南北洋大臣查照暨將副照裁送

出使美國大臣查收備案等由據此除將該僧振慧華洋文護照各壹

紙蓋印照送美領事簽字蓋印兹准照還當即發交關務處給領并

將副照裁送

出使美國大臣查收驗放及分咨查照外相應咨呈為此咨呈

外務部謹請察照施行須至咨呈者

右　咨　呈

外　務　部

光緒叁拾肆年肆月　初捌　日

附奏請加給紐約領署公費二千兩金山檀香山兩領署公費一千兩由

左侍郎聯 四月 日

右侍郎汪 四月 日

署右侍郎梁假

奏 奏

初 奏

再據出使美國大臣伍廷芳函稱紐約領署房租歲需鉅款又因該埠民氣囂張向來美國地方官特派洋巡捕到署照料並保護旅紐華民由領事給予薪資深稱得力勢難裁撤合之署中各項支銷統計需銀七千餘兩新章每年公費五千兩實難敷支又金山領署自地震後百物騰貴館舍租金較前倍昂酬應亦復不少檀香山領署自該島隸入美國後

改用美金人少工貴用度較前加倍以上三處領事館請分別酌加公費俾可敷用等因臣等查出使章程內美國金山總領事館及紐約檀香山兩領事館歲支公費各五千兩業經奏准在案茲該大臣所稱該三處領署公費不敷各節核係實在情形擬請加給紐約領事館公費二千兩計共歲支七千兩並加給金山總領事館及檀香山領事館公費各一千兩計共歲支各六千兩俾敷開支是否有當理合附片陳明伏乞

聖鑒謹

奏

光緒三十四年四月十二日附奏奉

硃批依議欽此

一三三

二品頂戴監督江南海關分巡蘇松太道爲呈報事光緒三十四年四月初一日奉
憲部東電内開新章應撥各館夏季經費美館五萬六百七十兩即照撥等因到關奉此案查前准
伍大臣來函駐美使署應領季俸請交招商局陳輝庭代滙等因當經照辦在案茲奉前因遵
在提存出使經費項下照數動支庫平銀五萬六百七十兩於四月初八日送交招商局陳輝庭查收妥
速代滙美京中國使署交納一面由道備具文批咨呈
伍大臣飭收印發批迴備案並呈報
南洋大臣外理合具文呈報仰祈
憲臺鑒核爲此備由呈乞
照驗施行須至呈者

右　呈

欽命總理外務部事務衙門

光緒叁拾肆年肆月十九

署關巡道蔡乃煌

一三四

欽差出使美墨秘古國大臣伍　為

咨復事竊照本大臣承准四月初三日
大部咨開所有出使各館歲支俸薪公費由本部奏定新章分季撥
匯業經咨行在案查光緒三十四年夏季應撥美館經費銀五萬零六
百七十兩除已電飭江海關道照數撥匯外相應咨行貴大臣查照將收
到經費日期聲復本部備案等因承准此查此項經費銀五萬零六
百七十兩業於四月十二日如數收到惟查美館向有洋員科士達一名每
年俸薪美金四千元約合庫平銀六千兩前奉
大部核准另款報銷在案上季匯撥二三兩月經費銀三萬四千七百八十
兩已將該洋員二三兩月俸薪一併匯撥此次撥匯夏季經費未有該洋

員俸薪在內應請於匯撥秋季經費時一併補撥以應支給所有收到美
館經費日期理合備文聲復為此咨呈
大部謹請察照備案須至咨呈者
右 咨 呈
外 務 部
光緒三十四年五月初陸日

一三五

堂批 閱

光緒三十四年五月初七日四鐘美費參贊偕繙譯賀參馬來部

梁大人接晤費云我們柔大臣擬於下禮拜四攜同賀繙譯暨中國僕役六人由保定府經過官道至五台山遊歷暑請貴部發給護照一張以利遄征答以畫照發費稱謝而去

一三六

照會

大美國欽命駐劄中華便宜行事全權大臣柔 為
照會事茲接本國政府來電云前曾舉充兩任之
美國前
總統克理福蘭於西本年六月二十四號薨逝等因相

應照會

貴親王查照奏

聞可也為此照會須至照會者 附送洋文

右　照　會

大清欽命全權大臣便宜行事軍機大臣總理外務部事務和碩慶王

一千九百捌年陸月貳拾玖日

光緒叁拾肆年陸月初壹日

AMERICAN LEGATION,
PEKING, CHINA.

To F.O. No. 412.

T.

June 29, 1908.

Your Highness:

It becomes my painful duty to announce to Your Highness that the Honorable Grover Cleveland, twice President of the United States, died on the twenty-fourth instant.

Requesting that you will communicate to Their Imperial Majesties this sad news I avail myself of the occasion to renew to Your Highness the assurance of my highest consideration.

W. W. Rockhill

To His Highness
Prince of Ch'ing,
President of the
Board of Foreign Affairs.

欽差大臣辦理南洋通商事務頭品頂戴陸軍部尚書兩江總督部堂端　為

咨呈事准

駐甯美領事馬　函開頃奉駐京案大臣電開敝國前任總統克

來芬君於西六月二十四號逝世本署下半旗三十日以表哀悼之意耑此

布聞等因到本大臣准此當經函復致慰去後查美前任總統克

來芬現已逝世中國各官兵商輪及各炮台應照章下半旗誌哀以示

敦睦應由

薩軍門轉行各船台遵照辦理除咨會

薩提督轉飭遵辦並分行江海金陵兩關兩江洋務局查照向章辦

理外相應咨明為此咨呈

貴部謹請查照施行須至咨呈者

右咨呈

外務部

光緒叄拾肆年陸月初壹日

咨呈事

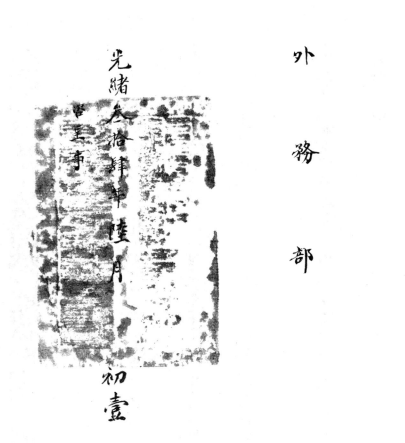

AMERICAN LEGATION,
PEKING, CHINA.

To F. O. No. 415.
T.

June 30, 1908.

Your Highness:

I have the honor to announce my safe return from a very pleasant visit to Wu T'ai Shan, and I write especially to express my appreciation of the courtesy shown me by His Excellency Pao-fên, the Governor of Shansi, and by the Provindial Treasurer, T'ang-kuei, and the Provincial Judge, Ting Pao-ch'üan. I wish also to thank the local officials of Wu T'ai Shan for their kindness, and also Wang Fang-lin, the Commandant of the Ta-lai Lama's Guard, and Wên-hui, the Deputy of His Excellency the Governor.

I avail myself of this occasion to renew to Your Highness the assurance of my highest consideration.

W. W. Rockhill

To His Highness
Prince of Ch'ing,
President of the
Board of Foreign Affairs.

附件

逕啟者本大臣於上月中旬前往五台山一路托
庇平順行抵五台經山西賓中丞唐方伯丁廉
訪飭屬照料復蒙五台地方官甚為優待該處
保護達賴隊官王管帶芳林並洋務譯員文惠
均格外照料週到茲於前日旋館用特專為致
函敬謝
貴親王分神並請分別轉致照料優待之員代為
鳴謝是盼順頌
爵祺

柔克義啟 六月初三日

照復美柔使美國前任總統薨逝已電伍大臣傳旨致唁由

行　左侍郎聯　六月初五日

行　右侍郎梁　六月　日

和會司

呈為照復事接准

照稱接本國政府來電前曾舉充兩任之美國前

總統克理福蘭於西本年六月二十四號薨逝等因本部當

已代為奏

聞已電駐紮

貴國伍大臣傳

旨致

唁相應照復

貴大臣查照轉達

貴國政府可也須至照復者

美國柔使

光緒三十四年六月　日

一四〇

敬啓者前上美字第九號函諒蒙
鈞鑒六月初二日奉
冬電開美使照稱前總統克理福蘭於西六月二十四號
薨逝等語本部已具奏
聞着即傳旨致唁外冬等因當即照會美外部傳
旨致唁旋於初八日准該外部復稱前大伯理璽天德克理福
蘭君薨逝荷蒙
大清國

大
皇帝電旨致唁感激莫名業經轉達前任總統夫人深爲感
謝理合照復敬達謝忱等語當由庚電謹復並請代奏
在案查克君兩任總統聲施爛然惟去任已十餘年退
居閭里遠距美京美爲民主之邦總統卸任即屬平民
駐美各國公使均未代政府致唁此次殯儀亦甚簡畧
前函業經詳述所有此次遵
旨致唁暨該外部照復情形電文簡畧用特詳陳專此敬請
勛安
伍廷芳頓首
六月十八日
美字第十號

附件

敬再啟者：昨據萬國研究内傷醫學會函稱，本會專爲研究内傷病證，邀請各國政府特派深通醫學之員來美集議，訂期西九月廿一號起至十月十二號止。前經呈請外部函致駐京美使照會貴政府派員前來，現届開會之期已近，未諗貴國政府所派何人，請煩代達，請其迅賜派員赴會等語。廷芳查此事未接大部明文，用特轉陳鈞聽，統祈示復，祇遵是所切禱。專此再請勛安。

廷芳再頓首

1370

THE IMPERIAL CHINESE TELEGRAPH ADMINISTRATION.

Telegrams accepted for all Telegraph Stations in the World. La usg

STATION

TELEGRAM Nr. 7/16 Class 25 Words.

Given in at Washington the 190 H. M. m.

His Majesty the Emperor
Peking
I congratulate your majesty on this anniversary of your birth wishing happyness for you and prosperity for china
Theodore
roosevelt

附件

照譯美國總統盧斯夫來電
恭賀
大皇帝萬壽並祝
聖躬納福尤願
貴國益臻富强

于德濬譯

一四二

逕啟者日昨
貴部劉委員枉顧並面交磁瓶一座據云係
貴王大臣頒　柔欽使寄呈
本國政府送交博物院陳列之品現值　柔欽使避暑
北戴河本參贊特先代收隨即達知照辦專此致謝
不恭之處祈諒是荷此佈順頌
日祉
名另具　七月拾壹日

丁家立

一四三

逕啓者頃聞明日有允准外國人進
紫禁城內瞻仰之言故有美國醫員希滿得以
乘機即擬於明日下午一點鐘偕其夫人及本館
署理漢務副參贊裴克欲同進皇城禁內瞻仰
擴充眼界是否應從何門趨進即希預為
見復以便轉達俾其有所遵循也特泐順頌
貴大臣近祉
名正具 八月初一日

丁家立

一四四

逕啓者，緣美國全國各報館，曾在本國公立報館會一處，會中
派員往赴各國，如有訪聞事件，即電知報館會查核，再由該
會轉電各報館周知，兹會中所派來華之美國人馬克密，
係在中國多年之人，現馬訪員因有至要之事一二件，擬與
貴宫保覿面商酌，請代轉達等因，本大臣兹特備函介紹，願
貴宫保查照，酌定于何處何時接見，望早預復，以便轉知馬
克密屆時晉謁爲荷，特泐順頌
日祉

柔克義啓 八月十六日

一四五

具奏請頒給專使大臣國書由

奏　奏

外務部左侍郎聯　八月十四日　奏

外務部右侍郎梁　八月十四日　奏

謹
奏為恭擬
國書謹呈
御覽仰祈
聖鑒事光緒三十四年六月二十二日奉
上諭外務部奏美國減收賠款請遣使致謝一摺奉天巡
撫唐紹儀著賞加尚書銜派充專使大臣前往美

國致謝等因欽此同日准軍機大臣字寄奉
上諭現派唐紹儀專使赴美致謝著兼充考查財
政大臣歷赴日本及歐洲諸大國將諸國經理財政
辦法詳細調查隨時奏聞以備採擇等因欽此
當經臣部照會美國使臣暨各國使臣轉達該
國外部在案查向來
簡派使臣歷由臣部備具
國書奏請
頒給此次
欽派專使大臣前往美國致謝禮意至為隆重應
即備具
國書表明睦誼至日本及歐洲之英法俄德奧義比
等國經理財政辦法足備採擇該大臣奉

命考查自應一律
頒給國書藉通情好而資周歷謹分別撰擬
國書分繕清單恭呈
御覽伏候
命下臣等即欽遵照繕請用
御寶發交該大臣祇領親賫前往各國敬謹呈遞所
有恭擬
國書緣由理合恭摺具陳伏乞
皇太后
皇上聖鑒謹
奏
光緒三十四年八月十六日奉
硃批知道了欽此

附件一

恭擬致美國

國書

大清國

大皇帝致書

大美國

大總統中國與

貴國通好以來交誼最為敦篤此次減收公約賠款

大總統倡議於前仁聲義問遐邇同欽復經議院協力

贊成具徵睦誼有加朕心深為紉佩茲派尚書銜奉

天巡撫唐紹儀為專使大臣親賫國書前往

貴國呈遞該大臣才猷卓越明敏篤誠素為朕所信

任特命恪恭將事用表感謝之忱藉為永好之

據惟願我兩國誠信相孚邦交彌固並願

大總統永綏福祉國泰民安共享昇平用副朕惓惓

之意

附件二

恭擬致（英德俄奧日本法義比）國

國書

大清國

大皇帝敬問

大（英德俄奧日本法義比）國

大（皇帝、伯理璽天德、君主）好中國與

貴國通好有年交誼益臻親密夙聞

貴國文明久著財政精良國計民生日臻進步朕睠懷

時局銳意圖新因思庶政之待興實以理財為首務

茲特派尚書銜奉天巡撫唐紹儀前赴

貴國考求財政該大臣忠誠亮達才識俱優久為朕

所信任爰命恭賫

國書代達朕意惟望

大（皇帝、伯理璽天德、君主）推誠優待俾將一切美法良規得以從容研

究用備采酌施行實感

大（皇帝、伯理璽天德、君主）嘉惠友邦之至意

一四六

8

咨呈

欽命尚書銜專使美國大臣奉天巡撫部院唐 為

咨呈事光緒三十四年八月二十七日本大臣附奏

酌提奉天

宮內瓷器片單一件本日承准

軍機處片交奉
旨知道了欽此相應傳知欽遵前來除分咨外相應抄
粘原奏恭錄
諭旨咨呈
大部欽遵查照可也須至咨呈者
右 咨 呈
外 務 部
光緒三十四年八月二十七日

附件

再承准軍機處片交光緒三十四年八月初九日軍機大
臣面奉
諭旨著唐紹儀在奉天宮內庫存瓷器酌提十件帶往各國
以備分贈之用欽此欽遵知照前來臣當即派委分省
補用道顏世清赴奉稟承督臣敬謹酌提茲於八月
二十二日由奉省備文派員齎送到京遵即祇領謹
繕清單恭呈
御覽除分咨外理合附片具陳伏乞
聖鑒謹
奏光緒三十四年八月二十七日奉
旨知道了欽此

欽差大臣御前行走多羅貝勒毓外務部右侍郎梁 為
咨呈事光緒三十四年九月初三日本
大臣等奉
命前往廈門勞問美國海軍查有外
務部供事分省候補同知張起元分
省候補縣丞劉文翰堪以隨帶

前往以供繕寫除札飭該供事等

遵照外相應咨呈

貴部查照可也須至咨呈者

右咨呈

外務部

光緒叁拾肆年玖月拾貳日

一四八

二品銜前分省補用道鍾文耀謹

稟

宮保王爺中堂大人

堂憲閣下敬稟者竊於本年九月初六日接奉

專使美國大臣唐憲札開本大臣於光緒三十四年八月十八日具

奏酌擬隨帶人員一摺本日奉

旨依議欽此查前經咨調該員隨同出洋當准

郵傳部咨復在案現經奏奉

諭旨除分咨外合行札委札到該員即便欽遵查照隨同出洋勤慎從事

毋負委任月支薪水六百兩以資辦公等因隨奉

唐大臣面諭將職道在上海經手事件料理清楚即於十月初三

日附搭蒙古輪船前往日本隨同赴美各等因奉此伏查職道前蒙
憲部劄飭派充各國會同考查鴉片會議專員當經遵照預備赴
會並將感激下忱具文申覆
鈞座在案兹因奉調出洋往返需時計西歷一千九百零九年正月一
號為會議之期届期未克赴會查議悚仄實深理合肅稟陳明仰祈
宫保王爺中堂大人堂憲俯賜察核准予銷去職道考查鴉片會員差使俾免曠職出自
逾格恩施不勝悚惶待命之至專肅寸稟虔叩
鈞安伏維
垂鑒職道文耀謹稟

光緒三十四年九月六日

一四九

咨駐美伍大臣本年冬季經費並洋員俸薪已電飭江海關道照撥由

外務部左侍郎聯　十月　行

外務部右侍郎梁　十月　行

初五日　行

榷算司

呈為咨行事所有本年冬季經費並洋員俸薪共銀伍萬叁千壹百柒拾兩除電飭江海關道照撥外相應咨行貴大臣查照即將收到銀數日期聲復本部備案可也須至咨者

駐美大臣伍

光緒三十四年十月　日

一五〇

大亞美理駕合衆國欽命駐劄中華便宜行事全權大臣柔　為

照復事接准本月二十二日

照稱、欽奉

皇太后懿旨以攝政王之子溥儀入承大統為嗣皇帝、攝政王

載灃為監國、所有軍國政事、悉秉承予之訓示裁度施行、

俟嗣皇帝年歲漸長、學業有成、再由嗣皇帝親裁政事等因

欽此、即希轉達等因、本大臣除已電達

本國政府外、相應照復

貴親王查照可也、須至照會者、附洋文

右 照 會

欽命全權大臣便宜行事軍機大臣總理外務部事務和碩慶親王

一千九百零捌年十二月拾伍

光緒三十四年十一月弍拾弍

日

附件

AMERICAN LEGATION,
PEKING, CHINA.

To F.O. No. 463.

November I5, I908.

Your Imperial Highness:

I have the honor to acknowledge the receipt of Your Highness's note informing me of the Decree of Her Imperial Highness the Empress Dowager, ordaining that His Imperial Highness, P'u I, the son of the Prince Regent, shall succeed as Emperor, and that during His Majesty's minority, His Imperial Highness Tsai Feng, Prince of Ch'un, will act as Regent under the instructions of Her Majesty the Empress Dowager.

I have transmitted this intelligence to the President of the United States.

I avail myself of this occasion to renew to Your Imperial Highness the assurance of my highest consideration.

W. W. Rockhill

To His Imperial Highness,
Prince of Ch'ing,
President of the Board of
Foreign Affairs.

一五一

照會

大亞美理駕合衆國欽命駐劄中華便宜行事全權大臣柔　爲

照復事接准本月二十二日

照稱本月二十一日酉刻

大行皇帝龍馭上賓薄海臣民悲哀感戀諒

貴大臣聞之亦必同深哀慟即希轉達

貴國政府等因本大臣茲已閱悉不勝哀悼除已電

達本國政府請

總統將此電耗曉諭本國臣民同深哀悼外相應照復

貴親王查照可也、須至照會者、附洋文

右　照　會

大清欽命全權大臣便宜行事軍機大臣總理外務部事務和碩慶親王

一千九百捌年拾壹月拾伍日
光緒叁拾肆年拾月貳拾貳日

附件

AMERICAN LEGATION,
PEKING, CHINA.

To FO No. 464.

November 16, 1908.

Your Imperial Highness:

I have heard with profound sorrow of the death of Her Imperial Majesty, the Empress Dowager, and have hastened to transmit the sad intelligence to the President of the United States. He and all the people of my country will feel for your great loss and will join with you in lamenting the death of Her Imperial Majesty.

I avail myself of this occasion to express to Your Imperial Highness my profound personal sympathy.

W. W. Rockhill

To His Imperial Highness
Prince of Ch'ing,
President of the Board
of Foreign Affairs.

一五二

照會

大亞美理駕合衆國欽命駐劄中華便宜行事全權大臣柔　為

照復事本日接

來照內稱本月二十二日未刻

大行慈禧端佑康頤昭豫莊誠壽恭欽獻崇熙太皇太后仙

馭升遐中國臣民同深哀痛貴國睦誼相關理應赴告

請轉達本國政府等因本大臣驚悉之餘曷勝哀悼茲

已電轉本國政府知照想本國臣民重聞此耗定必哀悼同

深也為此照復

貴親王查照，須至照會者。附送洋文

右　照　會

大清欽命全權大臣便宜行事軍機大臣總理外務部事務和碩慶親王

一千九百捌年拾壹月拾陸日

光緒叁拾肆年拾月貳拾叁日

一五三

照會

大亞美理駕合衆國欽命駐劄中華便宜行事全權大臣柔　爲

照復事，准

照會内稱：光緒三十四年十月二十一日

大行皇帝

龍馭上賓，本爵大臣哀痛莫釋，現值恭辦喪禮，事極繁

重，所有與議一切，除緊要事件外，其餘尋常事宜不

得不稍緩時日，再行商辦等因。本大臣兹已閲悉，相

應照復。

貴親王查照可也須至照會者 附送洋文

右 照 會

大清欽命全權大臣便宜行事軍機大臣總理外務部事務和碩慶親王

一千九百捌年拾壹月拾陸日

光緒叁拾肆年拾月貳拾叁日

附件

AMERICAN LEGATION,
PEKING, CHINA.

To FO No. 465.

November 16, 1908.

Your Imperial Highness:

I have the honor to acknowledge the receipt of Your Imperial Highness' note informing me that on account of the lamentable decease of His Imperial Majesty it will be impossible for Your Highness' Board to attend to other than the most urgent affairs.

I avail myself of this occasion to renew to Your Imperial Highness the expression of my highest consideration.

W. W. Rockhill

To His Imperial Highness
Prince of Ch'ing,
President of the Board
of Foreign Affairs.

一五四

AMERICAN LEGATION,
PEKING, CHINA.

逕啟者本大臣頃接美國政府二十三日未刻所發之電內云囑本大
臣代
大美總統及外部大臣美國國民同深恭弔
大行皇帝
龍馭上賓
太皇太后仙馭昇遐並唁慰
嗣皇帝及攝政王等因相應按照所囑函達
貴親王查照轉奏轉達為荷順頌
禮安 附送洋文

柔克義啟 十月二十四日

附件一

AMERICAN LEGATION,
PEKING, CHINA.

To FO No. 464.

November 17, 1908.

Your Imperial Highness:

I am in receipt of a telegraphic communication from the Government of the United States, dated November 16th, 2 P.M., directing me to convey to His Imperial Majesty the Emperor and to His Imperial Highness the Prince Regent, the deep regret and sincere sympathy of the President of the United States, of the Secretary of State, and of the American people upon the death of His Imperial Majesty the late Emperor and Her Imperial Majesty the late Empress Dowager.

I request Your Imperial Highness to make known to His Imperial Majesty the Emperor and to His Imperial Highness the Prince Regent the purport of this communication.

I avail myself of this occasion to renew to Your Imperial Highness the assurance of my highest consideration.

W. W. Rockhill

To His Imperial Highness
Prince of Ch'ing,
President of the Board
of Foreign Affairs.

附件二

恭錄
國電
大美國
伯理璽天德接
大清國
嗣皇帝來電驚聞
大行大皇帝龍馭上賓復聞
大行太皇太后隨於次日亦仙馭升遐
貴國迭遭大變
嗣皇帝與臣民共罹愍凶本總統與本國臣民同深悲悼茲惟望
嗣皇帝深信我兩國休戚相關之意俾彼此友睦情形較往昔更加敦
篤也

一五五

照會

大亞美理駕合衆國欽命駐劄中華便宜行事全權大臣柔　爲

照會事茲奉本國

總統來電内稱本總統及本國各大臣恭賀中國

大皇帝登極惟望福祚綿長光榮昭耀並謂甚喜適於

此日覲見

貴國唐使得以面祝登極賀詞寔幸機緣巧遇也

相應照會

貴親王查照須至照會者　附送洋文

右

照

會

大清欽命全權大臣便宜行事軍機大臣總理外務部事務和碩慶親王

一千九百捌拾貳月初五日

光緒叁拾肆年拾壹月拾貳日

附件一

AMERICAN LEGATION,
PEKING, CHINA.

To FO No. 470

December 5, 1908.

Your Imperial Highness:

I have the honor to convey to Your Imperial Highness the felicitations of the President and of the Government of the United States on the enthronement of His Imperial Majesty the Emperor. The President and Government of the United States offer His Imperial Majesty their heartfelt good wishes and pray that His reign may be long and glorious.

The President directs me, furthermore, to inform Your Imperial Highness that it was particularly agreeable to him, and most auspicious, to receive in audience on the day on which His Imperial Majesty the Emperor was enthroned, the Special Envoy of the Imperial Government, His Excellency T'ang Shao-yi, and to be able to convey to him in person his felicitations on this great event.

I avail myself of this opportunity to renew to Your Imperial Highness the assurance of my highest consideration.

To His Imperial Highness
Prince of Ch'ing,
President of the Board
of Foreign Affairs.

附件二

William Howard Taft,

President of the United States of America,

To His Majesty

The Emperor of China.

Great and Good Friend:

I have received from the hands of Dr. Wu Ting-fang, Your Imperial Majesty's Minister to the United States, your letter of December 22, 1908, announcing the high and noble principles according to which it is your aim to govern the great nation over which you have been called to reign, and expressing your good wishes for the United States and your regard for myself personally.

I cordially reciprocate the feelings of esteem and friendship which you express for this nation and for myself personally, as well as your desire to promote kindly relations between China and the other nations; and I assure you that it will be the earnest endeavor of myself and of the Government of the United States to maintain and, if possible, increase the friendly relations which so happily exist between the United States and China.

Written at Washington this 30th day of April, 1909.

Your Good Friend,

Wm. H. Taft.

By the President:

P. C. Knox,

Secretary of State.

(Not-offical)

His Highness
Prince Ch'ing

My heart is greatly grieved over China's sorrows -
Your Highness, may I through you extend my sincere sympathy to Her Majesty - The bereaved Empress Dowager - in this hour of great sorrows -
Her Majesty the late

Empress Dowager of China
held a warm place in my
affections, and my memory of
Her Majesty grows warmer
and dearer through the
sad touch of these days.
What the world feels in
Her loss, I feel still more
through personal acquaintance
and affection. Please extend
my sincere sympathy to the
Imperial Princess, to your
daughters and to the other
Court-Princesses - In memory
of days gone I see them all

gathered about their Imperial Ruler lovingly assisting in giving joy to their foreign guests. Knowing them all, I loved them, and grieve with them.

With sympathy and best of good wishes

Most respectfully
Sarah Pike Conger
(Mrs E.H. Conger)

December 7. 1908.
Pasadena. California.
U.S.A.

附件

照譯原任美國駐京使臣康格之妻來函

王爺鈞座敬肅者茲當中國國卹憂慼同深敬請將氏哀弔之忱代奏皇太后鑒察伏念大行太皇太后恩澤昭垂久已淪肌洽髓驚報遥傳哀慕之私有加無已凡天下臣民無不同聲喪失况在氏曾侍德音尤為特甚諸位公主福晉暨貴親王之諸位格格敬乞代致唁忱回憶曩昔諸位隨侍大行太皇太后懽接外賓愛戀之深倍覺黯然也已專肅敬叩爵綏

楊書雯譯

康拍克

一五七

照復美柔使美總統致賀登極業經代奏由

行

行

外務部左侍郎聯

外務部右侍郎梁

十一月　十七日

十一月　日

和會司

呈爲照復事接准

照稱茲奉本國

總統電稱本總統及本國各大臣恭賀中國

大皇帝登極惟望福祚綿長光榮昭耀並謂甚

喜適於此日覲見貴國唐使得以面祝登極

賀詞等因本爵大臣等適接唐大臣來禀備述

大總統及政府人民之盛意當經奏聞

大皇帝

上意深為欣感相應照復

貴大臣查照轉達

貴國政府代奏為荷須至照復者

美 柔 使

光緒三十四年十一月 日

一五八

國書禮成緣由理合恭摺具陳伏乞

皇上聖鑒謹

奏

咨呈

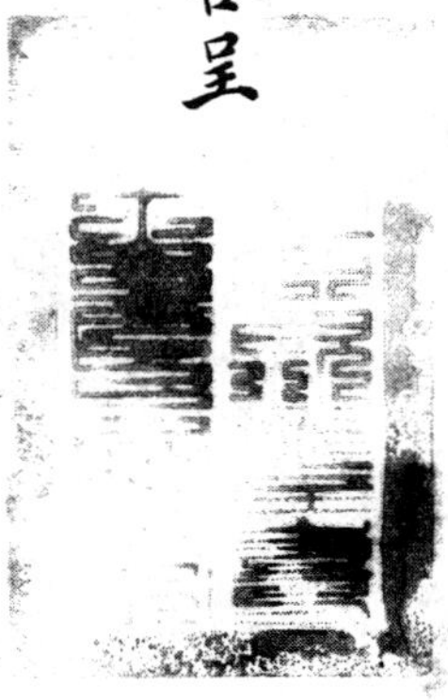

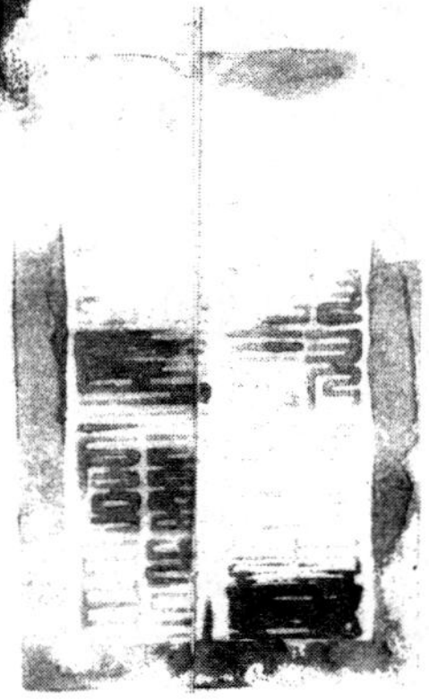

欽命尚書銜專使美國大臣奉天巡撫部院唐 為

咨呈事竊照本大臣於本月二十七日具

奏恭報行抵美京呈遞

國書禮成一摺除俟奉到

硃批再行恭錄知照外相應鈔奏咨呈

大部謹請查照須至咨呈者 計鈔奏

右咨呈

外務部

光緒三十四年十一月廿七日

附件

奏為恭報微臣行抵美京呈遞
國書禮成恭摺仰祈
聖鑒事竊臣奉
命專使赴美致謝當於十一月初七日行抵美京初九日覲見美總統呈遞
國書美總統甚為感悅當經宣言代表美國全國同領
先朝盛意並以我
皇上纘承統緒篤念友邦既慰問於再三復感深而忭賀屬將美國全國申謝
特派專使之忱代陳
天聽臣察其情詞懇切出於至誠足徵兩國邦交愈加親密連日會晤各部大臣彼此周旋極形款洽近年美國政策注重東方固為自保太平洋區域起見實於中國大局格外加意尊我主權以盡友睦之誼此次情文並摯接待更優揆度情形以後外交前途可期進步至於應行提議事項統容隨時商承外務部相機妥議所有行抵美京呈遞

一五九

敬肅者前在日本曾肅第一號函早達
鈞座十月十二日由横濱開行廿一日抵檀香山駭聞
大行皇帝龍馭上賓悲慟不勝該島華僑預備歡迎燈綵筵
宴一概謝絶是晚由檀島進發廿九行抵舊金山驚悉
大行太皇太后升遐海外遥傳攀號莫及即日率同參隨在金
山領署舉哀成服哭臨三日旋於本月初三日乘火車
啟行初七日行抵美京美政府派員迎迓並派兵隊
警官沿途護送即日美外部大臣來晤詳述美日協
約一切細情當以奉到
大部冬電詳晰詢問美外部言及此次美日協約實與
中國有裨因在太平洋美日兩國均有區域此約
係專為保守疆土起見至約中所指中國各節因
前外部海大臣曾經宣言尊崇中國自主完全無缺
並兼佔開放門户之利益等語倘不將此層特再聲
明深恐日本以我棄置前議現倭專使到此聲明此
約實無他意後當於今日簽字云云旋將約稿送閲
當經細驗與
大部電列各欵大致相同惟第四欵聲明中國帝國完
全無缺主權一語微有不符業經譯録該欵並來往
原文一併電陳
鈞鑒初九日率同參隨等覲見美總統呈遞
國書美總統答詞極為懇摯當經電請
代奏十七日晤新總統塔富言此次專使來美致謝具
見我國盛情且於致謝外另有一番美意美國尤為
感動最可喜者現任總統對待中國政策與彼同一
宗旨所盼我國極力辦事數十年後可成全球最强
之國美國必當助中國發達設各國有不利於中國
之舉動美亦當竭盡友國扶持之力設法攔阻并言
到任後所有政策注重外交所派駐華使臣視各國
尤為緊要擬彼此改設大使以昭鄭重至將來履新
後在任一日必幫助中國一日各等語察其情詞實
屬異常親密十八日美外部來言此次日本互換照

會因日本先與俄法商定再向美國提議現經聲明
中國一統帝國完全無缺之權想嗣後日本對待中
國必能守此宗旨前晤高平言及延吉一事已願和
平了結但伊之意莫如將哈爾濱作為各國公共租
界可以牽制日本不能任其在南滿洲獨逞至加稅
免厘事極為贊成無論中國何時舉辦必當協助
并願代中國向各國說合現在中國禁煙自是善政
所望格外從嚴以期禁革美國亦將在美境內禁阻
華僑吸煙賠欵辦法已令戶部從速開單再行商
酌云云以上各節均到美後與總統及外部接洽
之情形也前
陛辭時奉
大行太皇太后頒發致送美總統女公子手鐲一對并面奉
懿旨加備禮物八色贈美總統夫人均經敬謹賫交旋由美
外部奉命前來致謝當即電請
代奏計邀

鈞鑒再現在鎊價騰漲庫銀百兩僅得美金五十八圓有
零所領經費尤當格外撙節動用惟旅館費用太昂
租屋價值較輕所費亦屬不貲勉賃屋兩所與隨員
分住以為節省之計前奉
大部洽電飭撥經費銀十萬兩俾資接濟無任紉感
謹補繕咨呈并將奉使後所有來往電文抄具清
摺一併寄請
詧核備案專肅恭叩
鈞安　唐紹怡謹肅　十一月廿一　第二號
附咨呈一件抄摺二件

附件一

附廿

收外務部電 九月十九日在東京收

唐欽使銑電悉九月十一日軍機處片交會議政
務處會奏議復唐紹儀奏請實行商約內開六
事片奉
旨該部知道又會奏請飭專使調查財政時提議幣
制訂入商約片奉
旨外務部知道均經咨達同日奉
上諭會議政務處王大臣奕劻等會同資政院總裁溥
倫等遵議畫一幣制一摺幣制為財政大綱各國以
金幣為主以銀銅各元為輔規制精密流通便利但
須累年經營始克完備皆非一蹴所能幾及中國財
政紊淆幣制亟宜釐定欲以實金為本位則鉅本難

籌若定虛金為本位則危險可慮自應先將銀幣
整齊畫一然後穩慎籌措徐圖進步將來行用金
幣可望妥實無弊茲據該王大臣奏稱中國兩錢
分釐習用已久實難廢改從前財政處奏定銀幣
重量亦以兩計著即定為大銀幣一枚計重庫平
一兩又多鑄庫平五錢之銀幣以便行用並附鑄
減成之庫平一錢暨五分小銀元以資補助其兩種銀
幣按九八足銀鑄造兩種小銀元按八八足銀鑄造此
項銀幣除與外國訂有約文照舊核算外京外大
小各衙門庫款收發悉歸一律永不准再有補平
補色傾鎔火耗平餘各名目所有地方官及經收
官吏辦公經費飯銀並管解川資著各省督撫體

察該省情形詳擬辦法咨明度支部彙核釐定應增應減均須明白宣示永絕胥吏影射侵漁之積弊至各省市面銀錢紛歧平色各雜奸商市儈藉以折扣盤剝久為商民行旅之害並著度支部詳定章程嚴申禁令計期分年務將通國銀幣統歸畫一不得稍有參差銀幣尚未鑄造充足以前各省舊有大小銀元准其與各種生銀暫時照舊在市面行用至舊日之庫寶銀亦暫准照舊兌交按平搭解銀幣即將寶銀按平遞減統由度支部隨時酌量情形妥擬辦理將此通諭知之欽此希查照外巧

又電 九月十九日在東京收

唐欽使本部巧電八九足銀句八九係九八之誤應更正外效

又電 九月二十三日在東京收

唐欽使盛馬電悉延吉日憲兵槍傷巡警事轉電詳達本部已電東督囑其遇事勿用强硬辦法靜聽兩國交涉布告小村伊籐亦轉飭約束彼國憲兵勿任滋事為要至吉韓界務前經屢次照催日使將十三年成案接續會勘其該處越墾之韓僑前照會亦曾請其與我妥商辦法明定專章迄未得復現在似應及時此兩事由馨使向彼政府提議一面由本部與伊集院妥商俾得早日解決免致滋生事變希與馨使商酌辦理並探日政府意見隨時電知此電請轉胡使外養

又電 十月二十二日在檀香山收
唐欽使本月二十一日酉刻
大行皇帝龍馭上賓欽奉
懿旨以醇親王之子溥儀入承大統為嗣皇帝醇親王授
為攝政王監國所有軍國政事秉承
皇太后訓示裁度施行外養

又電 十月二十九日在金山收
唐欽使美柔使接外部電稱唐大臣所遞
國書不惟無庸更換且
大行皇帝之遺書尤覺珍重披覽等語此次致謝
國書自可無庸更換至考察財政擬請加備
國書與前奉

國書一同呈遞俟辦妥即寄外感

又電 十月二十九日在金山收
唐欽使奉
旨唐紹儀電奏使美國書應否改發並擬改名紹怡
各節該部知道欽此樞再
御名奉

又電 十一月初二日在金山收
旨缺末一撇謹聞外歛
唐欽使美密柔使送示與日人互換照會文曰一
兩國所願係以和平之法振興兩國太平洋商務
無阻二兩國所懷之道均無侵佔犯越之意乃實
係固守以上所指之地現有之情並保護各國在

中華所有商務實業之利益三因此兩國互相懷有定志彼此遵守兩國在該地現有地界四兩國亦互定志互相竭盡和平之法援助中國自主自全之權以守各國在中華之有利益及通商實業均沾利益之權五日後倘出有犯傷以上所列之舉以及一體均沾之道則應由兩國互相通知以至定議應設何法為得力云祈體察情形妥為因應隨時復示外冬

又電　十一月十六日在美京收

唐專使洪寒電悉經費銀十萬兩已電滬道撥匯外銑

又電　十一月十七日在美京收

唐欽使洪美使照稱美外部來電現欲商定減收賠款辦法或仍按原定每年賠款數目將十三兆上下本息還清嗣後不再收受或每年減收至一千九百四十年為止第二層辦法最宜於中國派生留學之用惟應聲明減收之款係與派生留學一事緊接牽連由明年起每年減收若干中國應聲明每年所減還款撥出若干辦學務或定實用此減款之銀若干分以辦所欲辦之學務如是定妥美政府方可抵抗別國强逼中國將此減還之款另作他用應妥定辦法彼此照會聲明等語兩層辦法孰善尊意以為應如何答復希酌核電復外洽

附件二

致外務部電 九月初九日自上海發

外務部鈞鑒辰紹儀率同參隨於九月初六日行抵上海現於初九日乘美國商船放洋前往日本謹請代奏唐紹儀佳印

又電 九月十六日自橫濱發

外務部鈞鑒盛密聞銀幣本位已定乞將
諭旨電示儀十六抵橫濱明日赴東京謹聞紹儀銑

又電 九月十九日自東京發

外務部鈞鑒盛紹儀等十七行抵東京十八外務大臣小村設宴招飲甚為優待首相桂太郎及各部大臣均在座極表歡迎之意桂太郎及小村宣言中日邦交向稱親睦自日俄戰後似覺漸不如前深恐有傷兩國感情極望此後日臻親密所有彼此交涉並東三省未經解決各事項已飭令伊集院從速和平商議以固交誼但願兩國均能出力妥辦伊可保以後邦交必能日有進步現在專使過此自是難得機會可以親見日本誠心相待之證據務請轉達中國政府等語謹此奉聞紹儀效

又電 九月二十日自東京發由奉天徐制軍轉

外務部鈞鑒盛日本鍋島侯爵細川侯爵清浦子爵赴華遊歷十月初六抵京乞接待紹儀號

又電 九月二十一日自東京發

外務部鈞鑒盛昨小村言閒島中國警兵與日

本憲兵爭鬭業電阿部與大部商辦惟間島事彼此自有辦法若互啓爭端勢必派兵前往將来枝節更多請電徐督約束等語已電菊帥再頃見伊藤據稱間島爭鬭事尚小但彼此須要嚴加約束勿使再有枝節伊集院去京已囑其向鈞部妥商辦理云近日因美水師將到舉國歡迎儀覲見約在月杪此間留學各生多来見尚知上進并聞紹儀馬

又電 九月二十五日自東京發由奉天徐制軍轉

外務部鈞鑒盛昨晤小村詳談延吉事據云邇来又得韓國文據此事我以界務為重彼以保護韓民為重各執一見以致日久不能議決我倘能認彼在延吉有保護韓民之權彼亦認我在延吉有地主之權至延吉所有韓民但求如通商口岸之韓僑民應歸日本保護此外別無他望其韓民之已入華籍及願入華籍者均聽其便伊亦絕不過問亦斷不蔑我主權倘彼此能照此辦理則此事可以早決等語儀窺其意所援口岸比例顯係欲設日官駐紮保護現查該處韓民較華人多數倍伊斷不肯放棄保護之權若以彼此宗旨不合曠日持久事變愈多莫如在延吉擇出一二處開放作為商埠工巡衛生一切由我自辦並與其磋商所有越墾韓民應明定年限准其領地至應納地方各項稅

捐與華人同若彼索設警權可駁以自開商埠並非租界向不准他國另立巡警據小村云伊集院觀見後即向釣部提議此事應如何辦理統乞核奪至新法路事小村言林使未次照會尚未得復儀思伊所言瀋陽以北接通南滿鐵路一節若能商量在二十里内似無不可倘其多索里數反為伊增添支路斷無此辦法不過彼既説到此看其口氣如何與之酌商為妥又京奉路瀋陽車站伊可允我經過南滿移近城根但此事係為我利便而設南滿一路藉此亦應得利便盼我和平商辦再吉長路綫由我擇定彼不抗議此次伊集院到京已將各事分授訓條飭向釣部和平商議甚望早日議决以固交誼各等語以上三項路事應請釣部與郵部接洽伊使現已到京恐其不日與釣部開議謹此電陳以備因應餘函詳再延吉事磬使意見相同謹聞紹儀徑

又電 九月二十九日自東京發

外務部釣鑒盛儀等今日覲見日皇日后均敬問
皇太后
皇上康健
國禮二分俱收受並囑代奏稱謝又言調查財政事已飭該管大臣妥為接洽等語乞代奏紹儀
豔

又電十月初七日自東京發由徐制軍轉

外務部鈞鑒盛小村昨来商新法事據云瀋陽以北接通南滿一事此項路綫可由中國擇定伊不阻撓盼我政府和平商決等語當告以我政府亦願和平辦理當即轉達因思路綫由我擇定此事較易商辦惟應勘地段應在五里内並妥訂接通行車章程應請大部知照郵部斟酌妥辦再加税免厘事小村云伊極贊成但望我國實行商約各款如果大部與各國及伊使會議此事時渠必集議院必致無阻等語統乞
鈞裁儀陽

又電十月十一日自横濵發

外務部鈞鑒盛紹儀等此次在日調查事竣即於十二日由横濵起程赴美請代奏紹儀真

又電十月二十一日自檀香山發

外務部鈞鑒盛紹儀等於廿一日行抵檀香山即日開行謹聞紹儀箇

又電十月二十二日自檀香山發

外務部鈞鑒洪養電驚悉
大行皇帝龍馭上賓不勝哀痛檀島僑民同深哀悼此次使美國書應否改發候示遵行紹某原名例應避寫擬改為紹怡請代奏唐紹怡禡

又電十月廿九日自金山發

外務部鈞鑒盛紹怡等於二十九日行抵舊金
山驚聞
太皇太后於二十二日升遐兩日之間迭遭大變回瞻
宮闕悲慟不勝伏願我
皇上仰承遺詔勉節哀思無任籲懇即日率同參隨
等在舊金山領事署內舉哀三日再行啟程請
代奏紹怡載捜豔

又電十一月初七日自華盛頓發

外務部鈞鑒盛密冬電敬悉紹怡等於初七日
行抵華盛頓當即晤美外部大臣據云此次美
日協約實與中國有裨因在太平洋美日兩國
均有地界此約係專為保守疆土起見至約中
所指中國各節因前外部海大臣曾經宣言尊
崇中國自主完全無缺并兼佔開放門戶之利
益等語倘不將此層特再聲明深恐日本以我
棄置此議現候專使到此聲明此約實無他意
後當於今日簽字云云再紹怡等抵美境後沿
途接待甚優並派大員迎迓以現遭國喪所有
一切禮節筵宴均經辭退現定於初九日覲見
呈遞
國書合併聲明請代奏紹怡陽

又電十一月初八日自華盛頓發

外務部鈞鑒盛密蒸悉本月初九日為我
皇上
御極之辰纘承大統薄海臚依無任忭慰謹率

同參隨等在駐美使署望
闕叩頭敬申賀悃除另摺具奏恭賀外謹請代奏
紹怡廷芳載攄庚
又電十一月初十日自華盛頓發
外務部鈞鑒感密紹怡等於初七日行抵美京
初九日覲見美總統呈遞
國書並致頌詞美總統甚為欣悦謹將答詞電陳
于下本日貴大臣賫到
國書實深感佩余代表美政府及人民同領盛意
均深感悦
國書詞旨具見
貴國

大行皇帝及
大行太皇太后嘉意不料相繼升遐美國同深痛悼今貴
大臣到此愈徵
貴國
大皇帝仰承先志益動余及美政府人民無限感情
今日乃
貴國
大皇帝御極之辰至為歡賀
貴國文明為各國所夙仰
貴國
大皇帝纘承統緒定必超邁於前增光歷史貴大臣
名重中外幸持節貴臨余得接晤尤為忻慰貴

大臣前游學美國茲舊地重游深願暫駐行旌
諸臻安適并懇將余及美政府人民欣感之忱
亟道謝特派專使之意轉陳
貴國
大皇帝及
貴國政府此次專使來美鄭重將事愈見兩國誠
意相孚交誼敦篤實無既極美國至為幸望等
語又云中美兩國交誼最為親密此次減收賠
款實為美國分所應為之事現我兩國交好將
來各國均能以格外結好之意對待
貴國所願
貴國立定腳步竭力辦事此次特派專使盛意余

極歡迎如貴大臣名譽素著即無使命亦必優
加接待現在國喪期內知貴大臣謝絕宴會將
來如可出外聚談余甚願與貴大臣暢敘云云
謹電聞請代奏紹怡蒸

又電十一月初十日在美京發

外務部鈞鑒洪聞後請轉學部紹怡抵金山備
悉各埠僑學成立具有規模到芝加高晤梁侍
讀慶桂知來往勸辦殊費經營在在需款聞到
美後未奉部款現留滯芝埠萬難支拄務懇早
日電匯以資接濟為感怡蒸

又電十一月初十日在美京發

外務部鈞鑒盛美外部交來美日互換照會底

稿頃已譯就比較大部冬電所列各款大致相同惟第四欵語意似覺稍有不符謹將譯文電陳於下第四欵兩國又決意維持各國在中國之公共利益以此務宜設法援助竭盡自有和平之策保存中國之自主權及土地完全並維持中國帝國全境内各國工商實業利益均沾之義等語再美日來往函稿應一併譯陳日致美函云近與貴大臣屢次會晤談論彼此揭明美日兩國在太平洋之國勢深知兩國在太平洋均有孤懸之屬地以故兩國之意見政策宗旨勢必相同日本政府確信將此相同之意見政策宗旨宣明承認不特於兩國之歷來鄰好邦交益加鞏固且能使世界平和大局更易保持是以特命本大臣將兩國相同之意見政策宗旨略開於下美復日函云本日來文欣悉載明美日兩國關於太平洋政策商可之件本大臣對於此事不勝快慰特向貴大臣聲明如來文所述彼此愜意之件美政府極為贊成正合兩國輯睦之交誼現在乘此機會彼此認定至於彼此共同宗旨以對待遠東之意則兩國政府從前已屢次聲明矣本大臣現幸能代美國政府向貴大臣認可兩國政府聲明之件如下五款與來文同云云乞釐核怡蒸

又電十一月十四日在美京發

外務部鈞鑒盛紹怡等抵美京後以旅館費巨暫租屋兩所分任現鎊價太昂規銀百兩僅得五十三元零經費已罄請飭撥銀十萬兩電滬道速匯至禱怡寒

又電十一月十七日自美京發

外務部鈞鑒盛頃晤新總統塔富據云此次專使來美致謝具見盛情且另有一番美意我美全國因此更為感動所可喜者中美邦交自益臻親密且現任總統對待中國與余同一宗旨所盼中國極力辦事數十年後必可成全球最強之國此後美國自當盡力協助設各國有不利於中國之舉動亦當設法攔阻以助中國發達余明年三月接任政策注重外交所派駐華使臣視各國尤為緊要余意彼此改派大使未審貴國政府意見如何現余雖未接任可以代表全國人民以後對待中國極好之感情余將來在任一日必能盡力幫助中國一日望轉達貴政府等語請代奏紹怡篠

又電十一月十七日自美京發

外務部鈞鑒盛刻晤外部據云中美邦交此後日親一日美極力與中國結好亦是為美在華商務起見中國既能與美親睦將來非但各國能與中國交好即太平洋亦可永保太平此次與日本互換照會蓋日本先與俄法商定後再

向美國協商惟文內聲明尊重中國帝國自主之權想嗣後日本對待中國必能守此宗旨前晤高平談及延吉一事當從速和平了結等語但伊之意見哈爾濱如能作各國公共租界似可牽制日本不能任其在南滿洲獨逞所望中國乘此大可極力辦事各國自然不敢侵犯至免

釐加稅一事極為贊成無論中國何時舉辦必當協助並可竭盡友國扶持之力代向各國說合惟中國所有各捐應行裁撤我美自停捐後方能得有今日發達景象至於中國鐵路亟應興築交通方能結大團體否則如十數小國未免散漫現在中國禁煙極善仍望從嚴禁革美

國亦將在美境內禁止華僑吸煙賠款細目已囑戶部從速開單我美與中國格外親密自無不竭誠相助請將此意轉達政府云云乞鑒核怡洽

又電十一月十八日自美京發

外務部鈞鑒盛洽電悉柔使照會語近要挾大部可暫不答復已告外部並俟其送單來再奉聞

怡嘯

又電十一月十九日自美京發

外務部鈞鑒盛紹怡前於陛辭時奉

大行太皇太后頒發贈美總統女公子手鐲敬謹致送

並遵

懿旨加備禮物八色送總統之妻茲由外部大臣奉命

致謝攄悃

大行太皇太后升遐美國代中國全國哀悼所有頒賜

禮物愈加寶貴惟祝

大皇帝聖躬康健中國全國永享太平請代奏等語

謹電陳乞代奏怡皓

一六〇

尚賢堂創辦人美國博士李佳白

美國進士李佳白謹稟
中堂王爺大人鈞鑒竊惟嬀氏握符西母獻瑤華之瑞姬宗受籙南
裔來銀絡之賓自昔神聖當陽遐荒率服元命之芭
聿啟靈憲之迹可徵恭逢
皇帝陛下出震嚮明
乘乾應運
篤舊邦以
新命大地臚歡知

中國有
聖人
紹天闡繹
一人有慶萬邦作孚佳白疏逖外臣優游
盛世受廛託處分屬臣民盡室偕來育有子女迺者
九天喜詔爭瞻仰於黃童一帙靈圖表悃忱於赤子雖爲隆
古之未有或亦史冊所宜收譬彼烏弋黃支登諸王
會想見蒼生黎獻至於海隅頌
萬億年敬天之休
丕基
寅紹祝
九五福洪範曰壽
皇極
辰凝不識不知誠惶誠恐可否上聞
黼座伏乞
鈞裁李佳白謹稟

一六一

恭擬致賀美國
國電
大清國
大皇帝電致
大美國
大總統陛下中美兩國向稱輯睦近年交涉
事件諸承襄助交誼益見真誠本年
二月十三日為
大總統接任之期朕遥聽之餘實深欣悅
大總統久負令名素以邦交為重自必篤念舊
好敦厚信加用特專電致賀并祝
履祉延釐
國運昌盛惟
大總統鑒察焉

一六二

逕啓者茲有美國人伊維廉請領外部護照來華
擬偕眷遊歷直隸山東江蘇浙江四省又美國人
史品士亦領有外部護照來華欲遊歷直隸山東
河南江蘇均請將擬遊省分填註照內茲按照所
請填入送請
貴部王大臣查照轉交順天府蓋印並希印訖送
還為荷此頌
日祉 附送護照二張
美國使署
柔克義啓 宣統元年正月十八日

AMERICAN LEGATION,
PEKING, CHINA.

To F.O. No. 499.

February 22, 1909.

Your Imperial Highness:

I have the honor to inform Your Imperial Highness that I am in receipt of telegraphic instructions to the effect that the President of the United States, being desirous of testifying to the honor and respect in which he, as well as the Government and people of America, hold the memory of His Imperial Majesty the late Emperor Te Tsung Ching, has appointed me Special Ambassador to represent the Government of the United States at the approaching obsequies.

I avail myself of this opportunity to renew to Your Imperial Highness the assurance of my highest consideration.

To His Imperial Highness
Prince of Ch'ing,
President of the Board
of Foreign Affairs.

附件

卅

大亞美理駕合衆國欽命駐劄中華便宜行事全權大臣柔　　為

照會事、茲接本國外部大臣來電、奉

總統諭、此次

德宗景皇帝奉移、特派本大臣、為頭等專使欽差大臣、遣代

美政府致祭、為昭明美國

總統、及政府人民、崇敬

德宗景皇帝之至意、相應照會

貴親王查照可也、須至照會者　附洋文

右

照會

大清欽命全權大臣便宜行事軍機大臣總理外務部事務和碩慶親王

一千九百九年貳月貳拾貳日

宣統元年貳月初叁日

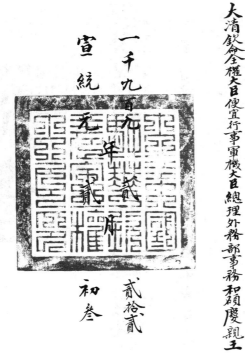

一六四

逕啓者：茲有美國芝加高大學堂調查東亞學務專員畢爾敦由本國外部領有護照來華，並書記生李達亦自領有護照，均擬游歷山東、湖北、湖南、四川等省，合請填照等因。本大臣按照所請，填就護照兩張，送請貴部王大臣查照，轉交順天府蓋印送還為荷。此泐，順頌日祉。附送護照兩張

美國使署

柔克義啓　宣統元年二月初六日

一六五

函湖廣督、湘撫、四川督、東撫，美使函稱美國博士畢爾敦等到時妥爲接待保護由

外務部左侍郎聯
外務部右侍郎鄒

二月初十日
二月　日
行
行

函川督、鄂督、湘撫、齊撫

逕啟者，昨接美柔使函稱，美國博士畢爾敦、張波倫二員赴東亞各地考查一切學務，游歷魯、鄂、湘、蜀四省，請繕發晉謁四省督撫介紹荐函，俾易於調查各等學務等因，相應函達

台端查照並飭屬於該博士畢爾敦等
到時妥為接待保護可也此布順頌
勛綏
堂銜
宣統元年二月　日

一六六

照會美柔使新舉總統業經電賀由

行　行

外務部左侍郎聯 二月十二日

外務部右侍郎鄒 二月十二日

行　許　行

和會司

呈為照會事去冬得聞
貴國
大總統誕膺選舉之信當由本部專電致賀本年
二月十三日即一千九百九年三月四日為
大總統接任之期茲欽奉

國電一道其文曰
大清國
大皇帝敬致電於
大美國
大總統
大總統隆稱偉畧久深佩仰上年游歷来華我國官
民歡迎盡禮去冬得聞
誕膺選舉之信當經諭令外務部專電致賀今年
二月十三日即一千九百九年三月四日為
大總統接任之期允孚衆望式煥新猷遥聽之餘欣悦無
極中國與
貴國友誼素稱輯睦

大總統篤念邦交，關懷大局，從此聯歡敦好，共享昇平，實為兩國人民之幸福，而尤朕與
大總統所同深慶忭者也。敬祝
大總統勳名遠播，福履永綏。用達賀忱，惟希
鑒察。等因。本部已電達出使
貴國伍大臣譯送
貴國外部代為呈遞。相應照會
貴大臣查照可也。須至照會者。
美柔使
宣統元年十一月 日

一六七

逕啟者茲有美國士紳斐樂倭立思等十數
人來至京都擬赴
頤
和園瞻仰請
貴大臣奏
聞於閏月初二以前四日內酌定日期
見復以便轉知俾得趨詣為盼分心之處尚容面
謝特此函請順頌
日祉
美國使署
柔克義啟 宣統元年二月二十七日

一六八

小

大亞美理駕合衆國欽命駐劄中華便宜行事全權大臣柔　為

照會

照會事西三月六號接到
來照內抄
國電一道慶賀美國
新大伯理璽天德接任之
國書茲接美外部大臣電訓與
新大伯理璽天德所復之
國電其文曰

大美國新任
大伯理璽天德敬複電於
大清國
大皇帝接到
大皇帝國書〔電〕以本
伯理璽天德接任友睦關懷吉詞電賀所稱聯歡敦好共享
昇平各等嘉言係為本
伯理璽天德與
大皇帝均有同意此後惟有設法使中美邦交愈篤四海乂
安本
伯理璽天德尤所願者各國相安無事萬國人民同享太平
均邀幸福茲仰懇

上蒼垂佑中國

大皇帝及中國人民與中國政府惟希

鑒察等因囑本大臣譯送

貴部代呈前來相應照會

貴親王查照代為呈進可也須至照會者附送洋文並電文

右　照　會

大清欽命全權大臣便宜行事軍機大臣總理外務部事務和碩慶親王

一千九百拾壹年叁月拾玖日

宣統叁年貳月拾捌日

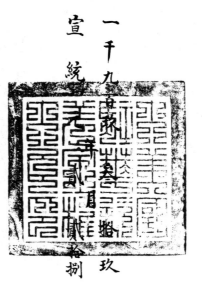

附件一

AMERICAN LEGATION,
PEKING, CHINA.

To F.O. No. 509.

March 19, 1909.

Your Imperial Highness:

In acknowledging the receipt of Your Imperial Highness' note of March 6, 1909, in which Your Highness enclosed a copy of a congratulatory telegram sent by His Imperial Majesty the Emperor of China to His Excellency William Howard Taft, President of the United States of America, I have the honor to inform Your Highness that I am in receipt of telegraphic instructions from the Department of State directing me to transmit to Your Highness for presentation to His Imperial Majesty the enclosed reply from the President of the United States.

In complying with the above instructions I avail myself of the opportunity to renew to Your Imperial Highness the assurance of my highest consideration.

W. W. Rockhill

Enclosure:

Copy of telegram as above.

To His Imperial Highness
Prince of Ch'ing,
President of the Board
of Foreign Affairs.

The President of the United States
To The
Emperor of China

Greeting:

I have received Your Imperial Majesty's telegram of March fourth, expressing Your congratulations on my installation into the office of the President of the United States.

I cordially reciprocate the feelings of esteem and friendship which You express for my country and for myself personally, and I assure You that I shall do all that I properly can to strengthen the friendship so happily existing between the United States and China, and that during my term of office I shall give encouragement to whatever tends to promote peace among nations and the happiness of mankind.

Praying the blessings of Heaven on Your Majesty and Your Majesty's people and Government, I remain,

Your Good Friend,

William H. Taft

一六九

欽差出使美墨秘古國大臣伍　為

咨呈事竊照本大臣於宣統元年二月二十七日承准
大部咨開准禮部咨稱光緒三十四年十一月初九日
皇上登極頒
詔應由本部恭鐫謄黃頒發出使外洋大臣及領事商廨等處茲將謄
黃送請轉行等因前來相應將謄黃
詔書一道咨行貴大臣欽遵可也等因承准此本大臣謹即欽遵並轉頒各
分館暨各領事館等處一體欽遵相應備文咨復為此咨呈
大部謹請察照備案須至咨呈者

右咨呈

外務部

宣統元年二月二十九日

一七〇

照復美柔使美總統答復國書電已代呈由

外務部左侍郎聯 閏二月初二日 行

外務部右侍郎鄒 閏二月初二日 行

和會司

呈為照復事接准

照稱茲接美外部大臣電訓與

新大伯理璽天德所復

國電囑本大臣譯送代呈前來相應照會貴

親王查照代為呈進等因本爵大臣業經已代

為進呈

相應照復

貴大臣查照可也須至照復者

美柔使

宣統元年閏二月　日

一七一

逕啟者：據美國人朱忭敏、海禮森稟欲赴四川、雲南、甘肅、新疆四省游歷，各請給照等因，茲繕就洋漢文合璧照二張，送請

貴王大臣查照，希交順天府蓋印送還本館，分給收執可也。此泐，即頌

日祉

柔克義啟 閏二月十九日

附件

23/2/1.

Geo. L. Harrison

海 Hai

禮 Li

森 Sên

Benjamin Chew

朱 Chu

忭 Pien

敏 Min

Ssŭ Chuan

Yünnan

Kansu

Hsin Chiang

一七二

照復美柔使海禮蓀奉派為駐華參贊到館任事已閱悉由

行　　行

外務部左侍郎聯　閏二月　日

外務部右侍郎鄒　閏二月　日

大伯

和會司

呈為照復事接准

照稱准本國外部大臣來文奉

理壐天德諭旨簡派本國人海禮蓀為駐劄中華

二等參贊該員現已到館任事等因前來本爵

大臣均已閱悉相應照復

貴大臣查照可也須至照復者

美柔使

宣統元年閏二月　日

一七三

THEODORE ROOSEVELT.

President of the United States of America.

To all who shall see these Presents, Greeting:

Know Ye, That reposing special trust and confidence in the Integrity, Prudence and Ability of William Woodville Rockhill, Envoy Extraordinary and Minister Plenipotentiary of the United States of America to China, I do hereby designate him Ambassador Extraordinary to represent this Government at the ceremonies which are to take place in May next, incident upon the burial of the remains of His Imperial Majesty Kwang Hsü, late Emperor of China, with all the privileges and authorities of right appertaining to this commission.

In testimony whereof I have caused the Seal of the United States to be hereunto affixed.

(SEAL)

Given under my hand at the City of Washington this twenty-fifth day of February, in the year of our Lord one thousand nine hundred and nine, and of the Independence of the United States of America the one hundred and thirty third.

By the President: (Signed) Theodore Roosevelt.

(Signed) Robert Bacon.

Secretary of State.

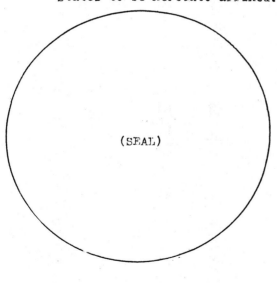

附件

大美國
大伯理璽天德諭曰素悉派駐中華使臣柔克義人甚精明老成持
重品行端方實堪嘉許現值
德宗景皇帝梓宮奉移著派柔克義為代表政府致祭之頭等專使其
應行致祭一切禮節著按專使應有之權宜自行酌定用特頒
給加蓋
御寶之憑照欽此
西歷一千九百九年
大美國立國第一百三十三年二月二十五號在華盛頓城
大伯理璽天德羅斯福御筆簽字
外部大臣貝堪署名

一七四

欽差出使美墨秘古國大臣伍 為

咨呈事竊照本大臣於宣統元年三月初三日具奏在美呈遞
國書情形一摺相應錄稿咨呈
大部謹請察照須至咨呈者

右 咨 呈 計抄單一紙

外務部

宣統元年三月初三日

一七五

照會領銜美柔使各專使覲見定本月初七日即將銜名清單送部由

行 外務部左侍郎聯 三月 日

行 外務部右侍郎鄒 三月 日

行稿

和會司

呈為照會事

各國專使大臣

覲見一事奉

旨定於本月初七日十點半鐘在

乾清宮覲見相應照會

貴領銜大臣並轉達
各國專使大臣欽遵並希將
各國專使大臣隨員銜名並排定
各國專使大臣班次開具清單務于初五日午
刻送部為要須至照會者
美柔使
宣統元年叁月　日

一七六

照會領銜美柔使知照恭謁日期時刻由

行　外務部左侍郎聯　三月　日

行　外務部右侍郎鄒　三月　日

行

和會司

呈為照會事現經本爵大臣奏奉

諭旨

各國專使大臣於本月初十日九點四十五分恭謁

孝欽顯皇后梓宮十一點恭謁

德宗景皇帝梓宮除應行禮節再行函達外相應照會

貴領銜大臣並轉知
各國專使大臣可也須至照會者
領銜美柔使
宣統元年三月　日

一七七

函領銜美柔使各專使等照送初十日恭謁禮節單由

外務部左侍郎聯 行 三月 日

外務部右侍郎鄒 行 三月 日

函領銜美柔使各國專使

逕啟者所有本月初十日恭謁

梓宮時

刻業經照會

貴領銜大臣轉達

領銜大臣轉達

各位大臣貴大臣在案茲將是日應行禮節刷印清單函送

貴大臣查照即希將恭謁銜名單先期送部以便具奏可也此佈順頌

日祉 附單

全堂銜

附件

有花圈用

各國專使恭謁禮節單

各國專使恭謁禮節單
屆日本部派弁導引
貴專駐使大臣乘馬車至
東華門外下車換乘椅轎參隨等均步從進
東華門至
御箭亭後棚前下椅轎入棚少坐候屆九點鐘四
十五分時本部大臣帶領
貴專駐使大臣按排定次序分班進
錫慶門
皇極門
甯壽門至
皇極殿前一鞠躬俟所進花圈陳設畢至
孝欽顯皇后几筵前一鞠躬側向
監國攝政王一鞠躬

監國攝政王答禮致謝
貴專駐使大臣退後一鞠躬禮畢仍至
御箭亭後布棚內少坐乘椅轎出
東華門外換乘馬車至
景山東門外帳房內少坐候屆十一點鐘本部大
臣帶領
貴專駐使大臣按排定次序分班進
景山東門至
觀德殿前一鞠躬至
德宗景皇帝几筵前一鞠躬俟所進花圈陳設畢側向
監國攝政王一鞠躬
監國攝政王答禮致謝
貴專駐使大臣退後一鞠躬禮畢出
景山東門回館

一七八

逕復者昨接

來函初十日恭謁

梓宮應行禮節單刷印附送並請將是日恭謁銜名先期

送部等因本大臣以初十日恭謁銜名仍照初七

日呈遞各國國名次排列是以無庸再行開送相應函復

貴部王大臣查照可也此頌

日祉　附洋文

柔克義啓　宣統元年二月初九日

美國使署

附件

AMERICAN LEGATION,
PEKING, CHINA.

To F.O. No.522 .

April 28, 1909.

Your Imperial Highness;

I have the honor to acknowledge the receipt of Your Highness' note of yesterday, enclosing the order of ceremonies before the Imperial Coffins.

I have the honor to inform Your Highness that the names of the suites of the Special Envoys will be the same as in the lists sent in for the Imperial Audience on the 7th. of the moon.

I avail myself of this opportunity to renew to Your Imperial Highness the assurance of my highest consideration.

W. W. Rockhill

To His Imperial Highness
Prince of Ch'ing,
President of the Board of
Foreign Affairs.

一七九

欽差出使美墨秘古國大臣伍　為

咨呈事。案據美館三等通譯官江譽聰稟稱：上年隨使到美供職，將及一年，幸免貽誤，近因感受風寒，延醫診治，迄未痊愈，誠恐有曠職守，負疚滋深，惟有稟請銷差，俾得安心調理，伏乞憲台俯准所請，並懇咨請外務部另派賢員接充，以免誤公等情前來。本大臣查該員年少力强，到館供差，尚屬勤奮，茲以患病稟請銷差，自應准如所請。現在美館通譯需人，未便虛懸員缺。查有自費來美就學北洋大學畢業生錢樹芬，中西文理均甚優長，堪以札派代理美館三等通譯官，俾資辦公，仍候大部稟案奏派試署。除電達外，相應咨明，為此咨呈大部，謹請察照。須至咨呈者。

右咨呈

外務部

宣統元年四月初十日

一八〇

照復美柔使費參贊署理全權已閲悉定於二十二日午後三鐘在邸候晤由

行　行

外務部左侍郎聯　四月廿日

外務部右侍郎鄒　四月　日

行　行　行

大伯

和會司

呈為照復事接准

照稱本大臣奉

理璽天德諭旨派充出使俄國頭等欽差大

臣赴任有期將本館全權事務移交頭等參贊

費勒器署理並請訂期會晤等因本爵業已

閲悉兹定於本月二十二日午後三點鐘在

邸候晤即希

貴大臣届時賁臨可也須至照復者

美國柔使

宣統元年四月　日

一八一

照會美柔使四月二十六日覲見開送銜名由

外務部左侍郎聯
四月廿五日
外務部右侍郎鄒
四月廿五日
行

和會司
呈為照會事所有
貴大臣請
覲一事業經本爵代為奏明奉
旨着於本月二十六日巳刻在養心殿覲見欽此除由本部屆時派弁導引外相應附送禮節單照會

覲銜

貴大臣查照即希將入

名開送本部以便入奏可也須至照會者 衔單

美柔使

宣統元年四月　日

附件

禮節單

屆日外務部派弁導引
貴大臣進
東華門至
上駟院換椅轎參隨步從進
景運門至
乾清門階前下椅轎進
乾清門在
上書房少坐候屆十點（九點半）鐘時外務部大臣帶領
貴大臣經
月華門
遵義門至
養心殿進
東暖閣向
監國攝政王一鞠躬
監國攝政王起立
貴大臣至
監國攝政王前一鞠躬
監國攝政王答禮握手
監國攝政王坐
貴大臣等皆坐外務部大臣陪坐
監國攝政王與
貴大臣寒暄從容酬答繙譯均侍立傳述
監國攝政王起

貴大臣及各官皆起
貴大臣向
監國攝政王一鞠躬
監國攝政王答禮握手
貴大臣退出
東暖閣一鞠躬出
殿門回至
上書房少坐酒點畢出
乾清門
景運門
東華門回館

一八二

逕復者昨接
来照以本大臣請
覲一事已為代奏奉
旨著於本月二十六日巳刻在養心殿覲見欽此並請
將入
覲銜名開送等因前來茲將隨從本大臣入
覲銜名照開附送即希
貴親王入奏可也此頌
日祉　附送名單
柔克義啓　宣統元年四月二十五日
美國使署

附件

List of Members of Suite of Minister Rockhill. 柔克義

Imperial Audience of June 13, 1909.

Henry P. Fletcher, Esquire, 頭等參贊費勒器
Secretary of Legation.

Captain James H. Reeves, U.S.A. 武隨員黎富思
Military Attaché.

Charles D. Tenney, Esquire, 漢務參贊丁家立
Chinese Secretary of Legation.

Leland Harrison, Esquire, 二等參贊海禮蓀
Second Secretary of Legation.

Willys R. Peck, Esquire, 漢務副參贊裴克
Assistant Chinese Secretary of Legation.

一八三

上

照會

大亞美理駕合衆國欽命參贊署理全權事務大臣費　爲

照會事、茲由本國政府、寄到正副

國書兩函、現將副函照、譯附送

貴部存案、其正函即希

貴親王檢收代為呈

進可也、為此照會須至照會者、附送洋文正副國書及譯件

右 照 會

大清欽命全權大臣便宜行事軍機大臣總理外務部事務和碩慶親王

一千九百九年陸月拾柒日

宣統元年肆月叁拾日

附件一

AMERICAN LEGATION,
PEKING.

To F.O. No. 539.

June 17, 1909.

Your Imperial Highness:

I have the honor to enclose herewith an autographic letter from the President of the United States to His Imperial Majesty the Emperor of China, in reply to a letter from His Majesty sent by the hand of His Excellency the Chinese Minister at Washington to the President. This letter I have the honor to request Your Imperial Highness to transmit to His Imperial Highness the Prince Regent.

1/

I have the honor to enclose, also, a copy of the letter in question and a Chinese translation thereof.

2/ 3/

I avail myself of this opportunity to renew to Your Imperial Highness the assurance of my highest consideration.

Henry P. Fletcher

Charge d'Affaires.

Enclosures:

One autographic letter with copy and translation.

To His Imperial Highness
Prince of Ch'ing,
President of the Board
of Foreign Affairs.

附件二

照譯國書

大美國

大伯理璽天德敬問

大清國

大皇帝好西去歲十二月二十二號

貴國駐美伍欽使遞到

國書一封內列

大皇帝所云朕兹誕膺天命惟思兢業敬承以期治安有象並謂中美素

敦友誼特以吉詞慰問

本伯理璽天德亦與有同情甚願竭盡心力俾嗣後美政府與中政府友

愛之情愈篤實有厚望焉

西歷一千九百零九年四月三十號達夫特親筆

外部大臣那克思署名

一八四

AMERICAN LEGATION,
PEKING, CHINA.

July 8, 1909.

Your Excellency,

Mr. Fletcher asks me to let you know that Mr. Fairbanks, recently Vice-President of the United States, is expected to arrive in Peking by the evening train (6.55) tomorrow. He thought it possible that you would wish to have someone at the station to greet him in the name of the Chinese Government.

Very respectfully Yours
Charles D. Tenney
Chin. Secy. of Legation

To H. E. Liang,
Pres. Wai Wu Pu.

附件

照譯美館參贊丁家立致梁大人函 一千九百九年十月八號 宣統元年八月廿五日

敬啓者頃奉

貴署大臣面諭本國前副總統非耳邦克司若於

明日午後六鐘五十五分晚車可以抵京因思

貴國政府欲派人至車站迎迓囑爲奉

聞等因此佈順頌

日祉

于德濬譯

一八五

川

奏 伍廷芳

○ 外務部

五月二十三日

出使美墨秘古國大臣臣伍廷芳跪

奏爲遵旨在美呈遞

國書情形恭摺具陳仰祈

聖鑒事竊臣於宣統元年閏二月初八日承准外務

部咨開所有本部恭擬布告

皇上登極暨盡任

國書各一道又墨秘古三國
國書各二道又巴西國
國書一道業經本部奏請
頒賫等因旋於閏二月十六日寄到
國書九道臣當即祇領臣現駐美都謹先往
晤美外部大臣訂期呈遞美國
國書旋准美外部復稱美國伯理璽天德定
於三月初一日未刻在白宮接見並奉伯理璽
天德諭毋庸過拘禮節等語屆時由臣率同
二等參贊官吳壽全二等通譯官關應麟親
賫布告
皇上登極國書暨委任

國書各一道前赴白宮伯理璽天德即時出見
握手為禮臣親捧
國書敬謹呈遞伯理璽天德躬親接受畢
敬問
大皇帝安好願
大皇帝樂享太平禔福中外並述前年游歷來華
目睹中國舉行新政實業振興蒸蒸日上
毋任欽仰復向臣殷勤慰問道及從前舊識
厚誼有加語畢握手而別所有微臣在美國呈遞
國書情形理合恭摺具陳伏乞
皇上聖鑒謹
奏
宣統元年五月二十三日奉
硃批知道了欽此
三月初三日
[illegible]

一八六

具奏譯呈美國答復國書由

外務部左侍郎聯 奏 五月初六日
外務部右侍郎鄒 奏 五月初六日

奏
奏
謹
奏為譯呈美國國書恭摺仰祈
聖鑒事竊臣部接准美國署理使臣費勒器照稱茲由本國政府寄到答復登極國書請代為呈進等因臣等照譯原送國書繕單恭呈
御覽所有譯呈美國國書緣由理合恭摺具陳伏乞
皇上聖鑒謹
奏
宣統元年五月廿六日奉
硃批知道了

附件

照譯美國國書

大美國
大伯理璽天德敬問
大清國
大皇帝好西去歲十二月二十二號
貴國駐美伍欽使遞到
國書一封內列
大皇帝所云朕茲誕膺天命惟思兢業敬承以期治
安有象並謂中美素敦友誼特以吉詞慰問本
伯理璽天德亦與有同情甚願竭盡心力俾
嗣後美政府與中政府友愛之情愈篤實有
厚望焉

AMERICAN LEGATION,
PEKING, CHINA.

Yü Te-chün, Esquire,
Board of Foreign Affairs,
Peking, China.

Dear Mr. Yü:

In connection with your call the other day regarding the arrival of Mr. Fairbanks, ex-Vice President of the United States, I wish to inform you that his arrival has been delayed for about three weeks. Will you be so kind as to convey this information to the proper officials?

There is still another matter in which I would be very glad of your assistance. Before the present Wai Wu Pu was organized when the Tsung Li Yamen still existed a set of ruless for the erection of oil tanks was framed I think for the guidance of the German firm of Arnhold Karberg and Company. As these rules are constantly referred to in certain cases we are interested in, it would be considered a great kindness if we could be supplied with a copy of the rules referred to. Would you be so kind as to inquire about this and let me know? It will

be

be easier to do this in this informal way than to write a formal request.

If you will attend to these two affairs for us we will be very grateful.

Yours very sincerely,

Willys R. Peck

Assistant Chinese Secretary.

July 12, 1909.

附件

美館漢務參贊裴克汶司員于德濬函　一千九百九年七月十二號　宣統元年五月廿五日

逕啟者：日前與閣下在敝館面談美國前副總統非耳邦克司日內抵京一事，現非君之來業已展期，大約三星期以後方能抵京。茲特奉聞，即請轉呈貴部是荷。再有懇者，前當總理衙門未改外務部之先，曾立有建設油池章程，此項章程蓋因一德國公司名阿耳瑙勒德喀耳埠而設者也。敝館因辦理此等案件時有援引該章之處，擬請閣下轉為一詢，即將此項章程檢賜一本是禱。本擬以公函向貴部詢取，因思託閣下代覓較為便捷，而免煩瀆。特此奉懇，即頌日祉。

一八八

美館漢務參贊裴克致丁司員函 宣統元年五月廿五日

逕啓者：日前與 閣下在敝館面談美國前副總統非耳邦克司日內抵京一事，現該君之來業已展期，大約三星期以後方能抵京。茲特奉 閣下，即請轉達貴部是荷。

一八九

照復美貴署使國書已代進呈由

行

外務部左侍郎聯

五月 廿七 日

行

外務部右侍郎鄒

五月 廿七 日

和會司

呈爲照復事援准

照稱由本國政府寄到

答復

登極

國書請代爲呈遞等因本部業已代爲進

呈

相應照復

貴署大臣查照轉達

貴政府可也須至照復者

美貴署使

宣統元年五月　日

一九〇

大亞美理駕合衆國欽命駐劄管理全權事務大臣費 爲

照會事查向來各國凡欲行

覲見者應行將隨同入

覲人員銜名開送此次本國

前副總統與水師提督何爾博及所帶隨員等請

覲即請奏定日期覲見復茲特將所有入

覲人員開單附送希

貴親王查照轉奏可也須至照會者 附洋文及銜名單

右照會

大清欽命全權大臣便宜行事軍機大臣總理外務部事務和碩慶親王

一千九百九年捌月貳拾叁日

宣統元年捌月初捌日

附件

照錄美國署使臣費勒器偕同美國前副總
統費雅邦
覲見銜名
美國署使臣費勒器
美國前副總統費雅邦
漢務參贊官丁家立

一九一

函致美費署使函送前副總統等覲見禮節由

外務部左侍郎聯 七月 日 行

外務部右侍郎鄒 七月 日 行

行

致美費署使函

逕啟者所有

貴國費前副總統暨

何提督等

覲見

一事業經本部恭錄

諭旨

照會在案茲將是日禮節單函送

貴署大臣查閲並希
轉達查照可也此布順頌
日祉 附禮節單
全堂銜
宣統元年七月 月

附件

禮節單

是日由外務部派弁導引

貴署大臣前副總統提督等進

東華門至

上駟院前換乘椅轎參隨等步從進

景運門至

乾清門外下椅轎進

乾清門中門至

上書房少坐候屆十點鐘時外務部大臣帶領

貴署大臣前副總統提督等至

養心殿

貴前副總統少侯先由外務部大臣帶領

貴署大臣提督等進

養心殿明殿

貴署大臣帶領

貴提督在前餘均在後由左至右排立恭候

監國攝政王出明殿

貴署大臣提督等向

監國攝政王一鞠躬

監國攝政王答禮

貴署大臣提督等向

監國攝政王一鞠躬

監國攝政王進

東暖閣

貴署大臣提督等退出

貴提督等先回

上
書房外務部大臣帶領
貴署大臣前副總統等進
養
心殿至
東
暖閣向
監
國攝政王一鞠躬
監
國攝政王起立
貴署大臣前副總統等至
監
國攝政王前一鞠躬
監
國攝政王答禮握手
監
國攝政王坐
貴署大臣前副總統等皆坐外務部大臣陪坐
監
國攝政王與
貴署大臣前副總統寒暄從容酬答繙譯侍立傳述

監
國攝政王起
貴署大臣前副總統等及各官皆起
貴署大臣前副總統等向
監
國攝政王一鞠躬
監
國攝政王答禮握手
貴署大臣前副總統等退至
東
暖閣門內一鞠躬出
殿
門回至
上
書房酒點畢出
乾
清門上椅轎出
景
運門至
上
駟院換原乘之轎馬出
東
華門回館

一九二

逕啓者日前本國
前任副總統來京游歷張家口一帶荷蒙郵傳部預備
專車並沿路火車員役欵待周全不但
前任副總統申謝即本使館亦均感念因待
前任副總統甚優愈形彼此邦交之日密特囑本署使
轉達
貴王大臣查照希即達知郵傳部大臣代為致謝可也
此頌
日祉附洋文

美國使署

費勒器啓七月十五日

附件

附件一

AMERICAN LEGATION,
PEKING.

To F. O. No. 566.

August 30, 1909.

Your Imperial Highness:

I have the honor to inform Your Imperial Highness that Mr. Charles W. Fairbanks, Ex-Vice President of the United States, has requested me to express to the President of the Board of Posts and Communications, through Your Highness' Board, his appreciation of the great kindness of President Hsü Shih-ch'ang in making possible for him a journey to Kalgan over the Imperial Peking-Kalgan Railway, on which trip every possible courtesy was extended to him by all the officers and employes of the line.

In thus transmitting the thanks of Mr. Fairbanks I desire to acquaint Your Highness also of the very high value attached by this Legation to the distingusihed courtesy exhibited toward Mr. Fairbanks, Ex-Vice President of the United States, and to the feeling of warm international friendship thus evidenced. It would be very gratifying to this Legation if the sense of this note might be conveyed to His Excellency Hsü Shih-ch'ang, President of the Board of Posts and Communications.

I avail myself of this opportunity to renew to Your Imperial Highness the assurance of my highest consideration.

Henry P. Fletcher
Charge d'Affaires.

To His Imperial Highness Prince of Ch'ing,
President of the Board of Foreign Affairs.

一九三

咨郵傳部准美費使稱前副總統蒙優待致謝由

外務部左侍郎聯 七月廿日 行

外務部右侍郎鄒 七月 日 行

許

行

和會司

呈為咨行事准美費署使函稱日前本國前任副總統來京游歷張家口一帶荷蒙郵傳部預備專車並沿路火車員役款待周全不特前任副總統申謝即本使館亦均感念因待前任副總統甚優愈形彼此邦交之日密特囑轉達郵傳部代為致謝等語相應咨行貴部查照可也須至咨者

郵傳部

宣統元年七月 日

一九四

收

逕啟者，昨閱邸抄，驚悉
宮太保文襄公張中堂逝世，當已電達本國，茲奉本國
政府復以聞此噩耗，悲悼良深。想
張中堂品端學粹，忠藎致身，其勤勞於王室者已多年
矣，不惟本國人民同深欽佩，即
貴國相與之各友邦亦均敬重。是以因
貴國失此良相，本署大臣特代本國輓惜，以表同情。洳
此佈請
美國使署
貴親王查照是荷。順頌
爵祉。附洋文

費勒器啟 八月二十三日

一九五

逕啓者廿五日夜半接奉
有電當即電覆計邀
詧覽弟自出都後整理行裝千頭萬緒頗形忙碌
近日又患泄瀉精神愈覺困憊諸事遂致延擱
調員名單所以遲遲未遞者原以交涉繁難人
材難得不得不鄭重其事茲開列清單乞呈
堂核定奏派又整裝川資兩項銀兩均須於放洋
以前領給支用茲先具印領請領庫平銀七萬
兩容俟到美後造冊報銷送
部查核再美館規模狹隘破壞不堪亟宜修改樓

房添置傢具及各館應添設書記生曾將實在
情形陳明並擬先派參贊容揆先回美洲預為
布置茲繕具說帖一紙乞
代回
堂憲批示遵辦美館往來電碼向有密本並請
檢賜以便沿途應用為荷專肅敬請
勛安諸惟
荃詧不既　愚弟張蔭棠頓首
計呈送
名單一紙
印領一紙
說帖一紙

一九六

徵宇　潤田　雪生　劍秋

仁兄大人閣下敬啟者咸電祗悉伊藏靡既通譯

生事前奉

復函由

部遴派查本年奏定籌備事宜章程摺內稱通

譯生一項亦為儲養使才之基礎擬令各使臣加

意培植使皆明習公法深曉方言以為序補交

涉各員之預備等因

大部為培植人材起見不能不慎重遴派而使臣

有作養之責思慮亦未可不周美館並轄墨祕

古三國領事署四處尤為事煩而墨祕古分館

及檀山、佃約每處祇有二人，若僅派二人分布，實
屬為難，且近來調查事件日多，實屬不敷辦
公。弟留心採訪漢洋文通順者，目前僅得八人，
要皆年力精强、志趣遠邁之士，乃堪造就。謹
先開單，擬請四
堂簽核，尚希從速
示復，以便飭令該生等於十月初三日由滬一并
放洋為盼。專肅，敬請
勛安

附名單一紙　　愚弟張蔭棠頓首　九月十八日

附件

謹將請派通譯生名單開呈
鈞核

計開

陳國章
潘熾
陳同贄
馮汝才
劉英
阮士超
盧乃華
梁澍仁

一九七

逕啟者本月二十四日本署大臣與各國欽使同謁
梓宮藉伸哀悼並偕同漢務參贊丁家立二等參贊海禮蓀
漢務副參贊裴克學生麥邇思哲謨森詹森衛隊統領
巴轟特衛隊武員華勒爾一併入謁其奉安之日止帶
領丁參贊家立海參贊禮蓀裴副參贊克巴統領轟特
恭送至於欽差到任次序本署大臣係在本年西五月
中三月十二
一號接署相應函達
貴王大臣查照可也此候
日祉 附洋文
費勒器啟 九月二十一日

美國使署

附件一

AMERICAN LEGATION,
PEKING.

To F. O. No. 582.

Nov. 3, 1909.

Your Imperial Highness:

I have the honor to append hereto for the information of Your Highness' Board a list of those members of this Legation whom I shall take with me on the 6th instant when, in company with the other foreign Ministers to China, I shall perform my melancholy duty of paying respects to the remains of Her Imperial Majesty the late Empress Dowager:-

Dr. C. D. Tenney, Chinese Secretary,
Leland Harrison, Esquire, Second Secretary,
Willys R. Peck, Esquire, Assistant Chinese Secretary,
Myrl S. Myers, Esquire, Student Interpreter,
J. Paul Jameson, Esquire, Student Interpreter,
Nelson T. Johnson, Esquire, Student Interpreter,
Lieutenant Colonel George Barnett, U.S.M.C., Commandant of the Legation Guard,
Lieutenant Waller, U.S.M.C., Legation Guard.

The list of those who will accompany me on the occasion of Her Late Majesty's obsequies is as follows:-

Dr. C. D. Tenney, Chinese Secretary,
Leland Harrison, Second Secretary,

Willys

To His Imperial Highness
Prince of Ch'ing,
President of the Board
of Foreign Affairs.

Willys R. Peck, Esquire, Assistant Chinese Secretary,
Lieutenant Colonel George Barnett, U.S.M.C., Commandant of the Legation Guard.

In connection with question of anciennete I have the honor to state that I entered upon the duties of Charge d'Affaires of the American Legation on June 1, 1909

I avail myself of this opportunity to renew to Your Imperial Highness the assurance of my highest consideration.

Charge d'Affaires.

附件二

此件係禮部交來

九名

美館

二十四日叩謁

梓宮

銜名單

署使臣費勒器

漢務參贊丁家立

二等參贊海禮蓀

副漢務參贊裴克

衛隊統領巴聶特

守備　渥洛

繙譯學生麥迩思

繙譯學生哲謨森

繙譯學生詹　森

一九八

洛駐美張大臣徐傳元堪以派充通譯生希查照由

外務部左侍郎聯
九月
日

外務部右侍郎鄒
九月二十
日

行

和會司

呈爲咨行事案查本部奏定增改出使章程第十條内載各館通譯生應由出使大臣嚴定課程令以一半功夫入學堂肄習法政文學一半學習辦公三年期滿送部考驗合格奏請以三等通譯官候補等語兹查有貴胄學堂畢業生徐傳元文

理明通資質可造堪以派充駐美使館通譯生
相應洛行
貴大臣查照辦理可也須至洛者
駐美張大臣
宣統元年九月
月

一九九

欽差出使美墨祕古國大臣伍　為

咨呈事竊照本大臣於宣統元年十月初三日在駐美使館附奏去歲銷差回國人員請獎一片又附奏各華商董董事期滿請獎一片理合將各員履歷分別繕具清册咨呈

大部轉咨

吏部察核備案為此咨呈

大部謹請察照施行須至咨呈者

計送履歷清册二本

右　咨　呈

外　務　部

宣統元年十一月初三日

咨吏、陸軍部徐傳元派充駐美使館通譯生由

外務部左侍郎聯 行 十月 日

外務部右侍郎鄒 行 十月 日

和會司

呈爲咨行事。本部增改出使章程，各館添設通譯生，業經奏准在案。查有貴胄學堂畢業生、貴陸軍部學習主事徐傳元堪以派充駐美使館通譯生，涂咨駐美大臣劉飭遵照前往外，相應咨行

貴部查照備案可也。須至咨者。

吏部 陸軍部

宣統元年十月 日

二〇一

卜

咨呈

欽差出使美墨秘古國大臣張　為

咨呈事竊照本大臣於宣統元年十一月初九日在美京

華盛頓使館拜發具奏呈遞

國書情形一摺相應錄稿並譯頌荅各詞一併備文

咨送為此咨呈

大部謹請察照施行須至洛呈者

計送奏稿並頌答詞

右　洛　呈

外　務　部

宣　統　元年十一月　初九　日

附件一

謹
奏為微臣在美呈遞
國書情形恭摺仰祈
聖鑒事竊臣於十一月初四日行抵美都華盛頓初五日接印
視事當經恭摺具陳在案嗣即照會美外部訂見伯理
璽天德日期旋准復文訂期初九日未刻先到外部偕赴
白宫届時臣率同試署二等參贊官容揆試署三等參
贊官鍾文邦一等書記官伍常商務委員侯良登恭賫
國書前往伯理璽天德即時出見臣敬致通好頌詞呈遞
國書一道伯理璽天德躬親接受宣答頌詞免冠致敬握
手為禮敬問
大皇帝安好願祝
大皇帝福壽康强承平樂享並謂中美感情最深辦理交涉
彼此和衷將來兩國邦交益當親睦復詢及臣在途次安
否再三慰問言詞懇摯厚誼殷拳接談逾刻禮成而退
除將頌詞答詞照錄一通咨送外務部外所有微臣在美
呈遞
國書情形理合恭摺具陳伏乞
皇上聖鑒謹
奏

附件二

照譯致美總統頌詞

本大臣恭膺
簡命駐紮
貴國茲謹將
國書一道呈上
貴總統之前竊念本大臣奉
諭前來深以聯絡中美邦交爲要義素仰
貴總統向主平和
貴國與我國又向稱輯睦自必能互相維繫使
兩國感情日深親密謹頌
貴總統福祉康綏百凡如意並祝
貴國人民日見發達長享昇平

附件三

照譯美總統答詞

本總統接受
貴國
大皇帝國書
簡派
貴大臣駐紮美國本總統不勝歡忭
貴大臣此次奉使來美實係固結中美邦交維持
兩國和好本總統深感
貴政府之美意中美感情向來親密彼此和衷
將來益加輯睦本總統實所深願敝政府實心
相助始終維持
貴大臣亦當深信頗
貴大臣與敝政府及敝國人民公誼私情同臻浹
洽並祝
貴國人民同享昇平

二〇二

具奏前代遞駐美伍大臣奏報抵美日期及順道查看巴拿馬情形各摺件由

奏　奏

外務部左侍郎聯　十月　日

外務部右侍郎鄒　十月十一日　奏

謹

奏為代遞出使大臣摺件仰祈

聖鑒事竊臣部接准前出使美國大臣伍廷芳於宣統元年八月初四日拜發

（旁批：義　錢恂　九　七四）

奏摺一封謹將原摺恭呈

御覽所有代遞出使大臣摺件緣由理合恭摺具陳伏乞

皇上聖鑒謹

奏

二〇三

照會

大亞美理駕合衆國欽命駐紮管理全權事務大臣費　爲

照會事前接本國外部大臣來文以華歷正月十三日

欣逢

貴國

大皇帝降誕良辰本國

大伯理璽天德特諭本署使將予懷專誠祝

嘏及美國臣民恭賀

萬壽之意達知

貴部轉奏等因，相應照會

貴親王查照，即請至日代爲奏

聞可也。須至照會者。附洋文

右　　照　　　　會

大清欽命全權大臣便宜行事軍機大臣總理外務部事務和碩慶親王

一千九百拾年貳月貳拾壹日

宣統貳年正月拾貳日

附件

AMERICAN LEGATION,
PEKING.

To F. O. No. 62

February 21, 1910.

Your Imperial Highness:

I have received instructions from the Department of State to offer on behalf of the President, for himself and for the people of the United States, sincere congratulations and hearty goodwishes to His Imperial Majesty the Emperor of China on the occasion of his coming birthday.

I shall be thankful if Your Imperial Highness will transmit this message to His Imperial Majesty.

I avail myself of this opportunity to renew to Your Imperial Highness the assurance of my highest consideration.

Henry P. Fletcher

Charge d'Affaires.

To His Imperial Highness
Prince of Ch'ing,
President of the Board
of Foreign Affairs.

二〇四

照復美貴署使美總統致賀
皇上萬壽奉旨致謝由

行　　行

外務部左侍郎聯
外務部右侍郎鄒
正月　日
正月十三日
行

和會司
呈爲照復事。接准
照稱：本國外部大臣來文，以華曆正月十三
日欣逢貴國
大皇帝降誕良辰，本國
大伯理璽天德特諭本署使將予懷專誠祝
嘏，及美國臣民恭賀

萬壽之意達知貴部轉奏等因前來本爵大臣
業經代為奏
聞欽奉
大皇帝諭旨承
貴國
大伯理璽天德及
貴國臣民殷殷祝賀具見親睦有加良深欣
謝等因相應照復
貴署大臣轉達
貴國外部代為奏聞可也須至照復者
美貴署使
宣統二年正月　日

二〇五

咨駐美張大臣准吏部覆具奏陸永泉李經敘議卹一案錄旨抄奏知照由

行　行

外務部左侍郎聯　正月　日

外務部右侍郎鄒　正月　日

和會司

呈為咨行事前駐美伍大臣奏請將二等通譯官陸永泉駐墨二等參贊官李經敘從優議卹一案當經本部咨行吏部核辦去後茲准覆稱此事於宣統元年十二月二十日具奏奉

旨依議欽此併鈔錄原奏咨行前來相應錄

旨鈔
奏咨行
貴大臣查照轉飭遵照可也須至咨者 坿抄件
駐美張大臣
宣統二年正月 日

二〇六

咨學部美教習請參觀學堂查核見復由

行　行

外務部左侍郎聯
外務部右侍郎鄒

二月　日
二月　日

行　行　十一

和會司

呈爲咨行事。准美費署使函稱：據本國大學堂教習羅思稟稱，現在來華游歷，並藉便參觀中國學堂，隨帶本國學務大臣憑照，希轉致中國學部請發給專照，以便參觀各處學務等語。本署大臣自當代爲介紹，將憑照函送查照，希轉學部

查閲並頒發專照，以便該教習前往各處學堂參
觀等因，相應將原送憑照一紙咨送
貴部查核見復，以憑轉復該署使可也。須至咨者。附憑照一紙
學部
宣統二年二月 日

二〇七

洋務局

札

欽命頭品頂戴兵部侍郎兼都察院右副都御史巡撫浙江等處地方提督軍務[illegible]節制水陸各鎮會辦兩浙鹽政大臣增 爲

札飭事。宣統二年二月十三日准

署兩廣督院袁 咨開：接廣州口美國

護理總領事照送第二百一十號護照，給安德

生及妻室子女往廣東、浙江、江蘇、安徽等省

地方游歷，請蓋印送回轉給等由前來。除將

護照蓋印送還轉給外，咨會查照飭屬保

護等因到本部院，准此。合行札飭。札到該局，

即使通飭各屬一體妥爲保護，並飭將入境

出境各日期隨時報查，毋違。此札。

右仰洋務局准此

宣統二年十二月十五日

核對官

二〇八

逕復者昨接
來函以十九日本國前總統之妹等
覲見一節承
貴王大臣函送禮節單一紙並囑本署大臣將隨同入
覲人員銜名開送以便入奏等因茲將是日協同本署大臣
覲見銜名另單開列洋漢文各一紙相應函復
貴王大臣查照辦理可也此頌
日祉 附洋漢文名單二帋
費勒器啟 二月十八日
美國使署

附件一

覲見人員銜名單
署理美國欽差全權大臣費勒器
美國前總統之妹丈羅冰孫
美國前總統之妹羅羅氏
羅羅氏之子羅夢廬
漢文正參贊丁家立

附件二

Names of Americans attending the Imperial Audience,
March 29, I9IO.

Mr. Henry P. Fletcher, Chargé d'affaires.

Mr. Douglas Robinson.

Mrs. Douglas Robinson.

Mr. Monroe D. Robinson.

Dr. Charles D. Tenney, Chinese Secretary of Legation.

二〇九

逕復者頃奉

大椷誦悉一是承

示美國前總統之妹及其夫羅冰孫前往明陵游覽事關

遠賓臨莅自應妥慎照料遵即札飭該管昌平州預備

一切並遴派候補知縣王鴻年前往會同地方官妥慎辦

理以期周密茲特飭該委員王令前往

貴部聽候飭赴美使館與來賓接洽可也此復敬頌

勛祉

王乃徵頓首 二月二十日

二一〇

逕啟者本國前總統之妹羅羅氏及其夫羅冰孫前
曾蒙
貴政府及
貴部格外優待不但羅冰孫及羅羅氏感激情殷即
本署大臣亦無不同深級佩現奉羅冰孫等函囑代
為道謝並有羅羅氏致
那中堂洋信一件隨函附送藉表謝忱專此奉佈
順頌
日祉 附洋信一件

美國使署

費勒器啟 二月二十六日

附件一

April 4th
1910

Excellency

Before leaving Peking, I wish to express to your Excellency, the great appreciation of Mr Robinson and myself for all the courtesy shown to us, during our visit,

through Your Excellency's
thoughtfulness, by
Your Board –
Our memory of Peking
will be one of
the most delightful
that we shall carry
back to America –
Yours sincerely
Corinne Roosevelt Robinson

附件二

照譯羅沭孫之妻上

中堂函

敬啟者此次敝夫婦來遊北京承

中堂格外優待飭部照料情意周至敝夫

婦實深感激永當不忘現將離京特

此修函致謝順頌

日祉

羅沭孫之妻謹啟

二月二十五日

英股股員胡振平譯呈

二一一

上

咨呈

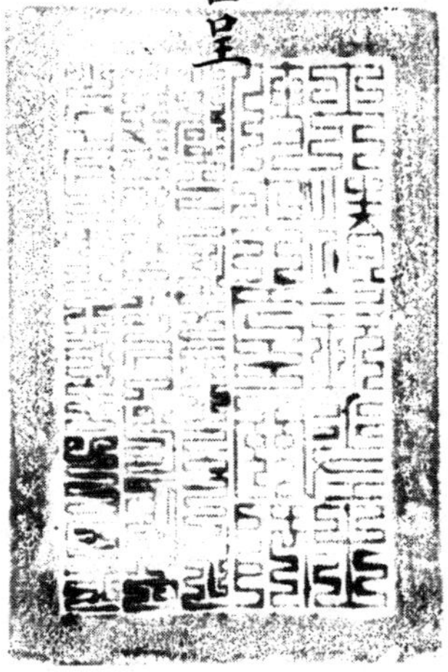

欽差出使美墨秘古等國大臣張　爲

咨呈事竊照宣統二年二月二十五日承准

大部咨開准禮部咨稱恭照本年十一月初三日崇上

隆裕皇太后徽號初四日頒

詔又須發

孝欽顯皇后尊謚
德宗景皇帝尊謚各謄黃均應頒出使各國大臣咨請轉行等因相應將原送謄
黃咨行欽遵等因本大臣承准此除分行欽遵外理合備文聲復為此咨呈
大部謹請察照施行須至咨呈者

右　咨　呈

外　務　部

宣統二年五月二十八日

二一二

照復美嘉使三月十二日覲見希開銜名頌詞由

外務部左侍郎聯　行　三月初九日
外務部右侍郎鄒　行　三月　日

為照復事接准
照稱本大臣奉
命為駐華全權大臣現於三月初七日接印
任事請轉奏定期呈遞
國書等因本部業經奏明奉
旨著於十二日巳刻在乾清宮覲見欽此除由

本部屆時派弁導引外相應附送禮節
單照復
貴大臣查照欽遵即將是日入
覲銜
名開送過部以便入奏可也
須至照復者
照復美嘉使
宣統二年三月　日

附件

覲見禮節單

是日由外務部預備黃襻綠呢大轎並由
禁衛軍赴
貴館導引
貴大臣乘坐大轎参隨從進
大清門
天安門
端門至
午門前
貴大臣換椅轎参隨步從至
乾清門階下下轎進
乾清門中門先至

上書房少坐聽候帶領候屆九點半鐘
監國攝政王於
乾清宮納陛上
御案左側設椅座坐候外務部大臣帶領
貴大臣等賫
國書至
殿中門一鞠躬
監國攝政王起立
貴大臣進
殿數武一鞠躬至
納陛前一鞠躬恭進頌詞繙譯譯畢
監國攝政王親述代答之詞由繙譯恭譯

貴大臣聽畢一鞠躬上
納
陛呈遞
國
書
監
國攝政王代接受置於
御案
上
貴大臣向
監
國攝政王一鞠躬
監
國攝政王答禮
貴大臣下
納
陛一鞠躬退至
殿
門一鞠躬出
殿左
門仍至

上
書房酒點畢出
乾
清門中門乘椅轎出
景
運門換乘黃襻綠呢大轎參隨至
上
駟院上轎馬出
東
華門回館

二一三

機字第貳號

恭擬美國使臣嘉樂恆呈遞國書
覲見
答敕
貴大臣奉
命來華呈遞
國書抒誠入
覲接見之餘良深欣悅
貴大臣
奏進頌詞傳述
貴國
大總統雅意惓惓以和衷辦事為言足見顧
念邦交悃忱肫摯殊愜於懷

貴大臣和平公正幹練有為於兩國交涉
素稱明晰此次
特簡接充使任必能使中美友誼益形鞏固
自當推誠優待以副
貴國
大總統殷勤企望之意

二一四

逕啟者據本國教士雍保真携眷由外部露大臣給
照來華經美國駐漢口領事驗明轉請漢関道加印
准其游歷湖北湖南四川貴州地方茲用限已滿請
准展用二年等因茲將該原照送請
貴王大臣查照希另繕護照一張粘連該原照送還
以便發給收執是荷此頌
日祉 附原照一張
嘉樂恒啟 三月十一日
美國使署

二一五

逕啟者所定每月逢五之期准各國欲赴
頤和園之人前往茲有本館漢文副參贊裴克等十八名
擬於本月十五日赴園瞻仰相應函達
貴王大臣查照轉行辦理是荷此頌
日祉 附洋文名單
嘉樂恒啟 三月十四日
美國使署

AMERICAN LEGATION,
PEKING.

VISITORS TO THE SUMMER PALACE, on the 3rd day of the 15th moon.-

Mr. W. R. Peck.

Miss Peck.

Miss Jones.

Mr. R. P. Tenney.

Miss Bartlett.

Miss Bartlett.

Mrs. Graves.

Miss Graves.

Mr. Henry H. Getty.

Miss Peck.

Miss Peck.

Mr. Max Idelman.

Mrs. Max Idelman.

Judge Clopton.

Mrs. Clopton.

Mrs. Stone.

Miss Stone.

Mr. J. R. Kennedy.

二一六

美國使署

逕啓者據本國教士德文華携眷梅文標各由外部露
大臣給照來華經駐漢口總領事驗明轉請
江漢關道於該各照内加印准其游歷甘肅
陝西四川湖北地方兹用限已滿請准其展
用二年並請將各原照内湖北改註青海等
因兹將該各原照送請
貴王大臣查照希另繕護照二張粘連該各原
照送還以便分給收執是荷此頌
日祉 附照二張
嘉樂恆啓 三月十八日

二一七

逕啟者據本國駐厦門領事官安立得函稱領有外
部護照擬赴山西陝西四川三省游歷請於照內填
註等因茲已按照填列送請
貴王大臣查照即希速交順天府加印於明日下午
送還發給收執是荷此泐即頌
日祉附照一紙
嘉樂恒啟　四月十七日

美國使署

二一八

逕啟者所定每月逢五之期准各國欲赴
頤
和園之人前往茲有本館卓學生偕同本國紳商等共十
二名欲於本月初五日赴園瞻仰相應函達
貴王大臣查照轉行辦理是荷此泐順候
日祉附洋文名單
嘉樂恒啟 六月初三日

美國使署

List of Americans desirous of visiting the Summer Palace on July 11, 1910.

Messrs. Josselyn, 卓塞林
Bristow,
Bishop,
Smith,
Stelle,
Hobart,
Messrs. and Mesdames
White,
Chaplin,
Moy.

二一九

逕啟者據本國人穆宗文携眷由外部領照來華擬
往雲南貴州四川青海等省游歷又本國人李載由
菲獵濱總督領照來華擬往福建一省游歷均請於
照內填註等因茲已按照填列送請
貴王大臣查照希交順天府加印送還分給收執是
荷此泐順候
日祉 附護照二紙
嘉樂恒啟 八月初二日
美國使署

二二〇

逕啟者據本國人羅德珥 門威郎 柯建理 携眷禀稱由外部領照來華
擬赴江西湖南湖北河南四省游歷又盧愛寬 韓仁敦 持美
外部護照擬游歷廣東廣西雲南三省 江西湖北湖南四川四省 又陳永煌
持非獵濱護照擬游歷江蘇福建湖北廣東四省均
請於照內填註等因茲已按照填列送請
貴王大臣查照希交順天府加印送還分給收執再
本國人柯慕林 白道啟 原領護照註明游歷湖北湖南江西
貴州四省現因用限已滿呈請展限二年合將該原
照二紙送請
查照希即另繕專照發明准其將原照展用二年並
祈粘連該二原照標硃送還是荷此泐順頌
日祉 附護照捌紙
嘉樂恒啟 八月初十日
美國使署

二二一

咨呈

法部為咨呈事舉敘司案呈本部
奏沈其昌等隨同赴美免扣資俸
一摺於宣統二年八月初五日具奏奉
旨依議欽此相應鈔錄原奏咨呈

貴部查照可也須至咨呈者

右 咨 呈 計原奏

外務部

宣統貳年捌月拾壹日

附件

謹
奏為請將隨同赴美充當書記官人員免扣資俸恭摺
仰祈
聖鑒事竊查臣部於本年正月二十六日奏派京師高等檢
察廳檢察長徐謙奉天高等審判廳廳丞許世英二
員赴美國舉行萬國刑律監獄改良會並就便分赴
東西各國調查司法事宜事務殷繁非熟習繙譯人
員不足以資臂助當經臣部遴派法政科舉人分部員
外郎沈其昌臣部學習主事羅文莊二員隨往赴會業
於本年五月初九日隨徐謙許世英一同起程查出洋人
員照章免扣資俸該員沈其昌於起程後經吏部籤掣
外務部應請將該員於吏部文到之日作為到部日期
與臣部學習主事羅文莊一體免扣資俸如蒙
俞允臣部行文外務部吏部查照辦理所有派員充當書記
官隨同赴美請免扣資俸緣由謹恭摺具陳伏乞
皇上聖鑒訓示謹
奏

二二二

逕啟者上年中歷十月間安得生所領加印護照內係註明游歷陝西甘肅四川湖南四省茲請將陝西甘肅二省改註雲南貴州等因現已按照更改相應函送

貴王大臣查照標硃並分咨保護可也特泐即頌

日祉 附照一紙

嘉樂恆啟 八月十八日

美國使署

二二三

逕啟者茲有本國美術博士福利爾來華該博士於
提倡美術之事素著名譽今為華盛頓至大之博物
院代表來京擬前往河南開封兩府及陝西之西安
府考查各項美術並在該地方小住數日藉以參觀
古蹟並便中拍照一切即請咨飭該處地方官於該
博士到境時妥為幫助保護本大臣不勝感激茲將
原領外部游歷護照填註山東山西河南陝西四省
送請
美國使署
貴王大臣查照希交順天府加印送還以便發給收
執是荷此泐順候
日祉 附洋文並護照一張
嘉樂恒啟 八月二十五日

附件

AMERICAN LEGATION,
PEKING, CHINA.

To F. O. No. 39.

September 27, 1910.

Your Imperial Highness:

I have the honor to inform Your Highness that Mr. Charles L. Freer, a distinguished patron of the arts, has come to Peking and now desires to proceed to Honanfu and K'aifengfu, in the province of Honan, and to Hsianfu, in the province of Shensi, for the purpose of studying Chinese art in behalf of the Smithsonian Institute of Washington. It is his intention to sojourn a few days in each of the places named for the purpose of making researches and of taking photographs. The Legation would be grateful if the local authorities could be notified of this in order that he may receive the proper consideration and attention warranted by his high standing in the United States. I have the honor to, therefore, enclose Mr. Freer's passport for visa for use in the provinces of Shantung, Honan, Shansi, and Shensi.

I avail myself of this opportunity to renew to Your Imperial Highness the assurance of my highest consideration.

W. J. Calhoun

American Minister.

Enclosure: One passport as stated.

To His Imperial Highness
Prince of Ch'ing,
President of the Board
of Foreign Affairs.

二二四

子益
直之仁兄大人閣下敬啓者美國實業團將次來都京師商務總會邀同全體紳商人等本擬假座德昌飯店設筵接待藉表歡迎之意惟德昌飯店房屋狹小深恐實業團以爲是二等飯店反致不能盡歡商會同人擬請假

貴部公所一用庶局面堂皇非惟商會同人得以竭誠招待即

美國實業團惠然肯來亦藉以壯觀瞻而敦睦誼務乞

俯允所請再接待日期恐致重複亦祈

酌定示知俾便預備臨穎無任盼切待

命之至專肅敬請

勛安

名正肅 九月初一日

京師商務總會

陳文泉

二二五

劄順天府實業團游覽八達嶺飭屬照料由

外務部左侍郎胡 九月 日 文
外務部右侍郎曹 九月 日 文

和會司

呈爲劄行事。美國實業團到京，擬於本月初四日上午十鐘由西直門乘火車赴八達嶺，當晚回京，同往者約六十人，除由本部派員偕同遊覽外，相應劄行順天府府尹飭屬照料爲要。須至劄者。

右劄順天府府尹 准此

宣統二年九月 日

二二六

逕啟者：茲據本國報館主筆人歐羅謨爾禀稱，現在資政院議事，擬往旁聽，希為函請券據，以便前往等因。查資政院會場已設有西報主筆座位，惟該主筆二人尚無入場券據，本大臣甚樂代為函請，即希轉知資政院早為函送，以便發給該主筆人收執。為此函達貴王大臣查照辦理可也。此泐，順候日祉。附洋文

美國使署

嘉樂恆啟 九月初五日

附件

AMERICAN LEGATION,
PEKING.

To F. O. No. 45.

October 7, 1910.

Your Imperial Highness:

I have the honor to state that I am in receipt of a request from Mr. J. K. Ohl and Mr. Frederick Moore, the two American press representatives in Peking, asking that application be made on their behalf for tickets of admission to the sessions of the Constitutional Assembly. As I am given to understand that arrangements have been made for the accomodation of foreign press representatives I have pleasure in presenting the application made by these two gentlemen.

I avail myself of this opportunity to renew to Your Imperial Highness the assurance of my highest consideration.

W. J. Calhoun

American Minister.

To His Imperial Highness
Prince of Ch'ing,
President of the Board
of Foreign Affairs.

二二七

逕啓者本月十一日接准
來函内稱各國官商人等每月逢五之期瞻仰
頤和園一節本大臣均已閱悉兹有本館衛隊武員衛克思
等共二十四名欲於十五日赴
園瞻仰相應函達
貴王大臣查照辦理可也此泐順候
日祉附洋文名單
嘉樂恒啓九月十二日

美國使署

附件

美英

List of Americans who desire to visit the Summer Palace on October 17, 1910.

Lieutenant Willcox,	美館衛隊武員衛克思
Mrs. Tanner,	譚納夫人
Miss Tanner,	譚納小姐
Reverend D. H. Davis,	岱維恩
Mrs. D. H. Davis,	岱維恩夫人
Mr. P.S. Kharb,	喀耳布
Miss Judson,	澤森小姐
Reverend E. L. Johnson,	卓森
Mrs. E. L. Johnson,	卓森夫人
Mrs. Edward Perkins,	柏金恩夫人
Mrs. C. W. Davis,	代惟斯夫人
Mrs. M. L. Macomber,	馬康伯夫人
Mrs. H. B. Wyman,	維曼夫人
Mrs. Harry Hutlig,	赫特理哥夫人
Miss Grace Musser,	莫賽耳小姐
Miss Linda Musser,	莫賽耳小姐
Miss Dorothy Musser,	莫賽耳小姐
Miss Anton Knoblauch,	瑙布勞小姐
Miss Alice Knoblauch,	瑙布勞小姐
Mrs. Perkins,	伯金恩夫人
Mr. Perkins,	伯金恩
Mrs. M. H. Brown,	布朗夫人
Mr. M. L. Benedict,	班尼狄
Mr. Oscar Rawlins.	勞林恩

二二八

逕啟者，據本國人施比稟由外部領照來華，擬赴廣東、廣西、雲南、貴州四省游歷，請將其所欲游省分填註照内等因，茲已按照填列，函送貴王大臣查照，希交順天府加印送還發給收執，是荷。此頌
日祉
附照一張
嘉樂恒啟 九月十九日

美國使署

二二九

逕啟者，據本國大學堂總教習高祺爾由外部領照來華，擬赴江蘇、湖北、湖南、四川四省游歷，請將所欲游各省填列照内等因，茲已按照填註，函送貴王大臣查照，此照急待應用，希即交順天府加印，務於明後日送還發給收執，是荷。此頌
日祉
附照一張
嘉樂恒啟 十月十六日

美國使署

二三〇

逕啟者昨准
函稱茲有派駐檀香山領事館通譯官李光
亨攜帶僕從前赴檀香山繕給護照並請簽
字蓋印等因本大臣茲已於照內簽蓋訖相
應將原照送還即望轉交收執可也此頌
日祉附原照一張
嘉樂恆啟 十一月十九日
美國使署

二三一

交涉司

札

二十三號

為
札飭事宣統二年十二月二十九日准
外務部咨開宣統二年十二月十三日准美
國嘉使函稱本國人劉懋恩攜眷赴山
東江蘇安徽浙江四省游歷繕就漢洋
文執照一張送請蓋印等因除由本部劄
行順天府蓋印訖並函復該使轉給外
相應咨行貴撫查照飭屬於該美國人劉

懋恩持照到境時照章妥為保護並將
入境出境日期聲復本部可也等因到本
部院准此除行巡警道分移四巡道外合
行札飭札到該司即便移知提法使通飭
一體保護並飭將入境出境各日期詳咨
毋違此札

右仰交涉司准此

宣統二年十二月 日

二三二

逕啟者據本國人勞謙吉陸曉雲稟由外部領照來
華擬赴安徽浙江湖北湖南四省游歷阿白胡五壽
各攜眷欲游江蘇安徽江西浙江四省游歷又
傅士德 江西四川雲南貴州
洪斐宜鞠欲游廣西四川雲南貴州四省又譚姑娘
物愛尚 直隸江蘇福建浙江
欲游廣東一省均請將所欲游省分填註照內茲
已按照填列函送
貴王大臣查照希交順天府加印送還以便分
給收執
是荷此頌
日祺 附照八張 現值封印希仍按向章辦理

嘉樂恒啟 十二月二十四日

美國使署

照復美嘉使正月初四日在乾清宫覲見
照送禮節單即將頌詞銜名送部由

行 行

外務部左侍郎胡
外務部右侍郎曹

十二月 先
正月 初三日 行

和會司
呈為照復事接准
照稱本大臣奉本國
大伯理璽天德答復貴國
大皇帝函一件希酌訂日期呈進等因本部業經
奏明奉

旨著於正月初四日巳刻在乾清宫覲見欽此除由本部屆期派弁導引外相應附送禮節單照復

貴大臣查照即將是日入

覲銜名頌詞先行送部以便入奏可也須至照復者附禮節單

美嘉使

宣統二年十二月　日

附件

覲見
美國使臣嘉樂恆
禮節
是日由外務部預備黃襻綠呢大轎並派
禁衛軍赴
貴館導引
貴大臣乘坐大轎參隨從進
大清門
天安門
端門至
午門外
貴大臣換椅轎參隨步從進
午門至
乾清門階下下轎進
乾清門中門先至
上書房少坐候屆九點半鐘時外務部大臣帶領
貴大臣賫
國書至
殿中門一鞠躬
監國攝政王起立
貴大臣進
殿數武一鞠躬至
納陛前一鞠躬恭進頌詞繙譯譯畢
監國攝政王親述答詞繙譯恭譯
貴大臣聽畢一鞠躬上

納陛呈遞
國書
監國攝政王代接受置於
御案上
貴大臣向
監國攝政王一鞠躬
監國攝政王答禮
貴大臣下
納陛一鞠躬退至
殿門一鞠躬出
殿左門仍至
上書房酒點畢出

乾清門中門乘椅轎出
景運門換乘黃襻緣呢大轎參隨至
上駟院上轎馬出
東華門回館

二三四

外

咨呈

陸軍部為咨呈事准

貴部片稱宣統三年正月初四日巳刻本部帶領美嘉使

等在

乾清宮

等在
乾清宮
覲見希由於
禁城兵弁內揀派馬兵官一員馬兵八名務須衣帽馬匹整齊於是
日早七鐘到本部聽候派赴美館導引至
大清門外該弁兵即遶道
東華門外守候使臣禮畢退出護送回館屆時本部仍派馬弁伺
同往還相應片行查照辦理等因前來本部業經札飭第一鎮統
制官揀派馬兵官一員馬兵八名屆時齊赴
貴部隨同前往除札飭外相應咨呈

貴部查照可也須至咨呈者

右咨呈

外務部

宣統三年正月初三日

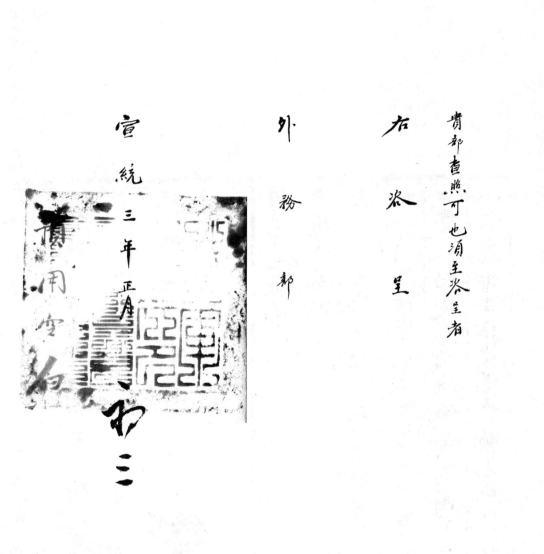

二三五

復美嘉使函送海陸軍暨出使官員旗幟圖式由

行　　行

外務部左侍郎胡　十一月廿八日

外務部右侍郎曹　十一月廿八日

復美嘉使函

逕復者前准

函稱本國海軍部欲將旗幟更改新式請

將貴國海陸軍文武各署着出使官員及各海

口帶水船隻各項旗幟繪為圖式至尺寸大

小詳為折合註明併將顏色照樣繪成等語

茲將本國海陸軍暨出使官員海口帶水船所
用各項旗幟分別顏色繪成圖册函送
貴大臣查收至尺寸大小尚未定有成式故未
詳細註明耑此佈復順頌
日祉 坿圖册三本
堂銜
宣統二年十一月　日

二三六

劄雷孝敏派充駐美通譯生由

交
外務部左侍郎胡
正月　日

交
外務部右侍郎曹
正月　日

和會司
呈為劄行事案查駐美通譯生梁澍仁現
經調充書記生所遺之缺查有本部七品
小京官雷孝敏堪以派充相應劄行該員
遵照可也須至劄者

右劄駐美通譯生雷孝敏准此

宣統三年正月　日

二三七

咨駐美張大臣派尤文藻充駐美通譯生由劉尤文藻

行　行

外務部左侍郎胡　正月廿三日　行

外務部右侍郎曹　正月廿三日　行

和會司

呈爲咨行事案查駐美使館通譯生劉航瑚現經調署檀香山領館書記官所遺之缺查有畢業生尤文藻堪以補充除劉飭該員遵照外相應咨行貴大臣查照可也須至咨者

劉咨行　該員遵照可也須至劉者

右咨駐美使館通譯生尤文藻准此

駐美張大臣

宣統三年正月　日

二三八

逕啟者每月逢五之期准各國瞻仰
頤和園之人由
貴部請領門照執持前往等因茲據本國前任駐漢
副領事鮑祜博等共男婦三十四名擬於本月十五
日赴
園瞻仰相應函達
貴王大臣查照即希發給入
園門照以便執持前往是荷此候
日祉　附洋文名單
美國使署
嘉樂恒啟　二月十三日

二三九

敬再啟者洋員科士達聘充美館律師襄辦交涉二十餘年甚資得力向為歷任所倚重崇抵任以來遇有應辦事宜與之商搉均能計畫周詳其愛戴中國之心出於至誠實為難得自應查照歷年勞績援案請獎但美國向不佩帶寶星未敢虛邀寵榮是以歷任未嘗請獎然該員秩崇望重賢勞夙著似宜特加優異以昭激勸崇已具摺奏請原擬請

頒賞珍物惟查各館向無成案是以摺內未敢擅行陳請乞

代回

堂憲酌核請

旨施行肅此再請

勛安

蔭崇又頓首

宣統三年三月初五日

美字又第十五號

附件

敬再啟者本日有奏摺三件呈請
代遞業經另行咨達惟查向來寄遞摺件每摺一封
用黃綾夾板一副適夾板業已用罄未及續寄此
次摺三件僅用夾板一副乞
飭代辦二副照章包封妥遞需費若干統希
賜示容當照繳專此再請
勛安
蔭棠又頓首

宣統三年三月初五日
美字文第十五號

上海九華堂[illegible]壽牋

二四〇

逕啟者所訂每月逢五之期准各國欲赴
頤和園之人由
貴部繕發門照執持前往等因茲有本國游擊司美
德等三十二名欲於本月十五日赴
園瞻仰相應函達
貴部查照即希繕發門照三十二張以便屆期前往
是荷此候
日祉 附洋文名單
美國使署
嘉樂恒啟 四月十三日

附件

List of Americans desiring to visit the
Summer Palace on May 13, 1911.

Capt. Smedburg
Mrs. Smedburg,
Mr. Eustis,
Mrs. Eustis,
Father Murphy,
Mrs. hawley,
Mrs. van Norden,
Mrs. Barr,
Miss Silen,
Mr. Kent,
Mr. Carl,
Mrs. Carl,
Miss Collins,
Mr. Jernigan,
Mr. Wilcox,
Mrs. Foster,
Miss Borwn,
Mrs. Morrison,
Mr. Turner,
Mrs. Terner,
Mr. Curtis,
Mrs. Curtis,
Mr. I. T. Schmidt,
Mrs. I. T. Schmidt,
Miss Estelle Krautz,
Mr. Schoenfeldt,
Mr. Frank Truesdale,
Miss Anna Gentz,
Mrs. Flora Little
Miss Daisy Thane,
Mrs. Jones,
Mr. Eikstein.

Peking,

May 18, 1911.

My dear Doctor Yen,

The American Minister would be much obliged if you would kindly supply the Legation with a copy of the recent Consular Convention between China and the Netherlands.

The Department of State publishes from time to time a series of volumes giving the Treaties, Conventions, Agreements, etc., concluded between China and foreign states, and we have been unable thus far to obtain an authentic copy of the above convention.

Yours sincerely,

Percival Heintzleman

Doctor W. W. Yen,

Councillor, Wai Wu Pu,

Peking.

附件

美館韓參贊致顏股長信 四月二十日

逕啓者美政府隨時均將中國與各國所議訂和約合同等項刊印成書惟於此次中和所訂領約不能得有可靠底稿倘貴部將該領約抄錄一份送到敝館則嘉以使不勝感激之至敬頌

日祉

二四二

致郵傳部丞參函美使請將交通銀行章程摺奏檢送二分以便考查由

行　行

外務部左侍郎胡
外務部右侍郎曹

四月　日
四月　日

致郵傳部丞參函

逕啟者，現准美嘉使函稱郵傳部所訂交通銀行正續章程及摺奏等件坊刻恐有錯誤，請轉達郵傳部將部發之本見賜二份藉便考查等語。前項章程及摺奏等，貴部如有刊布之件，請即檢送二份以便轉交可也。耑此順頌台祺。

丞參銜

宣統三年四月　日

18

美使嘉樂恒夫婦參贊安斯泰夫婦及使館人員擬請於初五或初六日赴三海

核

AMERICAN LEGATION,
PEKING, CHINA.

CHINESE SECRETARY'S
OFFICE.

Dear Mr. Chou,

Mr. and Mrs. Calhoun with Mr. and Mrs. Einstein and their daughter and a few others of the Legation would appreciate it highly if they might have permission to visit the Palace Garden either on Saturday or Sunday next. If you can arrange it I would be greatly obliged.

Yours very truly

C. D. Tenney

AMERICAN LEGATION,
PEKING.

May 30, 1911.

Dear Mr. Hu,

We received yesterday the note from the Wai Wu Pu announcing that the Summer Palace Garden would not be open to visitors on Thursday the 5th of the present moon on account of the Festival. I am writing to you informally to ask if it would be possible to admit visitors on Friday or Saturday instead of on the regular day. There happens to be quite a number of Americans now in Peking, some of them people of distinction, and they will feel quite disappointed if they have to leave without seeing the Palace Gardens. Mr. Calhoun has some particular friends now stopping with him and he would be very grateful if some arrangement could be made. If it is not convenient, however, to ask for an opening of the Gardens on Friday or Saturday, please do not hesitate to say so.

Yours very truly,

Charles D. Tenney,

Chin. Secy, Am. Legat.

To H. E. Hu Wei-teh.

附件一

照譯美館丁家立致胡大人函 五月初三日

逕啟者，昨接貴部函稱，本月初五日係屬端陽令節，

頤和園暫停瞻仰等因。茲特函請貴大臣可否通融，准於初六日或初七日前往瞻仰。緣現在北京敝國人頗多，並有聲望素著者在內，如果離京之前不能獲瞻仰之榮，必甚失望。嘉大臣亦有知友數人下榻於寓，貴部若能設法通融，嘉大臣必甚感激也。如果不能辦到，亦希示及為盼。此頌

日祉

附件二

AMERICAN LEGATION,
PEKING.

May 30, 1911.

Dear Mr. Eulton,

You are very kind indeed to offer to try to obtain permission for Mr. Calhoun's friends to see the Summer Palace.

The names are as follows:

Mr. Whiting 懷定
Mrs. do. 懷太ㄟ
Mr. Babcock 白可克
Mrs. do. 白太ㄟ
Mr. Norton 南敦
Mrs. do. 南太ㄟ
Dr. Allen 阿倫
Mrs. do. 阿太ㄟ
Mr. Morton 摩德
Mrs. do. 摩太
Mr. Chandler 孫特勞
Mrs. Dunmeath 滕太ㄟ

五月初六日美國官紳瞻仰

頤和園名單

we and they will be equally obliged if the privilege can be obtained for them.

Very truly yours,

C. D. Tenney.

二四五

欽差出使美墨秘古等國大臣張　爲

咨呈事案查隨使人員如有加捐升銜升階者應由出使大臣
咨明備案歷經辦理有案兹據美館二等書記官袁克暄
呈稱書記原係分省試用縣丞嗣遵新海防例加捐布理問
銜並由布理問銜捐布理問單月選用經於宣統三年二月
初十日奉
度支部核准給照收執理合呈請轉咨
外務部備案等情前來核與成案相符自應照准辦理查該
員於光緒三十三年十二月奉派試署美館二等書記官三十四
年二月初六日到任連閏扣至宣統三年正月初六日三年期滿其
原階係分省試用縣丞與現署之缺品級尚未相當照章要加具
考語送
部考驗再行核補本大臣以該員辦公得力未便離任赴考經

於本年二月間彙請奏補案內聲明俟該員經手事竣再行咨
送考驗在案現在該員加捐候選布理問與現署二等書記官
品級相符既經三年期滿似可照章請補無容咨送考驗應一
併咨明
大部以憑核辦據稟前情理合備文咨呈為此咨呈
大部謹請察照辦理施行須至咨呈者
右　咨　呈
外　務　部
宣統三年五月初十　日

二四六

川

奏張蔭棠

〇交外務部

五月初九日

出使美墨秘古國大臣臣張蔭棠跪

奏為洋員勞績卓著，懇恩獎勵，恭摺仰祈

聖鑒事。竊查參贊洋員科士達為中國效力最久，

洞明交涉，歷經辦理在案。茲查駐美使館洋員科

士達學識優長，名譽素孚，自光緒十三年聘充

使館律師，襄辦交涉，甚為得力，旋擢任美國外部

大臣，嗣以人自代，任滿游歷中國，承前總理各國

事務衙門優禮接待，迨美後仍願在使館接

充，前於光緒二十一年馬關訂約，經前大學士李

鴻章電調赴日本廣島，出力勤勉，極為該國回

使館論議，相助向為歷任使臣所倚重。臣抵任

以來，遇有應辦事宜，與之商榷，均能計畫周詳，

又每以中國急宜力圖自強為言，忠愛之心

出於至誠，實為難得。查在駐美使館辦事前後

二十餘年，未嘗休逸，

奏敘，自應查照歷年勞績援案請獎，惟該員以

望重四貫，名譽夙著，擬宜特加優異，合無仰懇

天恩，俯准賞給伊雙龍寶星，以昭激勸，除將該員銜名

咨呈外務部查核外，所有駐美使館洋員懇獎

請獎緣由，理合具摺陳請，伏乞

皇上聖鑒訓示。謹

奏。宣統三年五月初九日奉

硃批：外務部閱核具奏。欽此。

二四七

謹
奏為洋員勞績卓著援案請獎恭摺仰祈
聖鑒事竊查各館洋員辦事認真為中國效力者例准給
獎歷經辦理在案茲查駐美使館洋員科士達學識
優長名譽素孚自光緒十三年聘充使館律師襄辦
交涉甚為得力旋擢任美外部大臣薦人自代任滿
游歷中國承前總理各國事務衙門優禮接待返美
後仍願在使館接充前職光緒二十一年馬關訂約
經前大學士李鴻章電調赴日重瀛遠涉力効馳驅
事竣復回使館竭誠相助均為歷任使臣所倚重臣
抵任以來遇有應辦事宜與之商榷均能計畫周
詳又每以中國急宜力圖自強為言其忠愛之心出

於至誠實為難得查在駐美使館辦事前後二十
餘年未嘗仰邀
獎敘自應查照歷年勞績援案請獎惟該員品端望
重賢勞夙著似宜特加優異合無仰懇
天恩逾格賞賜俾藉寵榮而昭激勸除將該員銜名咨
呈外務部查核外所有駐美使館洋員援案請獎
緣由理合具摺陳請伏乞
皇上
聖鑒訓示謹
奏

附件一

再駐紐約領事館洋弁麥當前於光緒七年由紐約
巡警局調來供差歷經二十餘年該弁遇事勇敢辦
公勤慎不無微勞足錄據紐約領事詳請獎叙前來
核與向章相符自應酌獎駐紐約領事館洋弁麥當
擬請
賞給
三等第三寶星除將該弁銜名咨呈外務部外謹附
片陳請伏乞
聖鑒
訓示謹
奏

附件二

謹將請獎洋員洋弁銜名開具清單呈
核
計開
駐美使館洋員前美外部大臣科士達 John W. Foster 擬請逾格
賞賜
駐紐約領事館洋弁麥當 MacDonald 擬請
賞給
三等第三寶星

二四八

復美參贊丁嘉立函送阿林等赴奉天瞻仰內庫介紹函由

行　行

外務部左侍郎胡 五月十三日 行

外務部右侍郎曹 五月十三日 行

內庫

復美館丁參贊函

逕復者，接准

來函以游歷人阿林等赴奉天游歷并瞻仰

請爲關照等語。本部繕給介紹信一函，送交

閣下，即希轉交該游歷員，在奉天總督署投遞，以便前往瞻仰。順頌

日祉。附函一

胡大人銜

宣統三年五月　日

二四九

卅三

逕啓者每月逢五之期准各國欲赴
頤和園之人由
貴部繕發門照執持前往等因茲有本國人法思德
等共三十三名欲於本月十五日赴
園瞻仰相應函達
貴部查照即希發給門照以便前往是荷此候
日祉　附洋文名單
嘉樂恒啓　五月十三日

附件

List of Americans desiring to visit the Summer Palace

on June 11, 1911.

Mr. Foster 福斯德
Mrs. Foster 福斯德太太
Miss Curtin, 格汀姑娘
Mr. Rendall 汀德樂
Mr. McKiernan 麥吉南
Mr. Bickford 畢克福
Mr. Scott 石恪德
Mrs. Scott 石恪德太太
Mr. Allen 安聯

Mr. Upham 亞伯亨
Mr. Lonergan 郎呢梗
Mrs. Lonergan 郎呢梗太太
Miss Liggett 李格德姑娘
Miss Emma Liggett 印麥李格德姑娘
Mr. Malone 馬朗
Mr. Breece 卜利斯
Miss Talmadge 塔馬斯姑娘
Dr. Wold 越羅特
Mrs. Wold 越羅特太太
Miss Sharp 沙帕姑娘
Miss Brown 白朗姑娘

Miss Sheldon 沙羅登姑娘
Miss Tenney 丁嘉立姑娘

Mr. Westacott 魏達恪
Mr. Mason 馬遜
Miss Summers 沙麥斯姑娘
Mrs. Summers 沙麥斯太太
Mr. Cauldwell 柯都羅
Mrs. Cauldwell 柯都羅太太
Miss Dye 德意姑娘
Mr. Kirk 溪克
Mr. Memminger 麥名齊
Mr. Dorman 多猛

二五〇

美國使署

逕復者昨接
來函以商業學生蔡雷澤等赴美學習工商等事特繕就護照一紙送請簽字蓋印等因本大臣當即簽字蓋印訖函送
貴部轉送農工商部查照惟查該領照出洋之學生
皆非
貴國官員按之美國條例出洋學生須於起行之通商口岸各領美例所定格式之護照一紙此項護照係海關道所發並經該口岸美領事簽字蓋印為此
函請
貴部查照即希將此情形轉達該學生等遵照辦理以免到美進口時多有未便也此泐順候
日祉 附洋文並護照一紙
嘉樂恒啟 五月十九日

二五一

咨駐美張大臣咨送奏賞洋弁麥當寶星暨執照轉交祗領由

行　行

外務部左侍郎胡 五月 日 行

外務部右侍郎曹 五月 日 行

和會司

呈為咨行事准内閣鈔交出使美墨秘古國大臣

張　附奏請獎駐紐約領事館洋弁麥當三

等第三寶星一片宣統三年五月初九日奉

硃批允行外務部知道欽此欽遵抄交前來相應將

寶星一座執照一張咨送

貴大臣查照轉給祗領可也須至咨者附寶星一座執照一張

駐美大臣張

宣統三年五月　日

二五二

榷算司
呈為咨行事宣統三年六月初六日接准美韓代使
函稱奉本國外部來電本國紅十字會已派詹美生
來華前往江蘇迤北以至安徽一帶被災地方考查
治河之法以便詳細報告茲詹美生已於西六月二十一
號由紐約起程道經西比利亞前往北京辦理一切等因
查此事本年四月間
貴閣與兩江總督往返電商在案茲准前因相應
咨行
貴閣查照辦理可也須至咨者
內閣
宣統三年六月　日

二五三

逕啟者本月十五日瞻仰
頤和園之期因本館漢務參贊赴津公幹未歸未及行知
貴部暫由本署大臣發給蓋章名條各一紙交與柔
思等十一人執持前往管門差人未曾放進查該紳
等皆係體面之人來京宗旨專為遊歷各處勝境請
貴部准該紳等於十六日補行瞻仰並繕寫入
園專照十一紙於今晚送交本館以便該紳等明早
執持前往是荷此候
美國使署
日祉　附洋文名單
韓慈敏啟　六月十五日

附件

List of Americans desirous of visiting the Summer Palace.

Dr. Roads,

Mrs. Roads,

Miss Roads,

Mr. Webster,

Mrs.Brown,

Mr. Hanzlik,

Mr. Dorsey,

Miss Kendall,

D. Woods,

Mrs. Woods,

Mr. Hoag.

二五四

函美韓署使送王玉山護照由

外務部左侍郎胡

外務部右侍郎曹

行 行

月 日 月 日

致美韓署使函

逕復者接准

函稱本國女教習甘德樂游歷山東各地方隨帶通事

王玉山擬由恰克圖登西伯利亞火車返京請繕給專

照等因茲特繕就護照一紙函送

貴署大臣查收轉交可也順頌

日祉

全堂銜

宣統叁年陸月 日

二五五

大伯

和會司

呈為照復事接准

照稱本參贊奉本國

理璽天德派為駐華頭等參贊兼署全權事務

大臣於閏六月十七日接署任事等因本爵大臣等

均已閱悉相應照復

貴署大臣查照可也須至照會者

美衛署使

宣統三年閏六月　日

逕啟者茲有本國人魏題墨等十四名擬於本月初五日瞻仰
頤和園請
貴部繕發入
園門照函交本署大臣以便轉交該美國人等執持前往是荷此泐順候
日祉　附洋文名單
衛理啟　八月初二日
美國使署

附件

美館瞻仰名单

List of Americans desirous of visiting the Summer Palace on September 26th, 1911.

Mr. Wetmore,
Mrs. Wetmore,
Miss Potter,
Miss Porter,
Mrs. Moss,
Miss Knapp,
Miss Lane,
Mr. Fenton,
Mr. McFarlane,
Mr. Sperry,
Mrs. Sperry,
Mr. Roland,
Miss McPherson,
MissMurphy.

CHINA BUREAU
THE NEW YORK HERALD
RUSSO-ASIATIC BANK BUILDING,
LEGATION STREET,
PEKING.

September 26,1911.

Your Excellencies:-

On behalf of the Officers and Members of the American College Club, I write to suggest your friendly consideration of our request that the Annual Dinner of this organization of Chinese and Americans may be held in the new building of The Waiwupu. Under the constitution of the Club the annual dinners are held in October. The date fixed for this year's dinner is October 21st. Owing to the repairs being made at the Grand Hotel des Wagons-Lits, it is impossible for us to secure the needed accommodation at that hotel, and no other banquet hall in Peking is large enough for our purposes. We have thought that the character of our organization, making as it does for better international understanding and friendship, would warrant our making this request for the use of the Waiwupu Building.

Your favorable consideration of our request will be very greatly appreciated by all connected with our organization.

I beg to subscribe myself, on behalf of the members of The American College Club,

Your's Very Respectfully,

J. K. Ohl

Chairman Banquet Committee.

To

Their Excellencies

The PRESIDENT and VICE-PRESIDENTS

THE WAIWUPU.

附件

照譯美國學生會書記歐羅上
各堂憲書 首 初冑
敬肅者按照旅京美國學生聯會章程每年
潤在西六月間舉行年宴一次本年定於西十
月二十一號會集惟六國飯店刻正修理門面座
位不甚敷用此外本京合宜又無相當地方可
為本會年宴之所是以特代本會中美會員會
員等懇求
堂憲大人俯念本會宗旨係在聯絡邦交敦輯睦誼
准假外務部新公所舉行本會此次年宴則
本會同人感德於無既矣此頌
勛祺

二五八

川聘用洋員　共三

聘募

報告東省延聘農事顧問巴克薪金數目由

收東督電　八月十六日

外務部鈞鑒洪巴克合同日昨往仿由屯墾局未訂定原設之農業
試驗場所定薪水每月每美金四百元嗣因巴克請加該局長爲
之美伏領另由農業試驗場追加顧問員年給美金五百伏
領又爲加二百每年共美金七百元今奉電示當飭該局長格
尚勤外收加三百合計年共薪美金五千八百元值羲銀壹
萬壹千六百元既係借款難爲不得不於外格節想荷
原鑒乞特達謹收名巽銑

二五九

逕啟者，茲有本國報館訪員謨福德、秦本實擬於資政院開議時隨帶華人吳繙譯一員前往旁聽，並有訪員巴欽、歐羅亦擬赴院旁聽，希轉請資政院發給該訪員等旁聽券五紙，以便前往，是荷。此佈，順候

日祉

衛理啟 八月三十日

二六〇

具奏頒給出使美國大臣　敕諭　國書
繕單呈　覽由

奏
外務部左侍郎胡
九月　日

奏
外務部右侍郎曹
九月初六日
奏

謹
奏為謹擬出使大臣
敕諭
國書分繕清單恭摺具陳仰祈
聖鑒事竊宣統三年九月初四日奉
上諭出使美墨秘古大臣著施肇基補授欽此業經臣部
照會該國駐京大臣轉達該國外部在案查向章
簡派使臣歷由臣部備具

敕諭
國書奏請
頒給
臣等謹撰擬該大臣
敕諭一道赴美接任
國書一道併前使臣張蔭棠辭任
國書分繕清單恭呈
御覽伏候
命下即由臣部遵繕清漢文送交内閣請用
御寳發交該大臣等欽遵祇領分别呈遞其璽秘古等國接任
國書應由臣部另行辦理所有謹擬出使大臣
敕諭
國書緣由理合恭摺具陳伏乞
皇上聖鑒謹
奏

附件一

恭擬出使大臣施肇基

敕諭

敕諭出使大臣施肇基朕維修
睦鄰古今通義皇華遣使聘問需才今特
爾充出使美墨祕古國大臣爾其仰體朕懷
心經畫凡遇交涉事件按照條約詳慎辦理
應秉承外務部酌度機宜隨時請旨施行
屬官員聽爾節制在外商民人等宜加意
護約束俾得各安生業敕中開載未盡事
亦當揆勢度情持平妥辦爾其殫竭智慮
謹將事毋負委任特諭

皇帝
好
命
悉
並
所
保
宜
敬

附件二

恭擬出使大臣施肇基接任

國書

大清國

大皇帝敬問

大美國

大伯理璽天德好朕維中國與

貴國交誼日益敦篤遇事諸承關切朕心實

深欣慰茲因出使大臣張蔭棠召令回國

特命施肇基前往接任並令親遞國書以

表朕肫誠和好之意該大臣從前游學並

隨使

貴國多年學識明通才猷練達辦理交涉事

件必能妥洽益臻親密尚冀

大伯理璽天德推誠優待俾盡使職從此兩國誠

信相孚永敦輯睦有厚望焉

附件三

恭擬出使大臣張蔭棠辭任
國書
大清國
大皇帝敬問
大美國
大伯理璽天德好朕眷念友邦夙敦睦誼出使
大臣張蔭棠自駐紮
貴國接任以來極承
大伯理璽天德推誠優待俾盡厥職現召令回
國特令呈遞國書用昭鄭重邦交之意
並祝
大伯理璽天德福履綏和
國祚昌盛

二六一

咨鄂川滇督、黔撫美國女士渣浪司游歷護照改名戴敬賢由

行

外務部左侍郎胡

九月　日

行

外務部右侍郎曹

九月　日

庶務司

呈為咨行事宣統三年七月初七日准美衛署使
函稱本國渣浪司女士赴湖北四川雲南貴州游
歷送上護照請飭順天府蓋印並咨行各該省
保護等因當經本部咨行
貴督撫飭屬妥為保護在案茲又准美衛署使函稱

前七月所送渣㖞司女士游歷護照蒙貴部蓋
印發還兹該女士現更名戴敬賢請將護照
標硃並轉行各該省知照等語前來除由本部將
護照標硃轉給外相應咨行
貴督撫查照轉飭各屬知照可也須至咨者
湖廣四川雲貴總督　貴州巡撫
宣統三年九月　日

二六二

逕啓者本月十五日係各國瞻仰
頤和園之期現有本大臣之夫人嘉孟氏及紳商等共十人
欲於是日前往瞻仰即希
貴部按照人數繕發入
園門照十紙以便屆時前往是荷此佈順候
日祉　附洋文名單
嘉樂恒啓　十月十二日

A SERIES OF DOCUMENTS ILLUSTRATING THE
DIPLOMATIC RELATIONS BETWEEN
CHINA AND FOREIGN COUNTRIES
IN THE QING DYNASTY

CORRESPONDENCE BETWEEN CHINA AND UNITED STATES

VOLUME I

PROTOCOL AND DIPLOMATIC EXCHANGES

THE FIRST HISTORICAL ARCHIVES OF CHINA
PEKING UNIVERSITY, CHINA
LA TROBEUNIVERSITY, AUSTRALIA

Editorial Name List of Volume Ⅰ